디 자 인 이 해 의

기 초 이 론

나남출판

신 항 식 (申亢植)

한양대 영문과 졸업
파리 소르본대학 언어학석사("기호, 기호학, 역사 : 롤랑 바르트의 기호학", 1991년)
파리 소르본대학 〈서양 근대문명연구소〉 연구원, 역사학 박사과정학위논문
 ("프랑스혁명하의 패션의미론 : 텍스트 및 이미지 분석", 1994년)
CNRS-파리7대학 연합 〈제3세계 연구소〉 연구원, 사회학 박사과정학위논문
 ("한국 개발시대 서양이미지 연구 : 광고 텍스트 및 이미지구조", 1997년)

홍익대학교 영상대학원 겸임교수 (디자인 및 영상이론)
한국 광고기호학회 (회장)

저서 및 논문
《롤랑 바르트의 기호학》
《광고 커뮤니케이션과 기호학》(권명광 · 신항식 공저)
《시각영상 세미나 1 : 시각영상 커뮤니케이션》
《시각영상 세미나 2 : 시각영상 기호학》
"광고의 서사구조 연구", "광고, 일탈의 수사학" 등 다수

나남신서 · 1094

시각영상 세미나 3
디자인 이해의 기초이론

2005년 5월 20일 발행
2005년 5월 20일   1쇄

저자_ 신항식
발행자_ 趙相浩
편집_ 조동신
디자인_ 이필숙
발행처_ (주)나남출판
주소_ 413-756 경기도 파주시 교하읍
       파주출판도시 518-4
전화_ (031)955-4600(代)
FAX_ (031)955-4555
등록_ 제 1-71호(79.5.12)
홈페이지_ www.nanam.net
전자우편_ post@nanam.net

ISBN 89-300-8094-4
ISBN 89-300-8001-4(세트)
책값은 뒤표지에 있습니다.

나남신서 · 1094

디자인 이해의

기 초 이 론

신 항 식

NANAM
나남출판

추　천　사

이도흠
(한양대 국문과 교수)

'공학, 경험중심주의, 그리고 형태중심적 사고' ─20세기 자본주의 사회의 디자인을 지배적으로 이끌어 온 인식론적 삼각편대이다.

그동안 대다수의 사람들은 디자인을 판매와 효용의 목적에만 비추어 이해해 왔다. 반면 신항식 교수는 이러한 관점을 거부한다. 그는 구조·사유·내용 중심적인 능동적 디자인을 주장한다. 왜냐하면 디자인은 지각적 이미지와 수동적 경험을 통해 이루어지는 것이 아니라, 구성적 지각과 상상력에 의해 이루어지는 것이기 때문이다. 경제 효과는 상상력의 후발적인 결과이다.

저자는 개별적 디자인에 대한 인상비평을 넘어서서 디자인의 거시적 이해를 위한 이론적 지평을 열고 있다. 이 책을 통해 우리는 사회·역사적 맥락에 굳게 발을 디딘 채 디자인을 이해하고 디자인과 소통할 수 있는 지혜를 얻을 것이다. 독자들은 디자인의 수동적 시장논리를 거부하는 올곧은 학자만이 다다를 수 있는 진정한 인문학 이론의 세계를 체험하는 황홀감에 휩싸이리라.

조세현
(부경대 교수)

이른바 경제적 효용성은 전지구적 자본주의 상황에서 절대적 가치를 지닌 듯하다. 그것은 학문분야에서도 예외는 아니어서, 현재의 대학사회 또한 이

상황을 적나라하게 반영하며 드러내고 있다. 무릇 옛 선비들도 '선생은 있으나 스승은 없고, 학생은 있으나 제자는 없다'고 깊게 한탄하지 않았던 것은 아니지만 오늘날의 세태는 만인의 상상을 넘어선다. 진부한 발언일지 모르지만 대학은 결코 직업훈련학교가 아니다. 대학은 그 존재의 출발에서부터 눈앞의 수요에 맞추어 학생을 상품으로서 팔기 위해 존재했던 것이 아니라 미래에 대한 장기적인 투자를 위한 하나의 생명체였다.

디자인 분야도 예외일 수는 없다. 혹 디자인이 상품광고나 판매전술에만 집중하고 그러한 작업이 가장 돈이 되는 기술이라고 믿는 사람이 있다면 그것은 디자인이라는 존엄한 가치를 훼손시키는 자해행위일 뿐이다. 디자인 분야가 학문으로 살아남기 위해서는 무엇보다 디자인을 공부하는 학생들 자신이 진정한 학인(學人)이 되려는 노력이 절실하다. 새로운 디자인의 창조를 위해 고군분투하는 이들 학생들에게 나는 이 책을 권하고 싶다.

문화는 사회적 계약의 산물이다. 그것은 루소의 추상적이고 형식적인 계약이 아니라 구체적이고 현실적인 계약의 산물이다. 문화는 권위나 공학 혹은 한정된 추상적 결과가 아니라 자유롭고, 변화하고, 열려 있는 것이다. 이제껏 디자인 문화는 마치 기계 순종적이고 전체적인 것으로 잘못 알려져 왔다. 이 책은 디자인 문화를 구성하는 요소를 문법적이지만 인문학적인 방식으로 기술하려고 한다.

디자인은 유일신적 의미의 원리나 인간이 겉으로 표현하는 의견의 수준을 표현하는 것이 아니다. 디자인은 사회적 자유와 역사적 통제 속에서 살아가는 인간의 활동을 표현한다.

신항식은 나의 20년 지기 친구이다. 사람 좋은 그가 불의에 맞설 때 가끔 보이는 공격성이 있는데, 이는 사회가 만인에게 조직적으로 벌이는 체계적인 공격에 비할 것이 아니다. 불의에 대한 저항은 인간의 존엄성을 지키고자 하는 수단으로서 이해할 것이며, 또한 필요불가결한 것이다. 이 책은 디자인의 목적이 인간에게 있고, 인간의 활동은 사회적, 소통적 그리고 무엇보다 역사적인 것이라는 사실을 일깨워 줄 것이다

디디에 르와(Didier Roy)
《르 몽드》紙 편집 디자이너

교육의 문제를 잠시 집어보자. 대학강의를 TV를 보듯 하려는 학생들이 있다. 학생을 TV 시청자와 같은 학교의 소비자로 취급하는 듯한 대학계도 있다. 마치 TV 리모콘을 누르듯 학생은 흥밋거리의 강의를 골라 보려 하며, 학생은 소비자이니 프로그램을 그들에게 잘 맞추어 만들어야 한다고 말하는 선생들도 있다. 이들은 모두 가르침을 받고 전하는 문제보다 교육정보의 경제적 효용의 문제에 지나치게 집착한다. 교육 행정가들 또한 지독할 만큼 대중적 효용성에 익숙하다. 학생을 소비자 경제의 한 요소로 믿는다. 그러다 보니 정보시장에서 이슈가 되는 것들에 수동적으로 대처한다. 이들은 모두 교육의 대상을 포괄적으로 이해하지 않고 이해해야 할 대상 속에 교육과 교육자를 매몰시켜 버리는 엔지니어링의 인식론을 지니고 있다.

이와 같이 교육계가 앞장서서 현실과 학문을 구분하지 않으니 학문은 현실을 포괄하면서 그것을 뛰어넘어야 한다는 전통적인 교육의 전제가 우습게 되어 버린다. 아날로그적 경험을 그대로 인정해 버리는 수동적인 사고를 강화하여 디지털의 논리, 능동적인 사고를 우습게 알도록 사람을 이끈다. 신문기사처럼 쓰여진 논문, 인터넷 지식정보 등과 같이 누워서 떡을 먹듯이 정보를 입수하고 곧

바로 버리는 행태가 대학계에 횡행한다. 참고할 자료는 참고하지 않고 단지 가져다주는 대로 모방하려 한다. 관찰을 분석이나 해석과 혼동하다 보니, 참고문헌은 읽을 필요 없이 각주나 채우는 요식거리가 될 뿐이며 어디서 많이 들었던 단어만 조합해서 기존의 이론을 공박하려 한다. 많은 선생들은 가장 쉽게 들어왔다가 가장 쉽게 새어 나가는 정보가 영상 정보임에도 이를 통해 학문을 짜 맞추어 떠먹일 생각이나 하고 있다. 대중매체로부터 지식을 얻는 방식과 학계에서 지식을 얻는 방식이 근본적으로 다르다는 사실에 학생과 선생들이 점점 둔감해져 간다. 정보의 질은 하향 평준화되어 상향적인 정보는 자주 무시된다. 이해가 되지 않으니 더욱 공부하자는 것이 아닌, 단지 웃기는 정보라고 생각한다. 눈과 귀에 즉각적으로 들어오지 않는 정보는 종교적 설(說)에 불과하며, 믿을 것은 언제나 즉각적으로 이해되는 지각의 경험일 뿐이라고 생각한다.

　　눈앞에 경험의 효과가 나타나는 것을 효용성(utility)이라고 한다. 우리 시대의 효용성은 근본적으로 상업적 성격을 지니기 때문에 미래의 사회와 역사를 이끌 이들을 준비시키는 교육계에 함부로 투여할 수 없다. 교육계에 효용성의 논리를 투여하려면 심중한 고려와 장기적인 안목이 필수적이고 단기적인 안목으로 이를 이해해서는 안된다. 대상에 대한 다양한 직접적인 경험은 소중하다. 그러나 경험은 지속적인 인식과 이성의 과정을 통해 극복되기 위하여 존재하는 것이지 눈앞에서 즉각 소비하기 위한 것이 아니다. 경험이 극복되려면 경험된 대상을 포괄적으로 이해하고 이를 다시 특정한 경험을 통해 적용하고 재해석해 보아야 한다. 경험이 학문을 포괄해 버리면 곤란하다. 사물변화에 대한 능동적인 감각을 잃어버리기 때문이다.

　　엔지니어 중심의 행정과 경험 중심적 인식론. 이것은 공학이다. 공학에 있어서는 하나의 사실에 하나의 의미가 따라와야지 여러 의미가 따라오면 골치 아픈 결과를 낸다. 엔진에 발동을 걸면 다른 부품이 자동적으로 돌아가듯이, 공학은 자동생성(auto-generation)으로 발전하기 때문에 공학 이외의 사유가 침범할 수 없다. 이같은 공학의 기술적 원리를 공학적 영역에 맞추어 이해하지 않고 인문 사회적 영역에 무작정 적용해서 사람의 인식론을 협소하게 만들어 버릴 때

1. 연구대상에 대한 수학적 결과도, 자연과학의 결과도 아닌 것을 "수치" 와 "실험"의 기호들을 이용하여 코드 의 형이상학을 구성하는 응용사회과 학의 비(非)학문적 행태에 대한 비판 은 《시각영상 세미나 1 : 시각영상커 뮤니케이션》 참조.

2. 간단한 예를 들자면, 홍익대학교 주 변에 있던 "Drug"와 "Blue Devil"이 라는 라이브 클럽이 서로 합병해서 새 롭게 만든 이름이 DGBD다. 글자의 앞 뒤를 조합해 이름을 놓았다. 남들에게 는 아무것도 의미하지 않는 표현을 위 해 내용이 사라진다. 우리끼리만 간직 하되 남들에게는 어렵게 혹은 신비롭 게 각인시켜 보자는 소아적 발상이 보 인다. 미국식당 T.G.I. Friday's의 원 어는 "Thanks Goodness, It's Friday"다. 문장을 이니셜로 축약한 식 당의 발상도 우습지만 사람들이 이 식 당을 TGI라 부르는 데에는 실소하지 않을 수 없다. 한때 청소년들이 열광했 던 그룹인 P.i.n.k.l.e.이나 H.O.T.의 경우도 마찬가지다. 중의법을 쓰는 듯하지만 실은 주체의 내용이 없기 때 문에 위의 표현과 마찬가지이다. 이 모 든 행위는 反커뮤니케이션의 유치한 기호구성이다. 은유 및 환유적 인식론 에 문제가 있는 이들의 정신병적 실어 증에 대한 야콥슨의 연구를 보라 (R. Jakobson, *Essais de linguistique générale*, Ed. de Minuit, Paris, 1963, pp. 43-67).

위와 같은 현상이 생긴다. 교육의 영역을 예를 든다면, 자연과학과 공학적 사고 에 물든 응용사회과학과 즉물적 디자인 이론의 영역이 있다. 응용사회과학과 즉 물적 디자인 이론은 사회나 디자인에 대하여 말을 하려면 우물쭈물하지 말아야 한다고 믿는다. 이런 연구방식의 근본에는 진리는 직접적으로 드러나며 족집게 처럼 집어낼 수 있기 때문에 남들이 반론을 할 수 없는 확증적인 말이 항상 가 능하다는 전제가 있다. 시간이 지나 연구자가 조금 성숙해지면 그제야 진리는 직 접적이지 않다는 것을 안다. 이제 전략을 바꾼다. 연구대상의 본질에는 별 관심 이 없고 여기저기서 확증적인 언술을 가능케 하는 임상심리나 수치를 이용하는 방법을 찾는 데에 혈안[1]이 된다. 이 소설과 같은 이야기는 안타깝게도 지극히 현 실적인 현상이다. 많은 수의 응용사회과학자와 즉물적 디자인 이론가는 이런 방 식으로 학문으로부터 멀어진다. 수없이 많은 선행연구가 있지만 연구대상에 대 한 새로운 관점이나 학적 방법이 발전하지 않는다. 이를테면 학문이나 진리라는 돌보아야 할 아기에게는 하등의 관심이 없다. 아기의 우유병을 빼앗아 달콤한 우 유 맛을 보고 이내 던져 버린다. 이들이 인간과 세계를 대하는 것도 동일하다. 그 시각이 절대적인 만큼 단편적이며, 무엇보다도 인간적이지 못하다.

공학적 사회가 만들어 가는 또 다른 하나의 경향으로 형태중심적 문화가 있다. 자르는 가위와 X 표시 사이에 어떤 내용적 관계가 있는지 연구하지 않는 다. 가위의 이름이 "가위에 눌린다"의 가위와 표현이 똑같다고 서로 상관시키려 한다. 공학은 형태를 잡아야 내용이 따라오기 때문에 사람들이 문화마저 공학적 으로 이해한다면, 그 문화는 이른바 "폼"을 위해 기꺼이 내용을 거부할 수밖에 없는 지경에 이른다. 진정 정신병적인 현상[2]이다.

공학과 경험중심주의 그리고 형태중심적 사고. 20세기 자본주의 사회의 디자인을 지배적으로 이끌어 온 인식론적 삼각편대다. 20세기 디자인은 디자인 기호의 표현을 위하여 내용을 거부해 왔다. 사물의 한정된 효용도를 측정해서 공 학의 기준에 맞추어 조형을 일률화 시키고자 했다. 왜일까. 디자인의 미학과 사 물의 목적을 혼동했기 때문이다. 사물의 목적이 판매와 효용에 있다는 이념 하에 디자인마저 판매와 효용의 목적 속에 가두었다. 흔히 기능성의 디자인[3]이라 말해왔던 것이다. 우리 시대의 미학 또한 상업 논리를 벗어날 수 없다면 어떤 종류의 상업을 말하는가를 구분해야 한다. 高관여(involvement) 브랜드 제품은 상징적이기 때문에 효용의 논리를 벗어난다. 반면 효용의 디자인은 低관여 제품의 대량생산의 논리를 지닌다. 효용적 디자인이 극단에 이르면 사물의 목적과 효용만이 있을 뿐 "디자인은 없으며", 또 다른 극단에 이르면 옛 공산사회의 효용적 디자인이라 할 만한 것이 있다. 우리 시대의 많은 이들은 양극점으로 가지도 못하면서 이론적으로만 효용을 말해왔다. 이와 같이 대량생산과 소비의 목적에만 충실하다 보니 이념적으로 취약하고 세련되지 못한 장사꾼의 논리[4]를 가지고 바야흐로 현대의 최종점, 디지털의 시대를 향해 달려가고 있다. 그러나 공학과 형태중심의 흐름이 과연 21세기 디지털 시대를 이겨낼 수 있을 것인가. 판매의 목적에 맞추어 디자인을 하면 판매가 되는가. 다른 방법은 없는가.

이 책은 디자인의 엔지니어링-경험-형태중심의 수동적인 흐름이 어떻게 극복되어야 하는가를 밝히고, 구조-사유-내용중심적인 능동적 디자인을 주장할 것이다. 디자인은 지각과 상상력에 끌려가는 수동적 경험과 이미지를 통해 이루어지는 것이 아니라 구성적 지각과 상상력[5]에 의해 이루어지는 것이다.

이 책은 개별적인 디자인에 대한 비평이 아니라 그러한 비평을 위한 이론적 작업들로 구성되어 있다. 여기서 인용되는 회화, 디자인, 일러스트레이션은 비평의 대상이 아닌 이론적 설명을 위한 장치에 불과하다. 따라서 유명 일러스트레이션이나 디자인에 대한 비평을 바라는 사람은 본서의 내용이 불만스러울지 모른다. 현재 수백만의 디자이너들이 작업을 하고 있고 작업의 창조성은 무한하다. 중요한 것은 이 무한한 창조성을 사회와 역사에 접목시키는 일이지, 개별 작업과 작품을 외우거나 인상적인 평가를 내리는 일이 아니다. 이를 위하여 작품과 작업을 비평하기 위한 전문가적 기준을 세워야 한다. 디자인에 있어 전문가라 한다면 기준을 가지고 대상을 비평할 수 있어야 한다. 본서는 우리의 눈 속으로 쏟아져 들어오는 수많은 디자인과 영상을 비평할 수 있는 기준(criteria)에 대하여 논하고 나름대로의 관점을 제시하려 한다.

3. 사람들은 기능(function)적 디자인이라 말하지만 이는 잘못 선택된 용어다. 기능이란 체계를 상정하며 그 체계 속에서 움직이는 요소의 관계적 역할을 말한다. 예를 들어 의자의 체계를 말할 때 앉기, 안락함, 주변 가구와의 조화, 놓일 장소, 사람들의 성향 등 기능성을 말할 수 있다. 그런데 실제로 현대의 많은 디자인은 기능이라 말하면서도 기능이 아니라 효용에 따라 디자인의 요소를 규정한다. 물론 기능과 효용의 관계를 항상 명확하게 구분하긴 어렵지만 효용은 목적이 명확한 사물의 직접적인 쓰임새이고, 기능은 목적과 상관없이 사물을 움직이게 하는 요소이다. 어떤 기능에 효용성을 주고자 할 때 이 기능은 독자적인 효용성을 지니게 된다. 따라서 기능은 사물의 합목적성만을 가질 뿐 효용과 같이 의도된 목적성을 가지는 것이 아니다. 물리적 조직이나 사회조직과 달리 디자인에 있어서는 사물의 체계를 상정하기 어려우며 단지 사물의 내용에 대한 정합성만을 말할 수 있을 뿐이다.

4. 하버마스(Jürgen Habermas)와 벨(Daniel Bell)은 현대 서구사회의 "자본주의는 이미 국가와 정부 수준에 있어서나 혹은 일반적인 인식 수준에 있어서도 유효한 이데올로기를 만들어 낼 수 없게 되었다. 그러나 자본주의 기업은 프로테스탄트 윤리에 의하여 고무되어 있는가의 여부에 상관없이 아직도 19세기의 기업가와 마찬가지로 이익 추구에 전념하고 있다. (자본주의의 이념적 정통성의 위기)… 부르주아 계급지배의 역사적 나약성에서 직접 유래된 것이다"고 말하고 있다(A. Swingewood, 《대중문화의 원점》, 전예원, 1987, p.151). 이 시대의 진보와 보수를 대표하는 두 지식인, 하버마스와 벨이 공통적으로 의견을 합치하는 부분이 바로 현대 자본주의 사회의 이념적 취약성이다(J. Habermas, *Legitimation Crisis*, Heinemann, London, 1976 ; D.

Bell, *The Cultural Contradiction of Capitalism*, Heinemann, London, 1976). 취약한 이념은 인륜적 도덕과 공존, 미래지향적 관점과 장기적인 플랜을 무시하고 자본의 무한대적 운동을 용인했다. 제어장치도 없이 대규모의 자본이 스스로 국가를 넘나들게 했다. 자본주의의 경험이 부족한 후발 자본주의 국가에서는 거품경기가 일어났다. 경제인들로 하여금 실물경제를 무시하고 선물경제에 매달리게 했으며, 제조업보다 상징적 조작의 경제 분야(광고, 연예, 비디오, 게임 등)에 젊은이들을 몰아넣었다. 가슴과 뇌는 사라지고 허상의 욕구와 잔머리만 굴리는 효과중심의 이데올로기는 이런 방식으로 현재의 한국사회와 제3세계를 구성하고 있다.

5. 이는 디자인의 언어학적 정의로서 일종의 "설계 혹은 기호 만들기"의 개념에도 충실하다. 용어 "Design"은 "de" 와 "sign"의 복합어로 구성된다. 여기서 "de"는 "to"의 의미로서 sign과 합쳐 "기호화하다"의 뜻을 지닌다. 즉 능동적인 기호작용이 바로 디자인이다. 근래 생겨난 용어 "Designer baby"(유전자를 선별하여 탄생한 아기)가 극적으로 보여주듯이, 디자인이란 사물에 수동적으로 따라 가는 것이 아니라 사물에 적극적으로 대응하는 인간의 기호과정을 말한다.

● 기호사각형 설명

본서에서 자주 사용할 학적인 도구가 기호 사각형이다. 모든 텍스트는 하나의 의미론적 세계를 전제로 하여 생겨난다. 주어진 텍스트를 실증적으로만 접근하여 이해할 것이 아니라 의미적인 관계를 통해 재단해 보면 텍스트의 입체적인 의미를 얻어낼 수 있다. 이 도구가 부르바키 학파의 사각형 이론에 근거한 그레마스의 기호 사각형이다. 기호 사각형은 네 개의 요소 혹은 범주 사이의 이항 대립적 관계를 형성한다.

- 두 개의 반대관계 : S1 과 S2 및 -S1 과 -S2 사이
- 두 개의 모순관계 : S1 과 -S1, S2 와 -S2 사이
- 두 개의 보완 및 내포관계 : S1 과 -S2 사이, S2 와 -S1사이

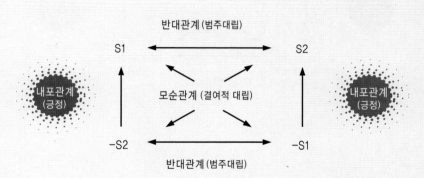

이항 대립적인 범주는 같은 텍스트 안에 동시에 존재할 수도 있고 대립의 반대항이 텍스트 밖에 존재할 수도 있다. 동시에 텍스트 안에 존재한다면 그 대립관계를 텍스트 자체의 구조를 통해 찾을 수 있으며, 텍스트 밖에 존재한다면 대립항을 유추해야 한다. 대부분 범주적인 대립은 텍스트 내부에서, 결여적인 대

립은 텍스트 혹은 그 밖에 존재한다. 이 범주적 대립과 결여적 대립이 서로 교차하면서 만들어 진 것이 바로 기호 사각형이다. 예를 들어 기호 사각형에 따라 한국인의 의식구조를 살펴보면 다음과 같은 관계구조를 설정하게 된다. 주어진 텍스트는 〈한국인은 규칙에 절대적으로 참여하는가 아니면 상대적으로 참여하는가〉로, 신호등의 규칙과 한국인의 참여의 모습이다.

　　이렇게 구성된 기호 사각형에 맞추어 보면 한국인들 사이의 행위적 규칙뿐만 아니라 서구인들의 행위와 비교해 볼 수도 있다. 더 나아가 시대적인 흐름에 따라 행위의 규칙이 어떻게 변하는지도 알아볼 수 있다. 그러니까 기호 사각형은 공시적 분석과 통시적 분석을 모두 실행해 내는 논리적 도구다.

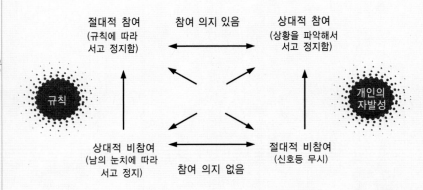

나남신서 · 1094

디 자 인 이 해 의
기 초 이 론

차 례

한 신문[1]에 실린 미국 대학원생의 예를 보자. 자신의 아파트에 쌓인 개인 소장품을 줄일 목적으로 경매사이트에 들어간 이 학생은 물건을 사간 사람들에게 사용정보를 제공하기 위해 홈페이지를 만들었다고 한다. 학생은 도매인을 설정하기 위해 장난 삼아 여러 단어를 입력한 끝에 홈페이지 주소를 "올 마이 라이프 포 세일"(www.allmylifeforsale.com)로 만든다. 학생의 말을 들어보자. "처음엔 그런 의도가 전혀 아니었는데 홈페이지 이름이 그렇게 정해지다 보니 왠지 모든 것을 다 팔아야 한다는 의무감이 생겼고, 그래서 일단 다 팔기로 작정했어요". 그리고는 판 물건을 다시 되살지 몰라 구입자들의 연락처를 꼼꼼하게 챙겼다고 한다. 이 사례는 실제의 자아가 기호에게 완전히 종속된 상태를 보여준다. 합리적 이성은 합리적인 방향으로, 심미적 감성은 심미적인 방향으로 극단적으로 따라가되 주체가 없다. 기호에 의한 자아의 분열증이다. 기호의 타자성에 완전히 굴복하는 것은 자아의 상실을 의미하며 기호의 권력이 얼마나 사람을 분열적으로 만드는가를 보여준다. 이것이 바로 오늘날의 미술을 끌고 나가는 아방가르드 미술가들의 행위이다.

이를 낭만주의의 경향에서 이해해 보자. 19세기 예술에 있어서 낭만주

1. 중앙일보, 2002년 11월 2일 토요일, 11쪽 좌상단 박스기사. "내 인생 모든 것을 팝니다".

의적 커뮤니케이션[2]은 일종의 反커뮤니케이션이었다. 도덕, 조직으로서의 개인, 의식, 성찰이라는 부르주아의 고전적인 커뮤니케이션에 반대하면서 다른 종류의 메시지를 원했다. 개인의 존재, 불륜, 예술, 표현의 자유를 갈구했다. 이성적 존재에 반항하는 심미적 존재를 부각하려 했던 낭만주의자들은 내용과 표현의 합일을 "병적으로" 실천[3]하려 했다. 예술뿐만 아니라 실생활에서도 이들은 건강함보다는 병약함과 병약해 보이는 이를 선호했으며, 술과 마약을 원했다. 육체적 풍만함은 정신적인 인간의 상징이 아니었다. 지금은 별다른 것을 상징하지 않는 유행 현상으로서의 다이어트가 19세기 낭만주의 시대에는 심미적 정신세계의 상징일 수 있었다. 안경 너머로 보이는 엷은 눈매와 호리호리한 몸매가 날카로운 지식인을 상징했다. 댄디의 경쾌함 또한 부르주아의 엄숙주의와 반대된다. 낭만주의자들은 이러한 것들이 물질세계를 반대하고 정신세계를 지향하는 수단, 혹은 기호일 것이라고 생각했다.

  낭만주의적 전통이라면 사회와 문화의 각 분야에서 다양하게 살펴볼 수 있겠지만, 심미성의 추구는 모든 낭만주의의 공통적인 현상이다. 공동체의 커뮤니케이션이 안정적이라면 낭만주의의 심미성은 빛을 발한다. 그러나 물질 숭배적이고 개인주의 사회의 분열된 커뮤니케이션 속에서 심미성은 문제를 야기한다. 즉, 예술적 낭만주의의 심각한 문제는 심미성 그 자체에 있는 것이 아니라 근대적 이성의 개인주의와 합리적 논리를 극복하지 않은 상태에서 심미성을 획득하려는 데에 있다. 그러므로 관심사가 개인적이며 사물을 제멋대로 관조한다. 즉, 같은 육체와 정신 속에서 합리와 심미가 서로 분열한다. 이성은 합리적이되 감성은 심미적이다. 현실 속에서는 계산, 조직, 이익을 쫓지만 개인적으로는 비합리적인 꿈에 빠지기 일쑤이다. 철학적 낭만주의가 이루고자 했던 심미적 이성이라 할 만한 어떤 종합적인 것[4]이 잘 보이지 않는다. 이것이 20세기 현대사회를 관통하는 미적 이데올로기다.

  낭만주의의 개인 심미적 경향은 예술가들 사이에서 기호의 조작이 언제라도 가능하다는 확신을 만들었다. 개인의 심미적 체험을 위한 기호 조작을 시작한 시기는 19세기 말과 20세기 초반이다. 낭만주의자들이 지향하고자 했던

2. 현대성(Modernity)이라 하면 사람들은 흔히 합리적 이성이라든가, 물질주의라든가 하는 것처럼 자본주의가 가시적으로 주장했던 것들을 중심으로 이야기한다. 그러나 현대성은 중세와 구체제 같은 과거의 전통과 이념으로부터 벗어나고자 인간의 이성과 감성을 조직적으로 점검했던 대규모의 역사적 경향을 말할 뿐이다. 이 역사에는 여러 변이형의 사고가 중복, 점철되어 있어 이를 일목요연하게 정리한다는 것은 거의 불가능하다. 낭만주의의 경향 또한 현대성을 구성하는 하나의 요소다. 사회현실에 대한 합리적 조직의 너머에는 조직에 쉽게 적응 혹은 순응하지 않는 분열된 개인의 의식이 있다. 이 분열된 개인의 의식으로부터 낭만주의가 이해된다 (D. Martuccelli, *Sociologie de la modernité*, Gallimard, Paris, 1999, p. 11).

3. A. Hauser, 《문학과 예술의 사회사. 근세 2》, 창작과 비평사, 1981, p.211, pp.211-213.

4. 이성의 합리적 차가움을 극복하는 심미성을 강조하는 독일의 쉴러나 횔덜린, 셸링, 프랑크 푸르트 학파와 같은 독일의 낭만적 전통을 상기할 수 있다. (고창범, 《쉴러의 예술과 사상》, 일신사, 1985) 독일의 낭만적 철학의 전통은 현대성을 구성하지만 한편, 현대성에 대한 대안 중 하나로 자리하는 이중성을 지닌다.

5. 다다이즘은 일단 관객을 모으는 데 성공을 했지만 예술을 유지하는 데에는 실패했다. 예술은 최소한의 관조적인 시간이 필요한 데 비하여, 충격은 급히 다가오지만 그만큼 빨리 사라지기 때문이다.

6. 문맥적인 원인이라면 외부현실을 복사하는 데에 가장 뛰어난 사진의 발명과 관계가 있을 것이다. 이는 뒷장에서 논의한다.

7. Ferdinand de Saussure, *Cours de linguistique générale*, Payot, Paris, 1969, p.100.

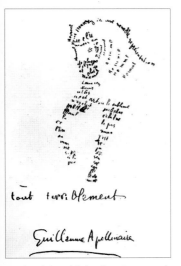

▣ 아폴리네르, 《칼리그람 *Calligrammes*》
(1918)

▣ 아폴리네르, "칼에 찔린 비둘기와 분수"
(*La colombe poignardée et le jet d'eau*).
《칼리그람》의 일부

기호의 내용은 어느덧 사라지거나 흐릿해지고 커뮤니케이션의 기호 표현들만이 널려있다. 새로 발명되거나 개발된 매체기술은 기호표현을 더욱 다양하게 했다. 포스트 모던으로서의 현대의 조건은 비로소 가시화 되고 있었다. 다다이즘이 그것이다. 다다이즘은 널려있는 기호의 표현을 통해 충격의 효과[5]를 일으켰다. 충격을 위해 스캔들이라는 기호를 내세웠고, "선언"을 통해 내용을 메웠다. 스캔들의 기호에 고무된 낭만적 개인주의자들은 개인이 멋대로 구성하는 예술적 공간으로 들어간다. 기호를 마음껏 사용해도 된다는 시대의 허락을 얻은 듯했기 때문이다. 표상이야 표상될 사물이 존재하기 때문에 이를 어찌하지 못하지만 구성은 멋대로 할 수 있다고 믿었다. 작가들은 미술의 기호가 외부현실을 직접적으로 표상한다는 이념과 결별을 선언[6]했다. 입체파, 초현실주의, 미래파 등이 이에 포함된다. 이들은 미술이라는 거울의 반사적 기능을 버리고 왜곡상을 구성하려 했다. 왜곡상을 통해 관객들은 "각자 알아서" 미술을 읽어야 했다. 음악에서는 멜로디와 화성을 버리고 무조주의(無調主義)를 취한다. 무조주의란 무작위의 음을 취한다는 사실과 다르지 않다. 청중들은 각자 알아서 음을 따라가야 한다. 건축 분야에선 바우하우스와 관련이 깊다. 전통적인 재료와 형식을 탈피하고 기하학적 형태와 새로운 재료를 추구한다. 문학에서는 소설적 사실주의가 분열과 의식의 흐름으로 대체되었고, 시에서는 산문시가 보편화되었다. 초현실주의자들은 조작적 장치들을 통해 그림, 사진, 음악, 연극, 시와 같은 기존의 예술적 텍스트들을 마구 뒤섞어 놓았다. 이렇게 함으로써 예술은 현실복사의 작업이 아님을 보여 주었다. 기호의 조작만으로도 충분히 예술이 가능하다고 생각했기 때문이다. 예술가들에게는 "예술을 한다"는 메시지를, 관객들에게는 "현재 세계 말고도 또 다른 기호의 세계가 있다"는 메시지를 던졌다.

소쉬르는 20세기 초반에 언어의 기의(signifié)와 기표(signifiant)의 관계가 자의적임을 강조[7]했다. 기표 "소"가 기의 "동물로서의 소"를 뜻하는 데에 어떠한 필연성도 없다고 했다. 양자간의 연결은 반드시 필요하지도, 본질적이지도 또한 자연스럽지도 않다는 것이다. 그러나 이는 기호구성의 원론적인 주장일 뿐이다. 기호의 자의성은 개인에게 있어서는 필연적[8]일 수 있다. 기호는 사물과 자의적이므로 개인적으로 구성된다. 예술가는 여기서 힘을 발한다. 기호 조작의 명수인 예술가들에게 모든 기호는 임의적인 조작이 가능한 것[9]이다. 어떠한 경로로 그러는지는 알 바 없지만, 똑똑한 현대 예술가들은 무한히 다양한 문맥에 적합한 기발하고 새로운 메시지를 수없이 만들어 낸다. 이들은 기호의 자의성이라는 혁명적 발견을 예술장치의 장에서 이미 실행하고 있었다. 오늘날 우리가 연상하는 예술가의 상이 본격적으로 드러난다. "멋대로"(auto-reference 자족성 혹은 자기 지시성)의 표상이 그것이다.

　　　기호 조작의 과정에서 관객과 서로 공유할 수 있는 기호 내용을 무시하고 예술가 개인에게 스스로 필연적인 낭만주의적 정체성을 구축하려 한다. 이들에게만 필연적인 기호 구성체를 바라보는 관객들은 의식과 감정의 분열을 경험한다. 현대예술은 이러한 알레고리적 기호구성에 가장 앞서 있지만 예술의 장을 벗어나도 기호의 알레고리는 쉽게 발견된다. 예쁜 것은 예쁜 것 같은데 의미가 없다. 옳은 것 같긴 한데 자신과는 상관이 없다. 그립긴 한데 만나고 싶지 않다. 사랑했기에 헤어져야 한다… 이상한 인식론이 서서히 커뮤니케이션의 지평 위로 올라온다. 기호와 지시대상(referent)이 아니라 기호와 기호와의 관계가 강조되는 사회에서 미(美)는 한시적인 것이며, 정의는 드라마의 것이며, 욕구는 가상의 것이며, 정열은 핑계에 불과하다. 이렇듯 현대인들의 정신분열적인 행로는 길고도 오래간다. 이것이 흔히 포스트 모던이라 불리는 20세기 현대의 조건[10]이다.

1 :: 기표지향적 창작

사진, 전신, 윤전식 인쇄기, 타자기, 대양횡단 케이블, 전화, 영화, 무선

8. 방브니스트(Emile Benveniste)는 소쉬르의 자의성을 기호를 사용하는 개인의 입장에서 반박한다. "화자에게 있어서 언어와 현실은 완벽하게 합치된다. 즉, 기호가 현실을 포괄하고, 현실을 지배하며, 나아가 기호는 바로 이 현실이 된다. 사실 이 점에서 화자의 관점은 언어학자의 관점과 매우 다르므로 명칭의 자의성에 대한 언어학자의 주장은 화자의 정반대의 느낌을 반박하지 못한다. 하지만 어쨌든 언어 기호의 성질은 소쉬르가 정의한 대로 언어기호를 정의한다면 자의성과는 아무런 관계가 없다"(E. Benveniste, 《언어학의 제문제》, 한불문화출판, 1988, p.70). 방브니스트는 소쉬르를 반박한다기보다 기호의 자의적 성격이 불러오는 개인의 창조성을 강조한다고 볼 수 있다. 그러나 기호는 교류되기도 하기 때문에 개인의 입장을 벗어나 사회적 혹은 역사적으로 따져보았을 때 반드시 임의적이지도 또한 필연적이지만도 않다. 어떤 기호가 사회 속에서 커뮤니케이션을 위해 존재하게 되면 기호를 함부로 바꿀 수 없다. 그렇다 하더라도 인간은 항상 기호를 변형하려 한다. 따라서 기호의 자의성과 필연성은 인간적 커뮤니케이션의 중복적인 조건이다.

9. 기호의 자의성과 기호창작의 관계에 대한 포괄적인 연구는 J.-M. Adam & J.-P. Goldstein, *Linguistique et discours littéraire*, Larousse, Paris, 1976, pp.60~81, pp.327~34.

10. "현대성이라는 것, 그것은 중간 단계의 무엇이다. 떨어져 있긴 하되 어떤 전체에 있어서 부분적인 것이다. 그것은 미술의 반만 차지한다. 나머지 반은 영원한 것이며, 고정된 것이다"(C. Baudelaire, *La peinture de la vie moderne*, in *Oeuvres complètes*, Gallimard, Paris, 1976 p.695). 현대사회를 말하는 데에 있어서 한번은 꼭 인용되는 인물이 보들레르이다. 그는 현대와 옛 시절의 단절을 부정한다. 현대를

중심으로 옛 시절의 축적된 역사를 소화하여 이해하려 한다. 하버마스는 보들레르를 다음과 같이 이해한다. "보들레르에게 현대성의 역사적 경험은 미적 경험과 혼동되고 있다. 현대의 미학을 깊이 경험하다 보면 이 미학의 독자적 형식이 훨씬 날카롭게 드러나게 된다. 시대적 경험의 지평이 일상생활의 관습으로부터 벗어나 탈중심화 되어버린 주관성의 지평으로 축소되는 것이다. 바로 이런 이유로 현대미술은 보들레르에게 어필하며, 시대성과 영원성이 서로 질서 있게 작용하는 독특한 특징을 가지게 된 것이다… 초현실주의에서 극적으로 드러나듯 이러한 시간의 개념은 현대성과 유행사이에 친족관계가 있음을 정당화 한다"(J. Habermas, Le discours philosophique de la modernité, Galllimard, Paris, 1985, p.11). 이런 식의 미학적 현대성은 개인으로 하여금 현재의 문제를 중시하게 한다. 현재의 문제는 역사적 의미의 문제가 아니라 개인이 미를 경험하는 공시태적인 문제를 유발한다. 보들레르와 같은 작가에 있어서 현재와의 대화는 단지 개인의 예술적 자유를 통해 얻을 수 있는 것이기 때문이다. 그는 현재 반 정도의 자유로운 미적 경험 속에서 나머지의 영원을 경험하고자 한다. 그렇다면 미적 현실 이외의 다른 현실은 어디로 간 것일까? 보들레르는 예술가로서의 현실만을 현대성이라고 파악하려 하는 것이기 때문에 실제로 현대성의 현실이 드러나고 있었던 과학중심의 논리와는 거리가 있다. 프랑스에서 현대적인 것은 니체적인 니힐리즘을 포함하는 미적 현상을 말하는 것이기에 포스트 모던한 현상을 같이 아우르는 개념이다. 따라서 현대성을 말하는 보들레르는 현실과 미를 혼동하는 것이 아니다. 단지 미적 경험만을 말한 것이며 미적 경험은 언제나 사회적 현실에 앞질러 작용하는

전신, 녹음기, 라디오, 텔레비전, 전자우편, 자동이체, 팩시밀리, 컴퓨터, 쌍방향 TV, 인터넷… 이 방대한 통신기술이 커뮤니케이션의 변화를 가져왔고 커뮤니케이션의 변화는 그만큼 인식과 감성의 변화를 초래한다. 그러나 변화의 핵심은 커뮤니케이션의 기술이 방대하다는 것이 아니다. 급격하게 발전했다는, 즉 속도가 커뮤니케이션 변화의 핵심이다. 속도는 정보를 무감각하게 쏟아낸다. 정보에 대한 수용자의 감각도 그렇다. 미술품을 보든, 드라마를 보든, 아니면 길거리의 건축이나 사인보드를 보든 도무지 심장의 박동이 뛰지 않는다. 무감각에는 단지 충격이 요법인가. 심장 박동기로 쿵쿵 가슴을 때려 주어야 하는 환자와 같이 우리의 시지각은 박동하지 않는가. 그래서 관조보다는 "충격"이 중요한 시지각의 시대인가. 이 문제를 현대 아방가르드 미술의 창작방식에서 이해해 보자.

　　미술가들이 사회적 커뮤니케이션에서 쓰이는 공동의 의미론적인 약호들에 기대지 않는 이상, 미술적 기표는 기의를 드러낸다기보다 실은 기표가 사용된 텍스트의 범주를 드러내는데 더 가깝다. 즉, 작가의 의미적 지평이나 시대의식과 같은 포괄적인 범주보다는 이른바 미술로 불리는 협소한 영역인 회화적 범주를 드러낸다. 그것은 선, 색, 면, 형태라는 독립된 기호들이다. 어찌 보면 브레히트의 낯설게 하기가 도모했던 효과를 노리는 듯하다. 연극의 내러티브, 재현적 장치 혹은 카타르시스의 미적 범주를 통해서가 아니라 관객의 눈앞에 생생하게 드러난 복사적 인물과 장치(기호적인 인물이나 장치가 아니라)의 존재 자체를 통해 연극이라는 예술의 기호를 드러내는 것과 같다. 그러므로 예술의 기호를 통해 사물(혹은 다른 기호)을 말하는 것이 아니라 사물(혹은 다른 기호)을 통해 예술의 기호를 말한다. 이와 같이 기호를 통해 미술의 존재를 드러내는 일은 미술과 미술작품에 대한 구태의연한 해석과 관조를 기호적으로 환기시키려는 목적을 지닌다. 이 환기는 생산자 자신의 예술적 경험을 갱신하는데 필요할 뿐 아니라 보수적인 예술 소비자들에게 일종의 지각의 충격을 안겨준다. 기표

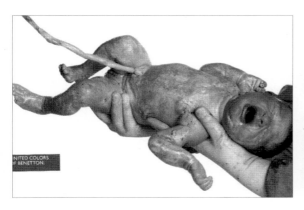

▣ 베네통 광고
커뮤니케이션의 충격은 反커뮤니케이션
의 사회적 상황을 드러낸다.

가 넘쳐흐르면 기의는 의심받는다. 미국인들이 모여 만든 한국어 춘향전은 춘향전의 내용이 아니라 미국인의 한국어 발음을 통해 춘향전 자체의 연극성을 드러낸다. 따라서 춘향전의 뜻은 무시되고 미국인의 기표가 부각됨으로써 춘향전은 다른 방식으로 느낌을 준다. 이 다른 방식의 느낌을 위한 창작이 바로 아방가르드의 목적이다. 그러나 이 느낌에 아무런 의미가 없다는 데에 아방가르드와 현대미술의 문제가 있다.

현대미술과 디자인은 동일하게 기호의 물질적인 속성에 집중한다. 즉, 표현을 중시한다. 현대미술은 아방가르드적 전통에 따라, 디자인은 대량생산의 이데올로기에 따른다. 그러나 표현의 문제는 곧바로 내용의 문제와 직결되는 문제이기 때문에 미술가와 디자이너가 표현 이전에 사물이 지닌 의미를 어떻게 파악하고 있느냐 하는 문제는 매우 중요한 사실로 부각된다. 표현은 의미의 보존과 파괴의 최선봉에 있는데, 앞으로 한 두 번 예를 더 들겠지만 음악의 예에서 이 사실을 확인할 수 있다. 음악의 기호는 미술이나 문학적 텍스트에 비하여 다양한 색채를 지니고 있지만 의미를 지니지 않는다. 스위스의 지휘자 앙세르메(Ernest Ansermet 1883~1969)는 음악이라는 것은 감정의 표현이 아니라 오히려 감정 그 자체이기 때문에 "음의 구조 가운데 체험되는 감정 이외의 그 어떤 것도 아니다"[11]라고 말하고 있다. 이를 기호학적으로 설명해 보자. 언어기호와 달리 음악기호는 분절의 양상[12]이 다르다. 언어기호는 한번 분절하면 의미가 따라오고, 두 번 분절하면 의미가 없는 음성기호가 있는 이중분절(봄이 왔다 → 봄 + 이 + 오(ㅆ+ㅏ)다 → ㅂ + ㅗ + ㅁ..)의 기호이다. 오브제라든가 백마부대의 문장과 같이 다른 기호들과 어울리는 문맥 없이 독자적으로 구성된 무분절의 기호가 있는가 하면, 신호등처럼 분절되자마자 서로 규칙적인 의미를 지니는 일차분절의 기호도 있고, 색채와 같이 분절해보았자 따라오는 의미가 없는 기호가 있다. 음악은 언어처럼 이중분절 되지 않는다. 분절되자마자 의미가 오지 않고 단지 직접적인 감각을 유발하는 기호다. 따라서 음악은 기호적으로 주제가 필요 없는 것이며, 설령 주제가 있다 하더라도 음악이 주는 감흥에 커다란 문제를 일으키지 않는다. 따라서 표제음악과 같이 어떤 이념을 음악에 드러내

것이라 믿기 때문이다. 독일의 경우, 현대성은 계몽주의적 철학 이후의 현실만을 말한다. 따라서 하버마스가 지적하는 보들레르적인 현대성은 곧 포스트모던을 말하는 것이 된다. 이 사실을 감안하면 하버마스의 언급이 이해된다. 용어에 대한 서로 다른 정의를 무시하고 용어의 개념에만 빠져들면 또 다른 아까운 시간이 낭비될 것이다. 미적 감수성이나 철학적 언술을 통해 규정되는 사실을 역사적으로 파악해 보면 예술 창작의 현대적인 모습을 더욱 명료하게 바라볼 수 있다. 현대성은 곧 탈현대성의 이념을 그 안에 포함하고 있다.

11. E. Ansermet, "현대음악의 위기", 《현대예술의 상황》, 삼성출판, 1974, p.197.

12. L. J. Prieto, "La Sémiologie", in *Le Langage*, Gallimard, Paris, 1968.

려는 것은 한층 조악한 결론을 맺게 되어 있다. 차라리 대위법에 대한 연구를 지속하는 것이 옳을 것이다. 바로 이러한 이유로 음악의 선율은 비교적 자유롭게 변형될 수 있다. 이와 달리 미술은 주제-의미-표현의 커뮤니케이션 과정을 겪는다. 인간-약함-갈대의 과정이 보여주듯이 미술적 커뮤니케이션은 표현만으로 달성될 수 없다. 따라서 표현의 대위법이라 할 만한 것이 있다면 그것은 시대와 사회의 색채가 들어간 내용의 영역에서 찾을 수 있을 뿐이다. 디자이너는 음악가가 아니다. 음의 선율을 다루듯이 표현을 만들어 낼 수가 없다. 그러나 급박한 시대에서는 모든 기호는 내용이 같으면 기호도 같을 것이라는 어처구니없는 환상을 불러온다. 무의식과 감성에 의존하는 칸딘스키의 추상표현주의 미술과 이성에 의존하는 몬드리안(Piet Mondrian 1872~1944)과 말레비치(Kasimir Malevich 1878~1935)의 기하학적 추상미술은 모두 음악의 기호처럼 의미를 지니지 않는 이차분절의 기호인 미술의 기호를 마치 일차분절이 가능한 기호로 파악한다. 이차분절적인 기호만을 가지고 커뮤니케이션 할 수 있는 유토피아를 건설하기 위하여 이미지의 재현성을 극소화하거나 완전히 제거하려 했다. 그러나 이들이 제거한 것은 이미지의 재현성이 아니라 일차분절적 기호였다. 즉, 기호의 뜻이었던 것이다. 이를 앵그르(J. A. Dominique Ingres 1780~1867)의 그림과 비교하면 이해가 쉽다. 앵그르는 사물의 재현적 표현에 충실함으로써 회화적 표현의 가능성을 실험하고자 한다. 앵그르는 사실적 인물의 표현을 미니멀하게 축약하거나 단순화시켜 사물 자체의 재현적 가능성을 실험한 데 비하여, 이들은 회화가 할 수 있는 사물의 재현 가능성 자체를 단순하게 무시해 버림으로써 표현의 재현 불가능한 세계로 빠진 것이다. 이들은 기호를 구성하는 형상적 조합만을 통해 의소를 드러내고자 했다. 수직과 수평이 서로 교차하는 형상을 만들어 놓고 거기에 "삶과 죽음"이라는 부제를 달아 놓는 행위가 그렇다. 수직이 삶이고 수평이 죽음이라고 누가 그랬는가. 이와 같이 현대미술의 출발점은 남들과 나누어 볼 뜻이 없는 독자적인 알레고리다.

　　기호학에서는 조금 다른 의미로 쓰이지만 구상(figure)이라는 용어는 원래 무엇을 재현하든 그렇지 않든 이차분절된 기호의 기표 면을 뜻한다. 비구상

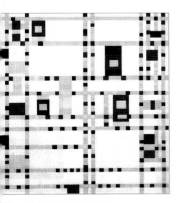

몬드리안, 《콤포지션》(1921)

몬드리안, Broadway Boogie Woogie (1942~1943)

▣ "건축, 회화, 데생" (1915년 쌍트 페터스 부르그에서 열린 말레비치의 전시회)

은 가장 본질적인 기호로서, 일차분절의 기호를 재분절한 기호다. 따라서 재현에 필요한 요소가 없고 단지 무엇처럼 보인다는 추측만을 유발하지만 추측이란 표현은 비구상이라는 용어 자체에 맞지 않는 표현이다. 원래 비구상의 기호는 뜻이 없다. 랭거(Suzanne K. Langer)는 "선과 컬러에는 관례화된 감성적인 의미를 지니는 기본적인 어휘장도, 기본적인 구조도 없다"[13]고 극단적으로 말하고 있다. 물론 기호의 자의성에 대한 원칙적인 언급을 완전하게 지지할 이유도 없지만 거부할 이유는 더욱 없다. 그러나 이차분절로 이루어진 비구상의 이미지(형상)에 규칙적인 의미를 부여하려는 미술가의 노력을 인정한다면 단지 "색채와 디자인의 실험성"일 뿐이다. 실험은 존재의 진실과 의미의 확대를 위하여 매우 중요한 작업이다. 특히 추상미술의 시도는 놀라운 것이었다. 그렇기 때문에 많은 이들이 이것을 현대미술의 혁명이라 칭찬했던 것이다. 그러나 몬드리안의 콤포지션과 같은 일차분절의 미술기호가 역사적으로 보여주었던 과정은 진정 실망스러운 것이었다. 외부세계를 재현하지 않는 이상, 모두가 아무 것을 가지고 아무렇게나 만들려 한다. "난 결코 사물을 모방하지 않았다. 단지 구성했을 뿐"이라고 말한다는 것이 무엇을 의미하는가. 이것은 "난 하느님을 보았다. 너희들도 곧 보게 될 것"이라는 종교적 외침과 무엇이 다른가. 사과와 공에서 원형을 발견했다고 호들갑을 떨다가 이제 원 자체의 순수미학을 말하려는 것이 아닌가. 그러나 이것은 순수미학이 아니라 인간의 역사가 조형에 부여했던 역사적 미학일 뿐이고, 그것은 원의 모습에서도 사과의 모습에서도 공에서도 호수에서도 모두 발견되는 종류의 것이다. 도상과 조형을 극적으로 분리하려는 현대의 추상미술가에게만 비구상의 의미는 종교적이다.

　　　직접적으로 감각에 호소하며 기호 그 자체가 예술이 될 수 있는 음악의 투명성을 쫓고자 하는 현대미술은 조형기호를 고민스럽게 사고하면서 어느 정도 조형적 의미를 확대한 바는 있지만 그것을 어떠한 사회적 그리고 미학적 수준까지 끌어올리려 하다 보니 결국 가랑이가 찢어진 것이다. 모래로 성을 쌓으려 한다기보다 성을 쌓으려는데 재료가 모래밖에 없어 보인다. 어찌 할 것인가. 단지 성처럼 보이는 것만 만들면 된다. 이처럼 기표만의 구성은 곧 기계적인 구

13. S. K. Langer, *Problems of Art*, C. Scribner's Son's, New York, 1957, p.90.

▣ 엥그르, 《오달리스크》(1814)

성을 뜻한다. 낭만주의의 개인주의적 심미성이 훗날 관계를 맺게되는 자연주의의 망령이 여기에 있다. 기표에 대한 기계적인 집착이 그것이다. 새로운 미술은 결국 기계의 미술(기계적인 미술)이었다. 미술가들이 여기서 인간적 삶의 표현을 "근원적"으로 파악했는지 모르겠으나 기계 속에 최소한 인간은 없다. 몬드리안 같은 현대미술의 선배들조차 이를 인식한 것 같지 않다. 이로부터 현대미술의 변비가 시작된다. 하려고 하는데 되지 않는다. 지난날 예술을 논했던 이론가의 의견(아리스토텔레스, 쉴러, 횔덜린, 헤겔, 마르크스 등)이 도무지 통하지 않는다. 더구나 예술을 창작한다는 자기 자신에게 말을 걸어 보아도 통하지 않는다. 나도 이제 끝인가. 여기저기 책을 많이 읽어본다. 그러나 갈 길이 없다.

　　　음악에 대해서는 많은 말을 허용하면서도 미술에 대해서만은 아무 말도 못하게 하는 현대미술계의 비밀이 바로 여기에 있다. 가랑이가 찢어져 있는 것이다. 이렇게 쉬쉬하는 이들이 있는가 하면 "배째라" 하는 이들도 있다. 대다수의 미술비평가가 그런 편이다. 아들에게 얻어맞은 아이의 부모가 찾아 왔을 때, 그 아이의 부모가 보는 앞에서 아들을 두들겨 패는 엄마가 있다. 니체나 하이데거 그리고 지금의 데리다가 서양사회를 비판한 것은 그러한 종류의 행동이다. 파농(Franz Fanon 1925~1961)은 비서구사회의 데리다를 대변한다. 서구라는 아이의 부모 앞에서 비서구의 아들을 두들겨 팼기 때문이다. 이념적으로도 감성적으로도 갈 길을 찾지 못하는 20세기 서구인들의 눈물나는 노력에 비하면 현대미술은 확실히 방랑의 과정을 벗어나고자 하는 서구인의 행동에 도움을 거의 주지 못하는 것 같다. 차라리 옆집 아줌마의 행동에 따라 자기 자식을 두들겨 패거나 했으면 좋았을 것을 지금은 그저 자식을 감싸안고 울고 있을 뿐이다. 아들이 너무 병약하기 때문이다. 현대미술은 애초부터 길을 잘못 들었다. 지나온 관습을 지키고자 하지 않았던 만큼 애초부터 혁명도 없었다. 이제 남은 일은 변명하는 것 뿐이다.

　　　순수기호에 집착했던 미술가와 디자이너는 자연과학의 변명을 찾기 시작한다. "조각이 자연으로부터 얻었던 자연스러운 입체감이 회화의 영역에서 사라진다면 모든 평면의 사물은 중세로 돌아가야 하는가"라는 문제에 긍정적으로 대답했던 이들이 큐비스트이다. 외부자연의 세계를 두고 큐비스트가 벌인 反르네상스운동은 얻은 것도 있지만 잃어버린 것도 있다. 얻은 것은 사물의 자연과학적 감수성이고 잃은 것은 사물의 인간적 감수성이었다.

다빈치는 자연과학적 감수성을 인간적 감수성과 함께 조화하려 했다. 바로 이러한 의미에서 다빈치는 "그린다는 것은 벙어리의 詩이고 시는 봉사의 그림"[14]이라 했던 것이다. 詩는 지각의 자연과학적 지식과는 거리가 멀다. 자연과학적 감수성은 사물을 사물로 보자는 경향을 지니기 때문에 사물의 성격만을 규명하려 할 뿐 사물의 이름은 무시한다. 이름은 주제이다. 주제에 의한 미술형식이 존재하지 않는다면 그 형태는 미술에서 말 그대로 조형적 실험에 불과하다. 실험미술의 제목에 "무제(無題)"가 많은 이유가 여기에 있다. 이 실험을 예술로 택한 것이 현대미술이다. 사물을 사물로 본다는 것은 화폭이나 조각을 떠나 곧 오브제의 문제로 귀결되며, 오브제의 문제는 곧 오브제 선택의 행위로, 선택의 행위는 행위 자체의 문제로 귀결된다. 이러한 현대미술의 흐름이 미국적 행동주의로 귀결되는 것을 보면 매우 아이러니컬하지 않을 수 없다. 리드가 지적하듯이 "세잔느로부터 시작하여 눈에 보이는 세계로부터 존재의 비밀을 캐내려고 한 미술운동이 현재 보이는 시각상의 붕괴로 이끌고 간 것은 논리적인 필연"[15]일 것이다.

시각은 물체를 지각하는 감각이며 의식과 연결시켜주는 매체이다. 거꾸로 영상은 지각 속에 들어온 시각물의 일종이다. 시각물은 시지각과 시각매체의 조건에 따라 지각된 질료이며 당연히 질료는 질료로서 이해되고 인정될 수 있다. 이 파악하지 않은 상태의 순진무구한 영상(eikon)을 그대로 인정함으로써 영상연구는 자연과학과 만난다. 예를 들면 "물"이 그렇다. 물은 당연히 H_2O이다. 자연과학은 자연에 대한 기술적 지배이다. 자연과학은 의식과 상상의 교

14. L. de Vinci, *Les Carnets de Léonard de Vinci*, Gallimard, Paris, 1942, p.226.

15. H. Read, 《현대예술의 상황》, 일조각, 1974, p.112.

回 피카소, 《아비뇽의 처녀들》(1907)

16. H. Rosenberg, 《현대예술의 상황》, 삼성출판, 1974, p.133.

환을 무시하는 코드학적인 사회연구와 접목하며 영상의 삶과 역사의 매개성을 이해하려 들지 않는다. "눈을 의심하지 않는" 非매개적이며 선형적인 정보와 연산에 근거한다. 현대에 들어 인간에 관한 생리학적 지식이 강화되면서 인간의 심리, 태도, 행동, 가치, 욕구들을 생리학으로 환원시키는 시도(Socio-biology)가 있다. 자연과학과 같이 사물에게 이름을 주지 않으려는 행동은 사물에게 가까이 가보자는 의도를 지닌 듯하지만 실은 대량생산시대 상품의 익명적인 감수성만을 강조한다. 현대미술은 미술 그 자체가 기호, 즉 이름 붙이기의 작업이라는 역사의 진실을 거부하기 때문에 자동적으로 미술을 거부한다. 미술은 개인의 것이 아니다. 미술은 하나의 양식을 가진 전통이며 그 전통에 근거하여 미술적 커뮤니케이션이 존재하는 것이다. 그러나 이와는 다른 의견을 가진 미국적인 행동주의 사회와 같이 아방가르드가 "예술에 속하는 것이 아니라 예술가에 속할 뿐"[16]이라면 현대 미술은 미술이 아니라 제멋대로의 행동일 뿐이다. 이들에게 미는 상품과 같이 만들어지는 것이라서 효과를 보면 미적이라 말하고 효과가 없으면 미의 창작이 실패한 것이다. 예쁜 것이 결과적으로 가치만 있다면 화장도 미가 된다. 그러나 화장의 기호가 포화상태로 이르면 이제 몸매와 성형수술의 수단을 통해 화장의 구태의연한 기호를 극복하려 한다. 일반 화장품보다 기초화장품이나 건강식 위생용품이 더 잘 팔리며 바디빌딩, 스트레칭, 헬쓰, 조깅 그리고 성형수술이 유행한다. 세계 최초의 성형수술을 위한 병원(Beauty Surgeons)이 미국에서 세워졌으며 아직도 성형에 대해 아무런 거리낌이 없는 사회가 또한 미국사회인 것을 보면 예술에 대한 미국사회의 시각은 예술이 아니라 예술의 결과(예술가, 돈, 명성, 직업군 등)에 근거하고 있다는 점은 차라리 당연한 일이라고 생각할 수 있다. 미에 대한 사고는 전무하고, 미적 창작의 제도(미술가 협회, 미술대전, 대중매체, 대학 등)가 인정받기 위해 전술적으로 허용하는 상품으로서의 예술가와 그들의 행동만을 예술로 보는 것이다. 언더그라운드의 작가들이 화를 낼 성싶으면 이 또한 예술제도를 위해 몇 명 정도는 시장에 포함시켜 작품을 허용하려 할뿐이다. 앞서 말했듯이 현대미술이 지향했던 것은 조형적 요소들에 대한 형태 중심적인 "순수"에로의 집착이었다. 그러나 이 무슨 자가당착인가. 현대미술은 형태의 문제에 대한 핵심을 쥐고 있는 자연과학과 컴퓨터 공학에 의해 또 다시 무참하게 깨질 것이다. 벌써 르네상스적 형태, 빛, 색채의 연구를 이어 가는 것은 현대미술이 아닌 컴퓨터이다. 상상력과 정반대의 방향을 지향하는 현대미술의 흐름은 지극히 소심하며 겉멋을 소중히 여긴다. "지금, 당장"의 효과를 요구하며 "현재, 여기"에서의 생산을 지지한다. 이 경우, 현실 지시대상을 자꾸 염두에 두면서 의미의 심리전을 피워 나가야 한다. 현대 디자인의 주요 흐름이 그렇다. 이러한 심리전 속에서 첨단 테크닉의 재료들이 사용된다. 예술가 자신은 구태의연한 반면 관객은 젊고 테크닉에 익숙하다고 믿기 때문이다. 그러나 테크닉으로 만들어진 멋진 현대의 디자인 작품들(스타크래프트, 레이져쇼, 멀티수족관, 다발다폭의 폭죽 등)에 비하면 예술가들의 테크닉은 라공의 말 그대로 "잡역부"의 그것처럼 보인다. "예술가는 과학의 세계나 테크놀러지의 세계와 겨루면 패한다… 예술가의 영역은 다른 곳에, 즉 계산이 아닌 직관에, 효용성의 탐구가 아닌 인식의 탐구에 있다"[17]는 뼈저린 충고를 잊지 말아야 한다. 의미를 탐구하는 예술은 "지금, 여기, 현재"의 기호 활용 상태를 드러내려는 것이 아니라 그 활용이 생산되도록 가능케 만드는 심층구조를 드러내려는 것이기 때문에 예술 생산의 기반을 달리 한다. 따라서 텍스트의 활용기호보다는 전체적인 의미에 연관되는 사실을 염두에 두며, 화용론적인 문제는 의미 구조 설정 이후 수사학적 분석을 근간으로 다시 논의될 수 있는 문제이기 때문이다. 따라서 예술을 창작하는 행위가 직관과 인식에서 출발해서 전략 혹은 효용성의 문제에 집착하게 되면 작품의 정신성은 사라지게 된다. 이러한 일은 창작가가 하는 일이 아니라 마케팅 메니저가 하는 일이다.

예술의 아방가르드적 차원이 자리해야 할 곳은 예술의 표상적 연속성이다. 아방가르드는 자신의 정신적인 작업이 단지 자신만의 정신성에 머물지 않고 창작의 재료와 규칙에 깊숙하게 연관되어 있다고 믿었을 때, 그래서 그 재료와 규칙을 총체적으로 보지 못하고 "객관적"으로 바라볼 때 생기는 일종의 형식에 대한 반항이다. 따라서 예술기호의 표상적 연속성이 없으면 예술의 기호

17. M. Ragon, 《예술, 무엇을 하기 위한 것인가》, 미진사, pp.54-56.

18. Ibid., p.96.

19. V. Cheklovski, *Théorie de la littérature*, Seuil, Paris, 1965.

20. "기호의 소비 속에서 기표들을 구별 없이 마구 쓴다. 연결은 아무렇게나 아무 곳에서나 이루어 진다"(H. Lefebvre, 《현대사회의 일상성》, 주류 일념, 1995, p.174).

들은 불연속화 한다. 아방가르드의 작업은 오히려 기호의 불연속적인 성격에만 주목하는데 여기에 그들의 편협한 코드와 광기가 혼재한다. 이제 아방가르드의 의미는 사라져버린 듯하다. 다다이스트와 초현실주의 이후 아방가르드는 구태의연한 전통이 되어버렸기 때문이다. 이 아방가르드의 행위가 이제 더 이상 진정한 의미의 아방가르드가 아니라 미치광이들의 겉멋이 되어버린 것은 미술의 기표에만 집중하느라 미술의 정신성, 즉 의미론적 기표에 대한 성찰이 부족했기 때문이다. "산업창조에 있어서처럼 아방가르드적이라고 말해지는 작금의 예술창조는 언제든지 고객을 매혹시키기 위해 끊임없이 모델들을 갱신한다. 따라서 직업적인 아방가르드 예술가들의 작품은 재빨리 구식이 됨으로써 생산과 소비를 촉진시킨다. 따라서 예전에는 생산과 궁극목적으로서의 소비사회의 대립체였던 아방가르드는 기계주의 신화에로 편입되는 경향이 있다. 그러므로 오늘날 아방가르드가 부르주아 계급에 의해 회복되었다는 것은 조금도 놀라운 일이 아니다. 세계적인 규모를 자랑하는 대부분의 미술관들, 상업적인 화랑들, 신문들, 그리고 가장 영향력 있는 미술비평가들은 아방가르드를 가지고 실제로 공식적인 예술"[18]을 만든다. 이제는 코미디 프로그램에서도 진부하게 된 "장치 드러내기"와 쓰레기 하적장에서 끌어다 모아 놓은 이 넘쳐나는 기표들이 아방가르드들로 하여금 시간에 쫓기게 만들었다. 이른바 러시아 형식주의 이래로 "낯설게 하기"의 장치적, 기표적 조작[19]은 한계에 다다른 것이다. 오브제를 초현실주의적 문맥에 위치시킴으로써 현실 자체 혹은 예술 텍스트의 코드 자체에 집중하라고 관객에게 떠들어대던 아방가르드는 이제 초현실주의적인 문맥이 아니라 오브제 그 자체에 집중하라고 떠들어대는데 이는 말 그대로 오브제라는 단어의 초현실주의적인 사용이라 아니할 수 없다. 그것은 오브제가 아니라 "생활 쓰레기"(junk)이다. 쓰레기도 오브제는 될 수 있지만 그것은 관객의 단기적인 직관 속에서 그럴 뿐이다. 이런 쓰레기 조작은 관객이 얼마나 오랫동안 이를 충격적이고 유희적인 사물로 착각하는가 하는 시간적인 기준에 종속되어 있기 때문에 현대 미술가들은 마치 의상 디자이너들처럼 매년 새로운 기표들을 구성[20]해야 한다. 패러디의 최초의 충격은 이제 패러디의 형식화로 결론을 맺는다.

아방가르드는 직업적인 아방가르드로 변해 버렸다. 자본에 의한 인간소외와 제도적 분업의 함정으로 뛰어들어 버린다. 기호파괴(semioclast)가 가졌던 최초의 혁명적인 주장은 이들과 전혀 상관없는 일이 되어버렸다. 이들은 예술과 삶의 경계를 부수자는 "기호를 건너 정신으로, 제도를 건너 실생활로"의 아름답고도 진정 혁명적인 명제를 퇴화시켰다. 뉴욕을 중심으로 하는 현대의 싸구려 미술가들은 기호파괴를 건너 의미를 파괴함으로써 인간과 실생활에 폭력을 제도화시켰다. 관조의 교양은 사라지고 효과의 폭력에 따라 기호를 재구성한다. 기호 구성자들도 실은 무척이나 "조직 폭력적"[21]인 사람들이다. 깡패, 저질 자본가, 변태, 마약중독자들이 예술가의 타이틀을 걸고 뉴욕의 거리와 매체를 수놓는다. 그리고 그들의 "작품"은 이데올로기 코드로 입지를 굳히게 된다. 수신자는 곧 발신자이며 텍스트의 코드를 서로 완전히 공유하고 선호적 독해를 받아들이고 재생산한다. 한때 문학이 그랬듯이 비평만이 존재하고 이론은 사라진다. 비평은 제작을 지지하지만 이론은 제작을 성찰케 하기 때문에 껄끄러운 것이 되어 버렸다. 비평가는 언제나 환영받는다. 미술가가 아무리 무의미하게 행동해도 이를 적당히 비판하며 그를 살리기 때문이다. 이러한 이데올로그들 사이에서 작품의 텍스트적 코드는 자연스럽고 투명하게 느껴진다. 이른바 "자신들만의 잔치"이다. 현대미술의 자기기만은 너무 강해서 다음과 같은 라공의 비판마저 자신과는 상관없는 일이라 믿을지도 모르겠다.

> "아방가르드를 알지 못하고, 또한 아방가르드임을 비판하지도 않았지만 세잔느는 일생동안 〈르 살롱〉전을 동경했다. 반면, 오늘날에는 아카데믹한 제목들이 오히려 잘못 붙여지고 있다. 모든 사람들이 아방가르드이길 원한다… 진정한 아방가르드 예술가는 자신의 시대를 앞질러가기 때문에 자신의 진가를 인정받지 못하며, 그 결과 그의 작품은 상업적 가치가 없기 때문에 거래될 수도 없다. 지금 그는 저주받은 사람이지만, 다행히 요절하지만 않는다면 저주에서 벗어나 부귀영화를 누릴 것이다. 나머지 모든 것은 사기와 날조에 지나지 않는다."[22]

21. H. Read, 1974, ibid., p. 98.

22. M. Ragon, 1986, ibid., pp. 106~107.

23. B. Brecht, 《서사극이론》, 한마당, 1989.

24. R. Barthes, *Le degré zéro de l'écriture*, Gonthier, Paris, 1954.

진정한 예술은 권력적 기호를 지배하는 것이기 때문에 한편으로 많은 이들이 기호에서 권력의 색채를 빼앗아 인간으로 하여금 실재에 충실토록 해야 한다고 말해 왔다. 그것이 바로 브레히트의 《서사극 이론》[23]이 연극의 기호적 장치를 스토리와 대화의 구조를 통해 드러내려 했던 이유이며, 바르트의 《글쓰기의 영도》[24]가 지향했던 일이다. 이들에게 예술은 실재를 반영하는 것이 아니라 예술 자신의 규칙적 범주를 통해 실재를 새롭게 재현(representation)하는 것이다. 재현의 목적은 예술가와 관객이 실재에 대하여 충실토록 하는 것이다. 바로 거기서 감동과 진실을 말해 왔으며, 앞으로도 말할 권리가 있다고 주장한다. 그러므로 근대미술이 미적인 것을 미술 그 자체로 대체하였다면 현대미술은 어쨌든 미적 인식의 문제를 해결해야 했다. 그러나 현대미술은 의미를 떠난 지 오래되었다. 상상력과 주제의 문제를 벗어난 미술은 어디로 가야 할 것인가. 더 이상 아방가르드가 아닌 현대미술에게 이러한 질문은 타당해 보이지 않는다. 현대미술은 의미와 인식의 문제를 우습게 알기 때문이다. 의미와 인식의 문제는 인간 개개인에게 의견을 물어보아야 하는 화용론적인 인터랙션의 문제와는 별개의 것이다. 모방과 효과가 아니라 창작과 의미중심의 커뮤니케이션은 그것의 화용론적 정의로부터 벗어나는 상상력의 것이다. 인간이 지니는 상상력의 구조는 이야기의 개연성(서사성)과 조형기호의 형식적 분류(구상성)를 미술가들이 아무리 흩어지게 하고 무시해도 이야기와 미술이 이해되고 허용되도록 만든다. 따라서 아무리 텍스트의 서사성과 구상성을 흩뜨리고 무시한다 해도 작가는 수용자의 상상력을 결코 벗어날 수 없다. 오랑우탄같이 생긴 아들이 잘 생겼다고 아무리 주장해도 대중은 오랑우탄을 잘 알고 있으며, 대중은 다양하고 역동성을 갖기에 오랑우탄이라 해도 잘 생긴 면을 보려고 하는 이들도 많다.

25. C. Lévi-Strauss, "Race et his-
toire", in *Le regard éloigné*, Plon,
1983, pp.21~48.

2 :: 反커뮤니케이션과 상업논리

포스트 모더니스트라 불리는 현대미술가들은 이 사회를 다양성의 사회
라고 떠들고 다닌다. 그러나 과연 이 사실을 그들이 마음속으로 믿고 있을까?
자기가 아무렇게나 살고 싶어 내뱉는 핑계일 따름이다. 레비 스트로스가 문화
는 본질적으로 평등[25]하다고 말했을 때 이들은 무엇을 생각했을까? 문화적 다
양성을 진지하게 논하던 이들 옆에서 예술가들이 한 일이라면 단지 "다양성" 이
라는 단어 하나에만 마음을 빼앗겨 자신의 허접스러운 작품도 위대한 것일 수
있다는 핑계거리를 찾기에 급급해온 것 아닌가. 아프리카의 민속작품이 차별적
이라며 다양성이라는 핑계를 모든 생산품에 뒤집어씌우는 것이다. 본국에서는
능력이 부족한 학생이 해외에 나가면 능력이 생길 것이라고 생각하듯 他문화에
서 활동하는 타국 예술가의 고통스러운 작업에서 중요 모티브만 모방한 뒤, 은
근히 조작하고 나면 되는 것이다. 이 기호의 조작과 모방이 새로운 현실을 창조
한다고 믿는다. 마치 "University of Seoul, 서울 시립대학교" 라고 광고(2003
년 서울 지하철 광고)하면 이를 보는 사람들은 이 대학교를 한국에서 가장 뛰어
나다는 서울대학교나 그 대학과 동급이라고 믿을 수도 있고, 자신도 그렇게 만
족할 수 있을 것이라는 자기기만에 빠져 있는 것이다. 모방은 자기기만 없이 존
재하지 않는다. 모든 뻔뻔스런 죄악이 그렇듯이 자신을 먼저 속여야 남을 속일
수 있기 때문이다. 죄악은 참회를 기다린다. 그런 이유로 법에도 공소시효가 있
다. 그러나 이것은 참회하지 않는 이들에게 통하지 않는 논리다. 국가를 위해
사람을 죽였으며, 지역구민을 위해 거짓말을 했으며, 국민을 위해서 학생들을
고문하고 치사했으며 해외에 나가 범죄를 저질렀다고, 이 모든 죄악이 죄악이
아닌 선행이라고 자신을 기만해야만 죽을 때까지 속이 편한 것이다. 그러나 말
은 소비된다. 기호의 내용을 붙들려 하지 않고 표현만을 추구함으로써 지리멸
렬해 사라지는 것은 내용도 표현도 아닌 기호 그 자체임을 알아야 한다. 세잔느

26. H. Read, 1974, ibid, p.113.

27. "19세기 후반, 서구는 자기 자신을 되돌아 관찰하면서 동시에 사회 내부의 다양성을 발견한다. 게다가 개인의 가슴 속에서 타인 또한 발견한다(H. Lefebvre, 1995, ibid, pp.82-83). 신과 신적 필연성에 반대해서 인간의 역사 창조를 주장했던 18세기 계몽주의는 사회학과 사회주의를 세운다. 사회와 역사는 일목요연하게 이해 가능한 것으로 치부되었다. 따라서 사회와 역사는 인간에 의해 변화할 수 있다고 믿었다. 아시아 사회가 민족사회의 기능에 따라 인간을 분류하면서 나이라든가 성, 혹은 국가제도가 출제한 시험에 따라 인간을 바라보고 판단했던 시절, 서구는 인간 그 자체와 서로의 연대의 문제를 우선시 했다. 인간들은 서로 동등하며 사회는 개인의 이익을 서로 조종해 주어야 한다고 믿었다. 인간들이 만든 사회는 인간들 사이의 계약에 의한 것이었기 때문이다. 한편 인간은 내면적으로도 분리된 자아를 지닌다. 마르크시즘과 정신분석학은 개인의 의식은 일관적이지 못하고 또 다른 무의식적 존재에 의해 조정 당한다는 사실을 일깨운다. 개인은 이 사실을 알기 때문에 인간이 된다. 그러나 이 모든 시기에도 다양성을 말한 이는 없었다. 다양성은 현대성의 정신 그 자체에 들어가 있었기 때문에 새삼스레 그런 말을 꺼낼 이유가 없다. 조금 더 진지한 사회학자들은 사회이든 개인이든 분열, 소외를 말하며, 그 분열과 소외는 존재론적인 것이 아니라 역사적인 사실임을 분명히 하고 있었다.

이후 미술가들은 광야에서 길을 잃어 버렸으면서도 오히려 "지리멸렬을 자만하는 미술"[26]이 지리멸렬해 가는 것을 다양하다고 표현한다. 이들에게 다양하다는 사실은 자유롭다는 사실과 동의어가 된다. 누가 무엇을 어떻게 사용하든 "가치"가 있다는 것이며 서로가 서로를 존중해 주어야 한다는 것이다. 이른바 다성학(polyphony)적인 사고가 그것이다. 다양성이라는 것은 백보를 양보해서 생각한다 해도 아직은 문화적으로 구별된 민족들간의 만남에서 파생된 개념이다. 같은 사회 속에 사는 다양한 인간들에게 굳이 다양성을 말할 필요가 없다. 이들은 다양하다. 근대를 사는 그 누구도 이 사실을 부정하지 않는다. 하지만 이들이 동질의 문화 속에 살아간다는 사실 또한 그 누구도 부정할 수 없다. 다양성을 말할 때는 그 기준이 개인이 아니라 사회조직과 문화 혹은 문명을 떠올리는 것이지 동일 사회의 개개인의 다양성을 말하는 것이 아니다. 그것은 벌써 최소 백년 전부터 논의되고 인정되었던 부분[27]이다. 이제 와서 새삼스레 무슨 개인의 다양성인가? 하나의 공동체적 사회 속에서는 계급과 지역문화가 여전히 힘을 쓰고 있다. 학문을 한다는 사람들이 이 힘을 억지로 부정하면서 개인의 반항을 부추길 이유가 없다. 이는 중앙권력이 지방의 대중들에게 권력에 반항하라는 세계화의 논리일 뿐이다. 세계화에는 일정한 지향성이 있다. 그것은 순진무구한 것이 아니라 세계의 모든 기호를 동질화하자는 것이다. 지방권력은 정치권력이라기보다 지방의 전통이며 정체성이다. 지방의 정체성이 살아 있는 한, 도저히 동질한 기호를 만들 수 없다. 따라서 세계화를 통해 기호를 스탠다드화 시키기 이전에 지역의 기호를 깨뜨려야 한다. 김치찌개에 "다양하게" 치즈를 넣어 먹으면 치즈는 팔린다. 세계화가 진정 바라는 것은 이것이다.

이와 같이 대중민주주의 사회로부터 유발된 다성적 사고의 근간에는 반커뮤니케이션의 이데올로기가 존재한다. 획득해야 얻어지는 자유와 그로부터 파생되는 무질서를 거꾸로 혼동한다. 미적인 것은 규준이 없다고 말하면서 그리도 많은 이들이 제멋대로 치장을 하고 다니지만 미의 규준을 생물학적으로 확증하고자 하는 파시즘이 커뮤니케이션 과정에 존재한다. 미술에 있어서는 오제의 언급처럼 세계화와 같은 "하나의 계획을 정당방위하기 위하여 조잡한 경험과 문화적 상대주의가 다시 사용된다. 그 계획은 포스트모더니즘의 이름 하에서 보수적인 개념들을 만들어 이를 멋진 글로 서로 조합하는 것"[28]이다. "보수적인 개념들을 만들어 이를 멋진 글로 서로 조합"하는 광고는 현대예술이 모두 참고해야 할 문제적인 작품이다. 광고와 미디어는 인간들의 정서적 무질서를 전략적으로 질서 지울 수 있다고 믿는다. 미디어 전략은 언어와 이미지의 권위를 이용한다. "다양성의 형이상학"에 빠져 있는 사이에 미디어의 권력은 이들을 통제한다. 광고에서 커뮤니케이션의 문제는 예술의 미디어 전략에 상응하는 문제이다. 미디어 전략은 매체 수용자·소비자들을 조작대상으로 설정한 다음, 미디어 텍스트를 조작대상의 수준에 맞추어 구성한다. 그리고 이렇게 만들어진 광고에 대하여 소비자들이 얼마만큼 효과적으로 반응하는가를 따지는 일까지 포함한다. 바로 이 "광고적" 목적이 현대미술의 목적이며 오브제에 대한 물신주의를 통해 목적을 실행한다. 보드리야르는 "물신숭배적이고 장식적인 이데올로기에 전념하는 예술은 더 이상 고유의 존재를 갖지 않는다"[29]고 한다. 현대 미술가들이 미학을 따지지 않고 "차별화"만을 따지기 때문에 받을 수밖에 없는 비판이다. 실제로 그렇다. 현대 미술가들은 소비자반응을 따지려 한다. 장사꾼의 미학을 가진 것이다. 행동은 존재를 존재하게 하는 근원이다. 그러나 행동 그 자체가 가치를 가지지는 않는다. 행동이 의미 있는 삶의 근원이라면 행동에는 어떤 지향성이 있어야 한다. 현대 미술가들에게 이 지향성은 진리, 삶, 분노, 고통, 반항과 같은 전통적인 지향성이 아니다. 그것은 차별의 효과이다. 효과는 "차별화되고 싶은 효과"이기 때문에 당연히 이데올로기적이다.

　　텍스트는 행동을 포함하는 또 다른 행동이다. "세상의 어떠한 기호도 세계를 향한 행동"[30]이 아닌 것이 없다는 것은 우리가 잘 알고 있는 기호의 공리(axiom)이다. 행동이 들어가 있는 기호를 가져다가 다시 멋대로 행동화시키는 것은 마치 기호가 순진무구한 것이라서 예술가의 손을 거쳐야만 창조되며 세상을 향하여 행동할 수 있다는 허무맹랑한 자기만족의 행동이다. 또 한편, 현대 미술가들 몇몇은 뻔뻔스럽게도 자신의 작품은 무가치하다고 말한다. 워홀주의자들은 무가치라는 속임수의 언술을 이용한다. 미술이 무가치하다고 말하면서 미

28. M. Augé, *Pour une anthropologie des mondes contemporains*, Flammarion, Paris, 1994, p.59. 미국의 대중사회는 대중이 매체를 통해 대중에게 부과한 파시즘과 무질서의 문제로 점철된 역사를 가지고 있어 경험도 많이 쌓여있다. 갑자기 누가 나와 이 문제를 제기한 것이 아니다. 이 문제를 고민하지 않은 이들이 문제를 새로운 것으로 생각한다. 하루아침에 모든 사물과 행위가 가치를 가지는 것이 아니며, 서로를 존중한다는 것은 존재의 표현으로서의 행위를 존중해주자는 것이 아니기 때문에 포스트모던의 문제는 신중하게 접근해야 한다. 그렇지 않다면 대중매체의 파시스트적인 조작에 따라 유치원생의 그림을 미술관에 전시할 수 있으며, 포스터를 부치는 아르바이트생을 예술가로 인정할 수 있다.

29. J. Baudrillard, 《보드리야르의 문화 읽기》, 백의, 1998, p.29.

30. P. Fresnault-Deruelle, *L'image placardée*, Nathan, Paris, 1997, p.26.

31. J. Baudrillard, 1998, ibid, pp. 144-146.

32. 창조적 상상력은 독선이며 이에 "가능한 대항방식은 서로 충돌하는 것도 아니고 파괴하는 것도 아니다. 단지 훔치는 것이다. 문화와 과학 그리고 문학의 옛 텍스트들을 쪼개서 알기 어려운 형식으로 산포시켜 버리는 것이다. 마치 훔친 물건을 위장하는 것과 같다"는 바르트의 주장은 마케팅 매니저로서의 작가를 떠올리게 하는 동시에 이른 바 反예술을 지향한다(R. Barthes, "De l'oeuvre au texte", in *Revue d'Esthétique*, n° 3, Paris, 1971, p.15).

술에 무지한 대중의 반대추론을 기대한다. 보드리야르의 지적은 다음과 같다.

"(사람들로 하여금 미술에) 중요성과 신뢰를 부여하는 것이다… 예술은 예술시장의 재정적 관점에서뿐만 아니라 미적가치의 관리 자체에 있어서도 전문가적 범죄의 일반적인 과정과 관계가 있다… 유일한 물음은 작품이 어떻게 비판적 환멸과 상업적 열광 속에서 계속 기능 할 수 있는가 이다. 그리고 만약 그럴 수 있다면 이 환각작용은 얼마 동안 지속할 수 있을까?… (그러나 미술은) 실제로 무가치하다. 그리하여 워홀은 실제로 무가치하다. 그리고 예술은 이 무가치를 가치로서 고상하게 이용하려고 애쓴다…이미지의 조작 뒤에서 예술은 사상의 보호를 받기 시작한다."[31]

광고는 환각이 아니라 자신의 목적을 드러낸다. 그것은 판매의 욕망이다. 이에 비하면 현대미술은 판매의 욕망을 숨기거나 판매의 욕망을 숨기기 위하여 판매를 말한다. 고단수의 판매전략을 사용한다. 둘 사이의 차이는 바로 여기에 있다. 그러나 모두 남의 텍스트를 도둑질하는 인터텍스트(Intertext)일 뿐이다. 창작의 입장에서 보면 인터텍스트는 독자적인 상상력을 지닌 작가를 파괴하는 논리다. 창조적인 상상력이란 없다고 말하면서 모두가 도둑놈[32]이라고 말한다. 일제시대에 한국인은 모두 친일파였다고 부르짖음으로써 죄를 면해보려는 친일파 후손의 주장과 매한가지이다. 도둑질로서의 미술의 역사는 기호(인상주의 이전)에서 기표(추상미술)로, 그리고 기표에서 물건(오브제)으로 나아

□ 워홀의 먼로
현대미술은 스스로 미술이기를 포기하지 않는다. 그럼에도 "이것은 상품이다"라고 말함으로써 스노비스트들에게 "그렇게 말해도 미술은 역시 미술"이라는 반대 급부를 기대한다.

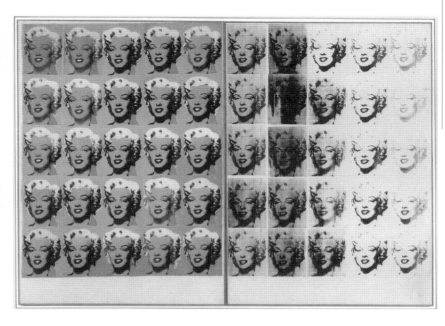

가고 있다. 그리고 이제는 예술행위마저 오브제로 취급한다. 현대미술은 이제 기호적 순환의 고리에서 벗어나지 말아야 할 곳으로 가고 있다. 물건(오브제)은 더 이상 기호가 아니기 때문에 더 이상 문화도 아니다. 오브제를 미술적 기호로 변명하고자 한다면 그 변명은 미술가 클럽에서나 통할 말이지 사회에서 통하는 말이 아니다. 이에 대해 마르쿠제는 다음과 같이 적절하게 설명한다.

33. H. Marcuse, 《미학의 차원》, 청하, 1983, pp.55~56.

"미 형식이 인식력과 미 형식의 예리한 힘을 결여하고 있기 때문에 현실로부터 이렇게 탈취한 (그리고 위조시킨) 反예술 속에서 일어나는 해방과 脫승화들은 변형이 없는 모방이다. 콜라주, 몽타주, 전위는 이 사실을 변하게 할 수 없다. 수프의 전시는 그것을 생산한 노동자의 생활에 관해서는 아무 것도 전달할 수 없으며 또 소비자에 대해서도 그렇다. 미 형식의 포기가 예술과 인생의 차이를 없애지 못한다…이 이원적 변형(주체와 그 세계에 대한) 이 이원적 변형이 없이는 예술의 탈승화는 창조력을 민주화하고 일반화시키지도 못한 채 오로지 예술가를 불필요하게 만드는 것으로 밖에는 이끌어 갈 수가 없다. 이런 의미에서 미 형식의 포기는 책임의 포기인 것이다. 그것은 예술로서 기존 현실 안에서 또 다른 현실 - 희망의 세계 - 을 창조할 수 있는 형식을 박탈한다… 한편으로는 파괴적인 反문화에로 자신을 변형시키고, 곧 그 일은 쉽사리 예술의 상업화된 대중문화로의 전락을 나타낼 수 있다."[33]

워홀의 먼로와 프레슬리는 그의 미술품이 광고임을 숨긴다. 무엇이든 상품화가 가능한 이 시대의 슬픔을 즐겁게 표현한다. 그리고 反미술의 반대추론에 빠져든 일반 대중에 의하여 높은 가격으로 팔리게 된다. 스타라는 상품을 워홀이 한번 더 상품화시킨 이래, 모든 옛 미술품이 그러한 방식으로 상업의 재물이 된다. 한때는 램브란트가, 한때는 루벤스와 베르메르가 유행한다. 갑자기 뭉크가 유행한다. 미술시장의 자체적인 전략에 따른 것이다. 미술이 멋대로 이듯 이제 미술품 장사도 멋대로 이다.

□ 앤디 워홀
(Andy Worhol 1928~1987)

34. N. 겐이치, "근대시민사회에 있어서 미적인 것의 운명과 교육", 《상품미학과 문화이론》, 미술비평연구회, 눈빛, 1995, p.109.

35. M. Ragon, 1993, ibid., p.62.

르네상스 이후 미술을 고유한 영역으로 독립시키고자 했던 미술가들은 확실히 자신들의 이기적인 과제를 달성한 듯하다. 서양의 미술사는 캔버스 위에 시각을 재현하려 애쓰는 대신 인간의 눈에 기록된 현상의 질서와는 다른 질서, 즉 경험에 의해 암시된 유사한 질서를 구축하려는 인상주의는 회화로 하여금 자체의 법칙을 가진 하나의 시스템이 되도록 하였다. 이 변화는 실제로 지난 20세기의 반세기 동안 현대 회화를 독립적인 구성체로 존재하게 한 만큼, 현대 미술의 문제는 사회적 커뮤니케이션의 문제가 아닌 독자적인 의미 구조를 취하는 사회언어의 문제로 변모되었다. 사회언어는 커뮤니케이션 내에서 인정된 것이 아니라 커뮤니케이션이 아닌 학교, 학술원, 미술가 단체, 그리고 그들이 만들어 놓은 대중들의 스노비즘(미술에는 미적이거나 기예적인 것 이외에 다른 무엇이 있다는 종교적인 믿음)이라는 총체적인 권력의 장에서 얻어진다. 이에 대하여 옛 공산주의자들이 보낸 지지는 자본주의자들의 지지만큼 컸다. 대중의 스노비즘을 이용하고자 하는 권력의 논리는 공산사회에서 더 했으면 더 했지 결코 자본주의 사회의 스노비즘에 못하지 않았다. 구분하기 어려운 관객과 미술을 분리시킨 다음, 자신들이 자체 제작한 방식을 관객에게 강요하며 자신들만의 코드를 따라오지 못하는 관객을 비문화적인 사람으로 취급하는 것이 "인류사적 성과"[34]인지는 더 두고 보아야 알겠지만 현대미술은 이 성과를 통해 자신의 존재를 이어가는 것이지 자신들의 미술활동에 의해 그것을 이어가는 것이라고 말하기에는 무리가 따른다. 안타깝게도 첫 눈에 보기에도 현대미술은 인류사적 성과에 따라 사회로부터 분리[35]된 것이 아니라 그들과 관객 사이의 커뮤니케이션이 분리된 것이다. 예를 들어 뒤샹(Marcel Duchamp)의 모든 변명(《레디 메이드》의 새로운 의미)은 미술가들이 자신들과 다른 종류의 삶을 살아가는 이들과 함께 구성하는 사회와의 공동경험을 절단해 버렸다는 증거이다. "자신들과 다른 종류의 삶을 살아가는 이들과 함께 구성하는 사회"라는 것은 곧 "사회화"(socialisation) 그 자체이다. 그러나 미술가 자신들이 그 사회로부터 격리된 인생을 살아간다. 도무지 사회화가 되어 있지 않다. 차별화에 스트레스를 받는 현대 미술가들은 너무 멀리 나가는 경향이 있기 때문에 그들과 분리된 관객에게

▣ 뒤샹(1887~1968),
《기호의 뒤샹》(1973)

호소하는 방법을 잘 모른다. 관객을 멀리서 부른다. 작품의 값을 내리면서 판매를 생각한다. 동시에 관객과 상대하려 하지 않는다. 정부에 빌붙어 건설업자들에게 1 %의 지분을 떼어 달라고 강요한다.

3 :: 현대미술의 기호적 지평

□ 세잔느의 서한집

　　세잔느의 주제는 자연이었다. 무엇을 어떻게 그린다 라고 말할 때, "무엇"은 주제이며, "어떻게"는 형상이다. 인상주의의 주제는 빛의 형상에 연관된 형태였다. 그러한 자연과 형태의 문맥 속에 형식의 연구가 들어가 있다. 따라서 주제가 제시되지 않는 표현의 연구는 말 그대로 형태중심적인 결론을 내리게 된다. 주제는 형식 연구의 발판이 되기 때문이다. "무엇"의 어떤 표현이라고 할 때 그 무엇이 바로 주제이다. "표현의 어떤 표현"이라고 할 때 그것은 음악과 같이 단순히 형식의 형태화에 머무른다. 내용 없는 메타기호라고나 할 것이다. 언어학에서는 음성론만이 이러한 표현의 표현화를 실행해 긍정적인 결론을 제시한 바 있다. 언어의 자료는 방대하지만 음성의 자료는 그 중에서 축약해서 정리하기가 용이하다. 그 결과가 바로 음운론이다. 음성의 표현이 음운이며 음운에는 내용이 없다. 규칙만이 있을 뿐이다. 음운론처럼 규칙으로만 자신을 주장하려 할 경우, 통사론은 그리되기에는 아직 어려운 단계이며 의미론은 불가능하다. 그런데 과연 이미지 표현에 대한 음운론과 같은 형식화가 가능할 것인가. 아니 차라리 존재 자체가 가능할 것인가. 게다가 이미지 표현에 커뮤니케이션의 의미를 주고자 하는 이 무모한 사고는 어떠한 발상에 근거한 것일까. 이에 대하여 답하기 전에 현대미술가들이 기표의 실질적인 측면으로 눈을 돌리게 된 이유를 세부적으로 알아보자.

　　사물을 복사했다는 사진의 기초적인 사실과 사물을 복사한 것이 아니라

36. E. Gombrich, 《서양미술사》, 예경, 1995, p.525.

직접 구성했다는 그림의 기초적인 사실, 이것이 그림과 사진의 해석에 있어서 본질적인 차이를 만든다. 바로 이런 이유로 우리는 왜 사진을 설명하는 비평가에 비해 그림을 설명하는 비평가들이 작가의 의도를 먼저 내세우는지를 이해할 수 있다. 그림에는 기호뿐만 아니라 사물 자체를 생산자가 선택하고 만들었기 때문에 관례가 없다. 이렇듯 그림기호 자체가 사회적으로 관례화 되지 않았기 때문에 먼저 작가에게 그 숨은 의도를 물어 보아야 한다. 아니면 그저 느낄 뿐이다. 그런데 사진의 발명과 더불어 "예술을 위한 예술"의 이론이 출발하게 되는 것은 흥미로운 일이다. 사진은 미술로 하여금 당시에는 몰랐으나 실은 미술이 존재하는 이유의 절반에 해당하는 현실의 도상적 기능을 빼앗았다. 자신이 파악해서 해석했든, 아니면 해석이고 무엇이고 없이 그저 사물의 모습을 리얼하게 표현하고자 했던 회화의 역할은 사진으로 인해 한 부분 - 도상성 - 을 심하게 손상당했다. 게다가 사진은 발명되자마자 예술의 영역이 되고자 했다. 곰브리치에 따르면,

> "미술가들은 점차 사진술이 미치지 못하는 새로운 영역을 탐색하도록 내몰리게 되었다. 사실상 근대 미술은 이런 발명의 충격 없이는 지금과 같은 모습으로 되기 힘들었을 것이다." [36]

지시대상의 구상적인 모습이 드러나 있는 사진에서는 형상의 조작만을 통해 사진의 예술성을 말할 수 있다. 따라서 사진의 예술성을 말하는 것은 장치적인 문제를 말하는 것이기 때문에 장치적인 문제를 통해 사진 "작가"의 정신성 혹은 의도를 설명한다. 즉, 사진은 명암, 기하학적 구성 등 기표의 형상적 조작을 통해 예술로 한걸음 더 진척할 수 있었던 것이다. 따라서 거꾸로 기의(작가정신)가 자꾸 기표(장치와 구상) 쪽으로 영역을 확장하게 된다. 그리하여 사람들은 사물을 보려 하지 않고 사물에 대한 기호의 상징성을 중심으로 사진 작품을 보게 된다. 이것이 사진이 예술이 되고자 할 때 벌어지는 기호적 상황이다. 수용자의 관조적인 영역이 확대된다. 그림의 경우 원래 기호의 조직을 통해 지시

대상을 나타내려 했었다. 따라서 그림기호에는 자연스런 상징성이 없다. 자의성만이 있을 뿐이다. 따라서 그림은 관례의 기준을 따라 자꾸 기의 쪽으로 해석의 영역을 확장한다. 해석자로 하여금 줄거리를 찾아내게 만든다. 누군가 이 그림은 이해하기가 어렵다고 했을 때는 해석자가 그림을 이야기의 형태로 풀어내기 힘들다는 뜻이다. 어떤 친절한 생산가 자신이 그림에 기의의 확장에 대한 한계를 주는 일정한 줄거리를 주게 될 경우, 사물과 관계가 없는 물감의 재료와 기술, 그리고 생산자의 이야기적 메시지라는 두 가지의 자의성이 동시에 적용되어야 하기 때문에 그림에 있어서 언어요소를 요구하거나 사물, 상황, 인물이 많이 등장하는 방식으로 그림이 커지는 경우가 있다. 전자가 발전된 것이 현대의 그림이며, 후자가 발전된 것이 중세의 회화, 다비드의 그림, 신문삽화 등이다. 현대의 사진은 이러한 관계를 무시하는 듯 사물로부터 자연스러운 상징성에 어떠한 신비로움을 더 넣으려고 한다. 그것은 실은 사진의 책임이라기보다 예전에 그림에서 얻으려 했던 어떠한 신비로움을 사진으로부터 얻어내고자 하는 산업대중의 맹목성에 그 이유가 있다. 현실을 멈추게 했다는 사진적 사실이 현실을 멈출 수 없는 우리의 시지각보다 더 신비로울 수 있다는 괴상한 믿음을 낳은 것이다. 사진은 우리가 지각할 수 없는 많은 현상을 드러낼 수 있다고 말하든가, 심령사진에 대한 호기심 등 예전에는 회화에 대하여 가졌던 신비로움의 이데올로기를 현대의 사진에 투여한다. 이러한 대중의 의견은 우리의 지각보다 기계의 지각이 더 자세할 수도 있다는 사실을 확대시킨다. 더 나아가 사진이 더 올바를 수 있다는 형이상학으로 이끌고 간다. 이와 같이 도상적 지각에 대한 지나친 믿음은 언제나 형이상학과 연관지어져 있으며 이러한 믿음 속에서 현대의 사진예술은 성공한 것이다.

기의와 지시대상 간의 관계를 드러내는 데 충실했던 그림은 사진의 탄생과 더불어 이에 대항하고자 지시대상을 벗어난 기표의 조작으로 자신을 밀고 갔다. 즉, 사물이 있다는 것을 증명하기 위해서가 아니라 사물이 없다는 것을 증명하고자 노력한다. 그것은 기호만이 할 수 있는 일이며 이로부터 그림은 기호가 되기 시작한다. "추상이 나타나고 증대되면서부터 시각적 표현의 모든 양

37. E. Feldman, 《미술의 구조적 이해》, 열화당, 1987, p.12.

38. M. Ragon, 1986, ibid, p.56.

39. V. Kandinsky, 《예술에 있어서 정신적인 것에 관하여》, 열화당, 1978, pp.21~22.

〕 미셸 라공(1924~)

Kandinsky
Point
et ligne sur plan

folio essais

〕 칸딘스키(1866~1944), 《면 위의 점과 선. 회화의 요소에 관한 분석》(1970)

식들에 공통되는 어떤 '언어'를 찾을 필요가 생겼던 것"[37]이다. 그것이 곧 인상주의, 표현주의, 포비즘, 미래주의, 큐비즘, 추상미술 등으로 나타난 것이 아닌가. 이 시대의 회화가 본질적으로 예술의 사명인 인식, 탐구, 내성인 것에 자신을 바칠 수 있었다[38]는 라공의 언급은 옳지만 다른 한편, 내성에 너무 집중해버린 미술이 결과적으로 보아 많은 회의를 부르게 했던 것이다. 미술가가 그렇게 해보자고 의도한 것(미술가의 작품철학)과 미술에서 드러난 기호적인 사실(미술품)사이에는 심한 격차가 있었다. 미술가들은 미술의 기표에, 관객은 미술의 도상성에 여전히 매달려 있었기 때문이다. 예술적 커뮤니케이션이 닫혀졌다. 이는 곧바로 예술적 분업의 상태를 지향한다. 칸딘스키는 예술을 위한 예술을 결과적으로는 재물을 위한 투쟁으로 이해한다.

> "그의 목적은 야망과 탐욕을 만족시키는 것이다. 예술가들 사이의 강한 유대감 대신에 재물을 위한 투쟁이 있을 뿐이다. 과잉경쟁과 과잉생산이 있을 뿐이다. 증오, 당파, 파벌, 질투, 음모는 아무런 목적도 없는 물질주의 예술이 낳은 당연한 결과가 아닐 수 없다."[39]

칸딘스키 같은 신중한 미술가의 노력에도 불구하고 앞서 말했듯이 사진으로부터 유발된 "도상성"의 문제가 미술의 자존심을 건드렸다고 해서 도상 그 자체를 버린 것이 현대미술이다. 그 결과 현대미술에게 남은 것은 무엇인가. 실제현실로 보이는 도상적인 기호와 실제현실을 유추 해석하는 개념적인 기호의 관계는 실은 단지 그림에서 형상의 다양한 정도와 층위들일 뿐인 것을 왜 미술가들은 몰랐으며 그리도 서둘러 도상을 버렸을까. 오히려 사진이 전해줄 수 있는 실재의 도상적인 측면을 미술이 더욱 적절한 방법으로 섬세하게 전해줄 수 있었다는 것은 주제를 선택적으로 구성하지 않고 주제를 그대로 따라간 플랑드르의 화가들에게서 자주 발견된 사실이다. 플랑드르 미술가들은 미술의 재현성 속에는 도상성 말고도 진정 중요한 종합적인 형상성이 부여되어 있다는 것을 알고 있었을까. 극사실주의파(Hyperrealists)들이 하는 일은 미술의 도상성에 대한 성찰인가 아니면 도상적 현실에 대하여 쓸데없는 오기를 부리는 것인가.

　　도상은 중요하다. 그만큼 조형도 중요하다. 양자 사이에 위계질서는 없다. 조형적 기호는 도상성을 위한 부가적인 역할을 벗어나 그림의 형상화를 위한 작업에 참여할 수 있다. 이를테면 김치에 대한 한국적 감수성은 김치에 대한 맛과 모양새의 기억뿐만 아니라 빨간색과 흰색의 조화라는 조형적인 기호에 대한 기억을 간직하면서 한국적 형상으로 존재한다. 하지만 김치의 도상을 벗어날 수는 없다. 거꾸로 한국 불상과 같이 김치보다 훨씬 더 도상적인 조각의 한국적 감수성은 부처의 도상적 형상으로만 한국적인 것이 되는 것이 아니다. 이는 동양 어디에서나 공통적인 기억이다. 한국적인 감수성은 조각의 세부 부분을 이루는 조형기호들에 의해 감성을 획득한다. 같은 종류의 기와지붕을 보아도 중국의 기와지붕과 한국의 기와지붕은 도상적으로 유사해 보일지 모르나 조형적으로 다르다. 즉 지붕의 도상적 감수성은 같지만 조형적 감수성이 다를 뿐이다. 양자 어느 하나만을 버려도 역사는 흐르지 않는다.

042

　　선과 면, 명암, 색채의 형태에만 치중하는 미술의 연구는 표현의 실질을 건드리는 것이다. 실질에로의 직접적인 접근은 곧바로 그리고 자연스럽게 내용의 실질이라는 무정형의 덩어리 속에서 헤매게 된다. 우리는 표현이 형식화하지 않으면 실질의 연구는 화학이나 물리학으로 나아간다고 말한 바 있다. 현대 아방가르드 미술은 화학이나 물리학처럼 사물의 실질을 통하여 표현의 형식을 만들어 내고자 했고 실제로 그래왔다. 보다 정확하게 표현한다면 현대미술은 화학이나 물리학을 통하는 것이 아니라 그 "속에서" 형이상학적 존재를 만나고 싶어했다. 사과와 공이 서로 원의 형태를 가진다는 사실에 극적으로 흥분했다. 그래서 세상의 모든 형태는 몇 가지 방식으로 분류될 수 있다거나 분류된 형태를 조합하면 형태의 진실을 찾을 수 있을 것이라는 식으로 호들갑을 떨었다. 이것이 왜 호들갑이냐 하면 잠시 떠들다 이내 조용하게 스스로의 형이상학에 갇혀 버렸기 때문이다. 스스로 만족하는 영역이지만 남들이 보기에 거기에 진실이 없는 것을 어찌할 것인가. 문자적 표현에서 유발했을 점, 선, 면의 존재에 대

◻ 한국의 기와 지붕. 경복궁 근정전

40. E. Feldman, 1972, ibid, pp.13-14.

하여 인류사학적 접근이나 게슈탈트적인 접근은 필요하다. 의미를 담지하고 있기 때문이다. 그러나 표현을 형이상학에 연관시킬 이유는 없다. 점, 선, 면과 같은 이차분절적인 기호는 항상 일차분절적 기호, 즉 의미에 붙어서 활용되는 실용적인 것이기 때문이다. 따라서 조형에 대한 펠드만의 다음과 같은 이차분절적 분석은 칸딘스키나 마티스와 같은 형이상학 이상의 결론에 이르지 못한다.

"수직의 선은 바람이 없는 날의 풍경에서는 나무처럼 보인다. 또는 달리거나 떨어지거나 잠자고 있거나 죽은 사람들과는 반대되는, 똑바로 서 있는 사람처럼 보이기도 한다. 확실히 수직은 운동감이 없는 것을 나타내며, 죽음과 대립되는 생명을 나타낸다. 수직의 의미는 더 넓게는 존엄성, 변화에 대한 저항, 시간의 무한성 등에까지 확대될 수 있다. 이러한 모든 의미들은 궁극적으로 인간이 직립하는, 즉 두 다리로 서는 동물이라는 사실에 입각하고 있으며, 인간이 수 만년의 진화과정을 거치는 동안 오늘날 소위 인간의 본연으로 일컬어지는 것의 하나인 '수직' 동물에 이르는 반응을 발전시켜 온 것이다. 곤충이나 물고기 또는 인간보다 오래된 다른 짐승들은 수직에 대해 인간과 유사한 반응을 지니고 있지 않다. 만약에 인간의 오랜 동반자인 개가 이에 관심을 쏟는다고 할 경우, 아마도 개는 개 나름대로 수직에 대해 독특한 방식으로 해석할 것이다. 왜냐하면 개는 수평적 동물이기 때문이다. 수평선에 대한 연상 내용은 그 말 자체에 나타나 있다. 평원에 우뚝 솟은 산은 계속 이어지는 지평에서는 하나의 극적인 초점이 될 수 있다. 그 산은 또한 지평선에 의해 제시되는, 계속되는 운동에 대한 하나의 차단물이 된다. 거친 파도의 형상은 바다의 수평, 즉 '고요함'을 깨뜨린다. 그것은 낭만주의 미술이 '질풍노도'를 상징화하기 위해 사용했던 특징적인 미술 형태의 기원이기도 했다."[40]

이러한 방식으로 조형적 기호에 접근하는 것은 기호를 원자화시키는 것

◻ 중국의 기와 지붕. 자금성 태화전

이다. 조형사전이란 것이 과연 있는가. 항상 문맥화할 수밖에 없는 기호를 원자화시키는 것은 조형기호의 어휘론에도 미치지 못하는 허무함을 낳는다. 수직과 수평을 게슈탈트 심리적으로 이해하려면 양자가 문맥화되어 서로 비교, 대립, 흡수되어야 한다. 더 나아가 실제 미술작업에 있어서는 위와 같은 원자론적 조형기호의 어휘마저도 지켜지지 않는다. 즉, "수직의 의미는 더 넓게는 존엄성, 변화에 대한 저항, 시간의 무한성", 혹은 "바다의 수평을 깨뜨리는 거친 파도"와 같은 방식으로 조형기호의 의미는 지켜지지[41] 않는다. 사진과 영상매체에 쫓기는 미술가들은 결코 세계의 어휘적 규정에 머무르지 않는다. 이러한 방식으로 어떠한 표현이 어떠한 내용과 만나게 될지 모르는 상황에서 무작정 실험을 양산하는 큐비스트와 그 후예들은 자신들이 그러한 실험을 통하여 사물의 실재를 만나고자 했지만 실제로 그들이 만난 것은 어떤 신적인 세계도 아닌 공허함뿐이었다. 이들은 이 공허함 속에서 실재를 창조하고자 했는가 보다. 캘더(Calder)와 브랑쿠시(Brancusi), 무어(Henri Moor)가 그들이다. 그러나 창조된 실재는 없다.

이들은 실재를 인정하면서도 또 다른 실재를 알고자 하지만 실은 인간적 실재에 대한 물리학적, 조형적 발견 혹은 확인만이 있을 뿐이다. 물론 그렇다고 해서 이들의 작업이 폄하되지는 않는다. 오히려 위대한 것이다. 없는 것을 있는 것으로 파악해서 작업을 하다 보니 공허하긴 했지만 재료가 만들어 낼 형식의 가능성을 확대했기 때문이다. 우리는 항상 재료와 함께 살아간다. 돌, 철, 물 등이 그렇다. 몇몇 사람들은 이들 재료가 건물이나 기계를 만드는 데나 쓰이는 것이지 거기에 감수성이 담겨 있는지 모른다. 그런 자들에게 무어와 브랑쿠시는 돌과 철과 물을 감수성의 대상으로 다가가게 한다. 무어와 브랑쿠시의 작품이 인간적으로 친근한 것은 우리가 그 작품에서 재료에 대한 인간적 감수성을 발견할 수 있기 때문이다. 이들이 어떠한 생각을 가졌든 간에 이들의 작업은 표현의 형식화 가능성을 발견함으로써 우리 시대의 위대한 예술이 되었다. 그러나 재료의 실험은 그 자체로 머물러서는 안될 것이다. 이 실험을 건물을 짓거나 다

41. 드랭(André Derain 1880~1954)의 《런던교 London Bridge》(1906)의 하늘은 오렌지색으로 그려지는데 "색채가 어떻게 해서 나왔는지에 대한 하등의 시각적인 설명이 없다"는 펠드만의 불만을 이해할 수 있다(E. Feldman, 1987, ibid, p.67).

▣ 드랭, 《런던교》(1906)

▣ 캘더, 《붉은 말》(1974)

▣ 르 코르뷔지에, 《안녕, 캘더》(1958)

▣ 브랑쿠시, 《잠자는 뮤즈》(1910)

42. 조요한, 《예술철학》, 경문사, 1973, p.38.

리를 짓는 데 사용하려 노력해야 한다. 클레(Paul Klee)는 선의 유희를 통해 선의 기호가 어떻게 실재형상을 대변(stand for)할 수 있는가에 대한 실험을 했다. 이를테면 사람과 움직임의 형상을 그려내지만 동시에 그것이 조형기호로서의 선의 조작이라는 사실을 드러낸다. 이렇게 함으로써 클레는 형상이 지닌 기호성을 확인하고 강조하려 한다. 그러나 그 이상 어떠한 발전이 있는가. 인간의 시지각적 커뮤니케이션을 구성하는 도상성과 조형성으로부터 조형성만을 분리하여 이를 도상적 형상에 강제적으로 부여하려 하지 않는가. 그리고 작품을 팔기 위해 이것을 예술로 규정하는 비평가들과 협의를 하지 않는가. 이는 예술가 자신의 상상력에도 문제를 야기한다. 마치 조형기호가 도상성을 벗어나 도상의 형상을 창조하는 듯한 환상에 빠지는 것이다.

우리는 아직도 조형기호의 생산 가능성을 모두 확인하지 못했으며 또한 그럴 수도 없을 것이다. 그러한 이유로 미술에서의 실험은 매우 중요하다. 이 실험을 지속하기 위해 화상들과 손을 잡거나 교육계로 진출해서 경제를 해결해 온 예술가들의 사정을 모르는 바는 아니다. 그러나 이들은 구체적인 현실을 인정하고 현실을 사랑하며 현실이 실재의 다양성을 드러내는 커뮤니케이션의 장으로 돌아와 실험해야 한다. 실재는 창조되는 것이 아니라 단지 계속 "발견될 뿐"[42]이기 때문이다. 그렇지 않으면 진지하지 못한 예술가들이 흔히 그렇듯 자칫하다가는 실험적 사실을 실재로 착각할 수 있다. 이는 곧 발견된 실재를 형이상화하는 일이다. 그런 작품들은 미술의 형이상학적 실험일 뿐이기 때문에 칸

▣ 마그리트, 《통찰력. 자화상》(1936)

▣ 마그리트, 《보고 있는 생각》(1965)
내용의 실질적인 세계는
초현실주의의 이념을 구성한다.

딘스키, 몬드리안, 클레 등 실험작가들의 신비주의는 바우하우스와 같은 실용적인 조형미술 기관을 통해 걸러져야 했던 것이다. 사물의 실재를 발견하는 길은 다락방이나 음침한 작업실이 아니라 구체적 현실이라는 것을 알아야 한다. 이와 반대로 내용의 실질을 직접적으로 취급하려는 일군의 작가들이 있다. 이들은 현실보다 더 현실적인 무엇을 탐구한다. 그것이 무의식이며 프로이트로 되돌아가 구성된 현실의 이면을 보고자 했던 초현실주의 작가들이 그들이다. 마그리트(René Magritte)를 대표로 해서 달리, 키리코, 쟈코메티, 마티스, 레제 등은 주제를 선정해 주제의 내용을 확대하고자 했다. 전자가 표현의 실질적인 문제에 매달린 반면 이들은 내용의 실질적인 문제 즉, 지시대상의 문제에 매달린다.

이들의 회화와 조각이 상당한 수준의 서술성(narrative)를 지니는 이유가 여기에 있다. 기승전결과 같은 서술성은 표현이 아니라 내용에 대한 상상력이기 때문에 관찰보다는 경험을 소중히 한다. 초현실주의 문학가들이 마약과 꿈의 세계를 탐닉한 것은 단순한 정신분열적 행동이 아니었다. 벤야민이 지적하듯, "도취를 통한 자아의 흐트러짐은 생산적이고 살아 있는 경험으로, 도취에 사로잡힌 속박에서 인간을 풀려나게 하는 것"[43]이다. 이 두 가지 도취는 서로 다른 종류의 것이다. 기존에 존재하는 기호의 보수성에 도취되어 있는 인간을 풀려나게 하려면 새로운 경험에 도취되어야 한다. 경험은 표현의 문제라기보다 내용의 문제이기 때문에 현실의 문제에 매달리게 되어 있다.

43. W. Benjamin, 《현대사회와 예술》, 문학과 지성사, 1980, p.26.

미술과 디자인 비평을 위한 문제제기

1 :: 도상을 통해 진실의 지표를 찾겠다는 현상

1. 기호의 "일차성"(firstness)에 대한 퍼스의 설명을 참고하라(C. S. Peirce, *Collected Papers*(1931~1935), Havard Univ. Press, Cambridge, 1958 ; U. Eco, *Le signe*, Ed. Labor, Paris, 1988, pp.93~97 ; G. Deladalle, *Théorie et pratique du signe*, Payot, Paris, pp.53~84 ; D. Chateau, *Théorie de l'iconicité*, Harmattan, Paris, 1997, pp.45~61).

　　"욕쟁이 할머니"의 욕은 "욕"을 넘어선다. 이를 그저 욕이라고만 파악하는 이들은 욕의 문맥을 모르는 이이다. 주선자의 사진만을 보고 선보러 나가는 이는 낭패를 보기 십상이다. 정치인의 말을 곧이곧대로 믿는 이들도 마찬가지이다.

　　인간 사회의 기호들은 복잡다단한 경로를 통하여 뜻을 구성하고 전한다. 십자가라든가 모르스 부호, 혹은 신호등과 같은 단순한 신호적 방식으로 뜻을 전하지도 않으며 증명사진과 같은 방식으로 전하지도 않는다. 이와 같이 눈앞에 드러나는 일차적인 지각으로서의 뜻[1]을 도상성(Iconicity)이라 부른다. 기호의 신호적 성질 혹은 뜻의 데노테이션적 층위를 말한다. 기호의 신호적 성질은 뜻을 파악하는 데에 있어서 일차적인 층위를 이루기 때문에 신호의 규약이나 일정한 의도성을 알지 못하면 그것이 정작 신호적인지 아닌지를 알 수도 없다. 누군가 떡을 주었다면 "떡의 의미"를 떡을 주고받는 행동 그 자체로는 알아낼 수 없다. 장사꾼의 떡인지 이사온 사람이 주는 떡인지 문맥을 알아야 한다. 물론 도상기호의 신호적 의미가 전적으로 거부될 수는 없다. 떡을 주다, 떡을 받다, 무표정하다, 고마워하다 등 도상기호의 신호적 내용은 그나마 우리가 사물을 재현할 수 있는 도구이다. 이 도구를 우리는 현실(reality)이니 질료(matière)니 하며 뭉뚱그려 불러왔다. 그렇다고 해서 이를 뭉뚱그려 이해할 수는 없다. 증명사진 속의 사람이 현실과 질료라면 인화지는 재료이다. 그리고 사람이 2차원적 인화지로 옮겨지는 3차원의 방식이 있다. 각도도 있고 명암도 있다. 그러니까 하나의 도상기호에는 질료, 재료, 방식, 표현의 문제가 함께 존재하며, 질료를 표현하는 재료와 방식의 모음이 바로 도상기호를 이해할 수 있는 도구적 의미를 구성한다.

이와 같이 떡과 같은 도상기호는 도상의 의미를 알기 위한 하나의 도구이다. 따라서 도상적인 기호를 파악하기 위하여 도상적 기술(Iconography, description of icon)에만 머물 수는 없다. 도상적 기호를 포함한 모든 기호는 소통하기 이전에 이미 의미화되어 있으며 이 의미화된 메시지는 가시적인 도상성보다 훨씬 더 심층적이고 의도적인 무엇을 지니고 있기 때문이다. 즉, 모든 도상기호는 논리(Iconology, logic of icon)를 가지고 있다. 이 논리는 지각 그 자체의 아날로그적 연속성을 근거로 파악되는 것이 아니라 디지털적 사유로 파악되는 것[2]이다.

미술사의 예를 들어 보자. 곰브리치는 고대 이집트 미술[3]에서부터 현재에 이르기까지 미술가들은 자신이 본 대로가 아니라 자신이 이해한 바에 따라 세상을 파악하고 작업해온 것으로 이해한다. 도상기호의 조형성은 도상(Icon)의 논리(logy)를 구성하며 도상의 의미를 확대시킨다. 도상적 표현이 가장 뛰어난 그리스 미술 또한 마찬가지였다. 비너스는 도상적으로 파악할 실제의 여인이 아니다. 그리스인들은 실재라고 부를 만한 것에 심미성의 논리를 부가[4] 한 것이다. 플라톤의 지적처럼 실재는 이상의 모방일 뿐이기 때문에 실재의 이상적인 모습은 실재를 그대로 모방해서는 불가능한 것으로 치부된다. 인간이 알 수 있는 최대한의 이상을 찾아내야 하는 것이다. 그것이 바로 비례이다. 이러한

2. 메를로 퐁티의 적절한 지적처럼 머릿속에서 한바퀴 돌지 않는 사물은 회화로 변할 수 없다. 우리의 시각 영상 모든 것이 그렇다. "사물의 유사성은 사물에 속하는 것이 아니라 사고에" 속한다(M. Merleau-Ponty, 1964, ibid, p.38).

3. "지금까지 미술의 발자취를 살펴오면서 우리는 본 것에 의한 것이 아니라 알고 있는 것에 집착해서 그림을 판단하려는 경향이 얼마나 많은 지를 보아왔다"(E. Gombrich, 《서양미술사(1950)》, 예경, 1995, p.512, pp.55~73).

4. Ibid, pp.105, 99~115.

◻ 시루떡
먹으면 끝나는 것이 아니다.
떡에는 다른 의미가 있다.

5. Ibid, p.181.

이유로 다음과 같은 곰브리치의 언급을 이해할 수 있다.

"우리는 이 시대의 미술가들이 사물을 본대로 그리려는 야심을 저버리게 되면서 그들의 눈 앞에 전개된 가능성이 얼마나 큰 것이었나를 이해하지 않으면 안된다."[5]

현실 혹은 질료를 표현하는 실질적인 조형의 재료와 방식은 여러 가지가 있다. 물감, 나무, 돌, 천, 종이, 금속, 피부, 제스처, 사진 등이다. 이것을 영상표현의 조형적 실질이라고 부른다. 조형의 재료와 방식은 언제나 존재하는 것으로, 기술적으로 연구되고 탐색되어야 할 종류의 것이다. 이는 무정형의 사실들로서 그것들을 정형화하려는 인간들의 실험정신 속에서 존재하며 실질적 표현의 형식화을 통하여 무한하게 개발될 종류이다. 그러나 이것들은 그 자체로는 아무 것도 아니다.

무정형의 실질적인 조형표현들을 형식화시켜 공동체의 문화 속으로 들여보내는 작업을 미술작업(artistic production)이라 말한다. 미술에서 조형기호가 있다면 그것은 도상기호를 조작한 표현체이다. 이 조작한 표현은 보이는 대로 자신을 드러내는 것이 아니라 아는 대로 자신을 드러낸다. 때문에 보이는 것은 조작되어 보이는 것이므로 먼저 조작의 방식을 알아야 보이는 것을 안다. 이 조작의 방식 속에서 비로소 시각의 역사가 존재한다. 즉, 정신사로서의 조형미술이 존재하는 것이다. 그리고 이 조형적 형상을 근거로 도상기호가 해석되는 것이지 도상기호를 통해 조형기호가 해석되는 것이 아니다. 예를 들어 어린아이가 꽃을 그릴 때 A선생님은 꽃의 모습을 미리 알아 놓고 나서 아이가 이를 어떻게 조형화 하는가를 추적한다. 미리 생각한 꽃에 대한 조형화 과정이 선생님의 머릿속에 있기 때문에 선생님의 교육과정은 지극히 소비적이다. 반면 B선생님은 아이의 조형화과정을 추적하면서 어떻게 꽃이 그려지는가를 본다. B선생님의 경우는 "꽃의 실제 모습을 연구하는 것이 아니라 아이가 꽃에 대하여 조형적으로 아는 바"를 추적한다. 사람들이 조형적으로 아는 바를 추적하는 것이 바로 디자인 및 조형비평이다. A선생님처럼 어린아이에 의해 의미화된 도상기호에 대해 마치 아이가 "아는 것"(의미)이 없는 것처럼 파악하는 태도는 기호의 관리라는 권력의 문제를 유발한다. 기호의 연구를 코드의 연구로 뒤바꾼다. 흔히 알려져 있듯 언론의 의사설정으로 유발된 대중의 의견이 마치 대중의 본래적인 의견인 양 착각하도록 해서 권력으로 하여금 대중을 움직이게 하는 것과 같다. 수많은 영상기호학자들이 파노프스키의 도상해석학을 비판하는 이유[6]가 여기에 있다. 파노프스키는 도상기호를 인정한 상태에서 도상이 보여줄 만한 현실의 지표(index)를 찾으려 한다. 그리고 이 지표가 미술적으로 어떻게 형상화되어 왔는가를 이해하려 한다. 즉 보여지는 바대로 미술작품을 인정하고 나서 보이려고 하는 바의 문제를 따지는 것이다. 아날로그의 원리에 근거해서 디지털의 원리를 이해[7]하려 한다. 그러나 이는 미술과 디자인의 문화적 원리와 위반된다. 미술과 디자인은 복사되는 것이 아니라 구성되는 것이기 때문이다.

050

2 :: 관리된 기호를 통해 인간의 삶을 이해하겠다는 현상

사물과 뜻의 진실을 탐구코자 하는 욕구는 지난 수 천년 동안 이어졌다. 그리고 사람들은 사물이 고정적이지 않으며 규약적이지도 않다는 것을 잘 알고 있으며, 사물의 뜻마저 그렇지 않다는 것을 안다. 이런 이유로 도상기호의 건너편으로 가서 이를 조명해 보려 한다. 서양의 플라톤만이 아니라 "상"(icon)의 현상적인 이해에 머무르기를 거부하는 동양사상 또한 마찬가지이다. 도상을 건너 과학적 언술의 정합성을 얻기 위한 노력은 계속되었으며 이것이 지식의 역사를 이루어 왔다. 지식의 역사는 곧 기호의 역사다. 문제는 지식에 반대되는 도상적 사유의 흐름이다. 이것은 권력의 작용이지 지식의 작용이 아니다. 권력은 항상 도상기호에 의미를 묶어두길 바라기 때문[8]이다.

6. 영상기호학(Visual semiotics)에 있어서 파노프스키의 해석학을 논외로 한다면 아직까지 도상기호학(Semiotic of icons) 분야는 없다. 영상기호학은 도상을 조형의 형상적 원리 속에서 이해하려는 구상적 영상기호학(Semiotic of visual figures), 혹은 조형 자체의 형태적 원리를 따지는 조형기호학(Semiotic of visual forms)을 추구한다.

7. 파노프스키와 달리 뵐플린(Heinrich Wölfflin)에게 있어 미술사는 시각사의 하위분야야다. 그는 다음과 같이 말한다. "시각의 역사가 단순한 미술의 영역을 뛰어넘듯 시각을 통해 드러나는 민족적 다양성은 한낱 취향의 문제로 치부될 수 없는 문제임에 틀림없다. 그것은 영향을 주고받는 가운데 한 민족의 전체 세계상에 대한 토대를 이룬다. 시각형식의 이론이 역사학분야에서 쓸모있기는 커녕 오히려 필수 불가결할 수밖에 없는 이유도 여기에 있다"(H. Wölfflin, 《미술사의 기초개념》, 시공사, 2000, p.332).

8. 도상적 이해 중에는 음양오행이나 수(number) 같은 형이상학적 코드를 통해 실물을 이해하려는 경향도 포함된다고 볼 수 있다. 음양오행이나 수의 철학을 말하는 사람들은 세계가 음양오행이나 수로 만들어졌다고 파악함으로써 이론과 사물의 유사성을 주장하기 때문이다. 그러나 우리는 전통 철학이나 형이상학의 코드가 진정 실물의 역사를 대변하는지 아직도 확신하지 못한다. 하물며 자연과 인간의 역사가 구성한 기호가 전반적으로 실물을 지배한다고 주장할 때 그 기호가 과연 자연의 것인지 인간의 것인지도 확인하기 어렵다. 예를 들면 수 '7'의 개념이 신비롭게도 중국, 인도, 유럽의 정신사에서 공통적으로 발견될 때(성불의 7품행, 제사의 49제, 창세기의 7, 솔로몬의 7계단, 북두칠성 등), 그 '7'의 개념이 과연 자연의 이치인지 인간적인 코드인지 알 길이 없다. 따라서

여기에서는 음양오행이나 수의 철학과 같은 코드의 실증성에 대하여 무어라 확답하기 어렵다.

9. 코드적 체계에 대한 기호학적 이해와 적용은 J. Martinet, *Clef pour la sémiologie*, Seghers, Paris, 1978.

10. 우리는 미국의 관리적 사회과학의 수많은 예를 알고 있다.

근대에 들어 자연과학의 진리가 많은 부분 기호의 진리를 대변해 왔다. 수학과 같은 방법으로 인간세계의 기호를 관리해 온 상징과 코드의 논리가 이를 대변한다. 십자가의 도상으로 교회의 뜻을 또는 모르스 부호로 정해진 메시지를 전달하는 방식을 생각해 보자. 이러한 기호에는 복잡한 해석의 문제가 끼어들지 않는다. 그것은 역사나 규약으로 미리 뜻이 정해진 것이기 때문이다. 이들 기호는 말 그대로 고정된 뜻(stereotype) 혹은 규약적인 뜻(code) 이외에 다른 뜻을 지닐 수 없다. 많은 사람들은 고정화된 상징과 코드가 인간의 의식과 정서를 대변하는 양 착각했다. 신호등의 빨간색은 "건너지 못함"이고 푸른색은 "건너 갈 수 있음"을 코드적으로 지칭한다. 신호등 코드의 체계를 기호사각형에 맞추어 설명해 보면 다음과 같다.

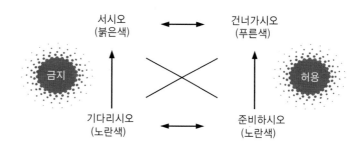

신호등 코드에는 인간이 끼어들지 않는다. 모든 코드가 그렇듯이 관리를 위한 제어장치만 있을 뿐이다. 많은 이들이 이러한 코드적 체계를 인간의 기호학적 체계로 이해한 적[9]도 있었고, 아직도 이를 다른 방식으로 변형해서 인간적 기호로 착각하는 이들[10]도 있다. 그러나 이러한 착각은 오히려 역설적으로 인간세계에 쓰이는 기호가 수학적 혹은 자연과학적 기호와 전혀 다른 방식의 질서를 지니고 있다는 사실을 증명한다. 신호등은 수학적인 체계이지만 길을 건너는 인간의 행동은 신호등과 같은 체계를 지니지 않는다. 인간의 기호적 체계는 고정화된 상징과 코드를 바라보는 인간의 의식, 느낌, 행동의 방향에 따라

구성되기 때문이다. "의식과 느낌 그리고 행동의 방향"이란 다름 아닌 인간들이 무리를 지어 살면서 만든 공동체의 인식구조와 문화이다. 신호등의 인간적 문화체계를 다음과 같이 구조화[11]시켜 볼 수 있다.

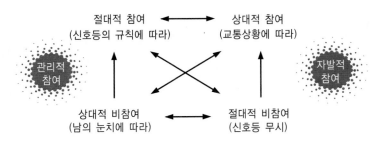

이러한 관계구조는 코드가 아니라 "코드에 참여하는 인간"의 문화적 행동의 논리적 관계를 나타내는 것이며 다른 종류의 공동체라면 다른 방식으로 관계가 설정될 수도 있으리라. 위 구조에만 기대어 볼 때, 한국인의 참여의 규칙이 일정한 정도로 "관리적 참여"의 축에서 발견된다면 이는 자발성과는 반대의 축에서 파악[12]된다. 인공적 코드에 대한 비자발적인 참여 혹은 종속된 참여를 이룬다고 파악한다.

      기호의 역사를 경험적으로 살펴보아도 기호는 사물을 단순히 기술 (description)한 것이 아니다. 기호는 자연과 인간을 이해하는 의미의 폭을 확산 (enlargement)하는 과정이다. 수많은 권력들이 자연과 인간에 대한 이해의 폭을 고정시켜 이해한 것을 기계적으로 전달하려고 했지만 인간의 이해는 언제나 권력의 기호조작보다 훨씬 뛰어났다. 권력은 "코드"라는 이름 하에 빛, 전경과 배경, 색채 등의 영상기호에 고정된 의미를 부여했지만 인간은 권력이 제시한 그러한 조형과 도상의 의미만을 곧이곧대로 파악한 것은 아니었다. 주어진 권력의 코드라 할지라도 이를 사용하고 변형시켜 자신들의 사회언어를 구성해 왔다. 이러한 이유로 우리는 영상의 가시적인 기호에 깊은 의심을 품게 된다. 이

11. 권명광 & 신항식, 《광고커뮤니케이션과 기호학》, 문학과 경계, 2003, p.143.

12. 기호사각형의 범주는 하나의 텍스트에만 적용되는 범주이지만 비교적 광범위한 개념의 범주이기 때문에 동일한 방식으로 다른 종류의 개별 텍스트에 적용할 수 있다. 스스로 조건에 참여하거나 상황을 이해하지 않고, 주어진 조건과 상황만을 입수하여 행동하는 문화적 텍스트의 대다수가 그렇다. 예를 들어 길거리에 꽁초를 버리지 말라, 쓰레기를 분리수거하라, 지하철에서 담배를 피우지 말라, 노약자 좌석에 앉지 말라 등 한국의 행정 텍스트는 하나의 문화적 범주(청결, 재활용, 비흡연자 보호, 노약자 보호 등)에만 기울어져 있기 때문에 종합적인 범주에서는 일종의 편협성을 지니게 된다. 중요한 것은 시민을 믿지 않는 행정과 그러한 행정을 믿는 종속적 시민이 공동으로 이 편협성을 만든다는 것이다. 거리의 청결과 지하철 흡연금지는 시민보다는 거리와 지하철을 존중하는 기계적인 행정의식일 뿐이다. 분리수거는 쓰레기 처리에 미비한 정부의 책임을 잊도록 부추기며, 노약자석은 노약자에 대한 존중보다 노약자석에 대한 존중을 위로부터 강요한다. 거리란 어차피 쓰레기가 존재할 수밖에 없다는 자유의 의식, 지하철의 공간은 폐쇄적이지만은 않다는 의식, 분리수거는 환경을 위한 것이지만 그 모든 것을 시민이 처리하는 것은 아니라는 의식, 노약자 보호는 항상적인 것이지 좌석의 문제만은 아니라는 인간중심적인 의식이 거기에 없다. 이런 문화 속에서 시민의 자발성은 존재하지 않는다.

13. 오몽(Jacques Aumont)은 시간이 빠르게 흘러가든 느리게 흘러가든 영상물뿐만 아니라 우리의 시지각 또한 지난한 운동과정에 있는 것이기 때문에 시각과 영상은 어차피 연속체일 수밖에 없다고 주장한다(J. Aumont, *L'image*, Nathan, Paris, 1990, p.18).

의심은 증명사진처럼 무언가를 증명하는 듯한 도상 영상이 우리의 기억 속에 잠재된 기호이며, 실제가 아닌 가상이라고 전제해야만 가능하다. 그러니까 실물의 도상은 그 자체로 가치를 지니는 것이 아니라 가상적으로 생각했을 때 상상 가능한 여러 실물의 가능성 중 하나로 이해되는 것이다. 다시 강조하지만 순수회화라 하더라도 이는 조형에 의해 구성된 도상 영상이기 때문에 영상의 재현성은 조형기호에 의해 결정된다. 따라서 영상의 실물적인 기억(도상성)과 조형의 조작(조형성)을 종합적으로 파악하는 형상적인 사고만이 영상의 도상성을 벗어나는 유일한 길이 된다.

3 :: 흘러가는 강물 속에 들어가면 흐르는 강물을 더 잘 알 수 있다는 현상

아버지가 문에 들어서는 것을 본 나는 나의 시지각[13]을 "아버지의 들어옴"이라는 개념으로 환언(換言, transformation)한다. 사과가 스무 개 있으면 "20"으로 환언한다. 20개의 사과 중 길동이가 5개, 철수가 15개를 갖고 있으면 각각 "25 %", "75%"로 환언한다. 환언은 불연속적 파악이 시작되는 첫 단계이다. 무지개에서 각각 다른 색을 구분하여 이름을 붙이는 것도 불연속적 파악의 첫 단계이다. 불연속적인 파악은 연속되는 것을 잘라내어 다른 개념 혹은 다른 논리연산을 통해 재구분하는 일이다. 사물과 기호는 환언하거나 환언됨으로써 커뮤니케이션의 원칙인 의미의 공유(copropriation)를 성취할 수 있다. 환언할 수 없는 사물과 기호는 공유될 수 없고 따라서 소통될 수 없다. 독불장군의 진리를 주장하거나 홀로 다락방에서 인생을 끝내야 한다. 언젠가 누군가 알아주리라 그 심오한 뜻을. 그러나 다음 사실을 알라. 작가가 사물의 진실을 홀로 찾던 옛 시절에도 일단 찾은 사물의 진실은 언제나 서로 공유가 가능했다는 점을.

　　바로 이런 이유로 기호를 파악하는 환언의 메타 언어적 도구(개념, 논리 연산 등)는 공리적이고 논리적일지는 몰라도 자연과학적이지 않다는 점이 중요하다. 자연과학은 실험 이후에 "이것이 저것이다"라고 말하면 그로써 끝날 수도 있는 참으로 기막힌 논리를 지닌 영역이다. 적색과 녹색은 문화와 상관없이 물리학적으로 대비색이라거나, 직선이 곡선보다 더 아름다운 이유는 문화가 아니라 인간의 뇌가 경제성을 추구하기 때문이라거나, 눈이 왼편에서 오른편으로 가는 것은 문화가 아니라 인간의 뇌의 작용이라면 무얼 어쩌란 말인가. 참으로 이들 앞에서는 아무런 말도 하기 어렵다. 그렇다고 해서 아무 말도 하지 말 것인가.

　　빨간색은 완전히 빨간 것이 아니라 빛의 진동수가 작아져 감에 따라 노랑으로부터 주황으로, 그리고 빨간색으로 구성된다. 진동수가 제일 작아졌을 때 우리의 시지각에서 빨간색으로 범주화된다. 지각할 색채의 미세한 물리적 차이들은 의학이나 생물학에서 다룰 일이다. 물리학이나 화학에서는 아마 다른 방식으로 색을 더욱 세밀하게 구분하겠지만 이 또한 빛의 입자를 수적으로 구분하지 못하는 이상, 조작적 범주로 남아 있을 뿐이다. 사물의 질료에 관한 문제에 너무 다가가면 자연과학(Natural Sciences)이 되어버려 더 이상 인간학(Human Sciences)을 말할 수 없다. 진리를 독불장군식으로 말하는 것이나 자연과학적 진리를 말하는 것은 모두 환언이 아닌 "확언"이라는 점에서 공통적이다. 그러나 안타깝게도 기호는 사물과 달리 확언될 수 없는 종류의 것이다.

　　색채의 문화적 범주는 인간의 지각과 사고에 있는 것이지 물리학이나 화학에 있는 것이 아니다. 인간학에서 말하는 불연속적 파악은 자연과학적(물질 분석)이 아니라 기호로서의 파악(문화 분석)을 말한다. 인간은 수 천년동안 무지개를 바라보며 그 색을 하나하나 기억하며 살아왔다. 어떤 시대에는 4가지, 어떤 시대에는 6가지로 색을 구분했다. 우리 시대에는 7가지 색으로 구분한다. 이와 같이 무지개 색 각각이 불연속 상태에 있다면 그것은 각각의 시대에 따른 인간의 한계 혹은 능력을 드러내는 것이다. 예를 들어보자. 많은 여성들은 자신들의 정감(sentiment)을 하나의 연속성으로 믿으려 한다. 여성의 정감은 지각 이전의 것이며 의식 이전에 존재하는 자연과학의 무엇이라고 강변한다. "내 직감은 틀린 적이 없어"라는 여성들의 고집스런 주장은 여성들 스스로에게 일종의 자부심을 주는 것 같기도 하다. 그러나 현대 의학계에서 심심풀이로 주장하는 여성적 자연과학이라는 것이 과연 있을까. 설령 있다고 해도 그것은 정감의 객관적인 파악을 위해 심각한 수준에서 고려할 만한 사항은 아니다. 여성의 직감(지각에 따른 즉각적인 판단)은 언제나 여성의 지각과 의식(기억)에 얽매여 있다. 그것은 여성이 세계를 지각하고 의식하는 일에 직감을 강조하게끔 세상이 그렇게 만들어 놓은 것으로 이해하는 것이 옳다. 만약 그렇지 않고 말 그대로 "여성의 직감이 여성의 지적 원천"이라고 한다면 여성의 직감적 판단은 진리이거나 아니면 전혀 믿을 수 없는 것이 된다. 그러나 이처럼 사이비 의학도와 자연과학도가 여성의 불변하는 본질을 이야기하고 정감의 자연과학적 근원을 따지려고 한다. 하나의 자연과학적 발견으로 인간의 전반적인 지각과 의식을 규정[14]하려고 한다. 가히 제국주의적이다. 한번에 모든 문제를 해결하려 한다. 그러나 인문학은 세상이 그렇게 단순하지 않다는 점을 강변한다. 이제 인간의 시각과 느낌을 자연과학의 이름으로 설명할 것이 아니라 역사적이고 문화적인 논리로 이해하고 설명할 때가 되었다. 이를테면 누군가 여성적 직감을 보편적인 사실로 고집스레 이해하고 싶다면 이를 역사를 통해 장기적으로 이해할 필요가 있음을 주장하는 것이다.

물론 말로 표현되지 않는 지각과 사고도 있다. 그러나 그것은 환언되지 않기 때문에 다른 인간과 소통할 수 있도록 기호화하기 어렵다. "하여간 무언가 있다"는 예술가들의 독자적인 논리는 바로 이러한 경우에 해당된다. 실제로 예술작품만이 아니라 사물에 대한 지각과 사고를 당대의 말로 공유화 할 수 없는 것이 있다. 대부분의 기호는 모든 사람들이 이해할 수 있을 정도로 완벽하게 조직된 것이 아니기 때문이다. 거꾸로 말하면 기호를 파악하는 사람들의 이해에는 항상 한계가 있다는 뜻이다. 이러한 이유로 흔히 "이해는 하지만 왠지 조금 이상하다" 혹은 "이해가 되지는 않지만 왠지 무언가 있는 것 같다"는 상황이 벌어진다. 무언지 모르지만 좋다 혹은 나쁘다의 경우도 마찬가지이다. 회식 등의 모임에 가면 서로 "통하는" 사람이 있다. 그 통하는 것이 무엇인지 구분해 보려 하지만 그리 쉽지 않은 경우가 있다. 그저 "코드가 맞다" 혹은 "텔레파시가 통한다"는 말로 설명한다. 사물이 무언인지를 말하지만 그것을 듣고 본 사람이 이를 다시 표현하기는 어렵다. 그러나 인간과 자연에 기호로 표현할 수 없는 부분이 있다는 이유만으로 이를 예술적 혹은 종교적 신비주의로 탈색시키는 것은 잘못이며, 이는 단지 당대의 언어로 표현하기 어려운 무엇으로 이해하는 것[15]이 올바를 것이다. 우리는 아직도 시대적, 민족적, 사회적, 개인 경험적 한계 속에서 살아가고 있기 때문이다. 이러한 한계를 모두 경험하고 연구하지 않은 상태에서 "무언가"의 존재를 곧바로 신비화시키는 것은 우리의 무지와 성급함을 드러내는 것일 뿐이다. 우리는 우리가 아는 것에서부터 차근차근 기호들을 분리하고 관계지어 미지의 영역으로 접근해 나아가야 한다.

15. 슈츠(Alfred Schutz)는 무언가 일어났다가 흔적 없이 사라지는 현재적 경험을 제외한, 성찰에 의해 환원될 수 있는 경험에 대하여 말한다. 의미가 부여될 수 있는 경험은 기호로 표현될 수 있는 경험과 표현되지 못하는 前현상적(pre-phenomenal) 경험이 있다(A. Schutz, *The Phenomenology of the Social World* (1932), Northwestern Univ. Press, Evanston, 1967, p.75. 여기서는 후자를 말한다).

▣ 슈츠(1899~1959)

1

:: 사회적 담화로서의 미술과 디자인

영상담화는 지각, 도상, 무정형(non-formation)의 요소들이 의미, 형상, 정형으로 구조화된 텍스트이다. 그럼에도 지각, 도상, 무정형의 표현만으로 보편적인 의미를 찾으려는 이들이 있다고 했다. 지각, 도상, 무정형의 표현을 통해 선택된 의미를 사전적으로 확대하여 국어로 조형의 체계를 지향하려 한다. 수평은 죽음, 수직은 삶 등의 표현이 그렇다. 사회언어로서 담화를 거치지 않고 몇 가지 개인언어를 통해 곧바로 국어의 보편적인 존재 혹은 일정한 모델로 다가가려는 것[1]이다. 예전에 칸딘스키가 그렇게 한 바 있다.

그러나 보편적인 뜻이나 그 모델을 찾고자 한다면 수평, 수직의 선은 죽음과 삶의 뜻을 지니기 이전에 벌써 담화화되어 있다는 사실을 알아야 한다. 담화를 주어진 모델 혹은 보편의 표현과 의미의 구조 중 하나로 보고 이를 통해야 한다. "창작" 혹은 "생산"의 개념이 보여주듯 진정한 창작 메커니즘은 위와 같은 담화를 통해 가능하다. 국어가 아니라 담화가 문제이다. 이를 위해서는 더이상 사전적인 표현의 문제에 매달릴 수도, 논리의 비약을 통해 형이상학을 가정할 수도 없다. 표현은 표현이 지닌 의미에 비하면 양적으로 무한대적이다. 어떤 표현이 어떤 의미를 지닐 것을 미리 짐작하여 이를 보편적인 논리로 표현할수 있는가. "거무칙칙한 색채"는 무한히 다양하게 표현될 가능성이 있다. 하지만 그 의미는 제한되어 있다. "거무칙칙하다"의 개념이 그것이다. 따라서 표현보다 비교적 수가 적은 개념의 의미를 중심으로 표현의 다양성을 구분하는 것이 표현의 창작과 연구를 훨씬 쉽게 하며 아울러 심층적이게 한다. 사회의 내용을 의미론적으로 파악하는 자가 사회의 표현을 의미있게 만들 줄 안다. 현대의패러디가 잘 보여주듯 사회에 굴러다니는 표현의 다양성에만 빠져 있는 이는기껏해야 표현의 수사적 조작 밖에는 알지 못한다.

　　초기 르네상스 시절에 나타난 입체적 표현은 먼저 사물의 의미를 의식하면서 진행된 것이다. 지오토(Giotto di Bondone)의 입체적 감수성은 이탈리아전역과 플랑드르를 휩쓸었지만 그것은 입체적 표현을 위한 단순한 유행이 아니라 사회적 현실의 새로운 의미를 인간의 입장에서 다시금 사고하기 위한 목적이 있었다. 미술가들이 자연에 대한 새로운 관찰을 위해 스케치북을 들고 다니기 시작했던 이유는 현실을 다각도로 "고려"하기 위해서이지 단순히 표현하기위한 것은 아니다. 이처럼 르네상스는 물체와 공간에 대한 지각의 변동을 이끌었다. 피렌체 대성당의 건축가 브루넬레스키(Fillipo Brunelleschi)가 원근법을정식화한 것은 우연이 아니었다. 지오토 이래로 이어졌던 "자연에로의 접근"이라는 당시 미술작업에 담긴 지배적인 내용의 형식이 "개념에로의 접근"이라는

실을 이렇게 사유할 수는 없다. 코드적 인식론에 대한 기호학적 설명은 U. Eco, 1998, ibid, pp.273-278 ; C. Lévi-Strauss, *Le cru et le cuit*, Plon, Paris, 1964.

▣ 브루넬레스키, 피렌체의
　산토 스피리토 성당(1435~1482)
　조감도

▣ 산토 스피리토 성당의 내부

▣ 지오토, 《그리스도의 생애》(1304~1306, 일부)

▣ 지오토, 《아씨시 성자의 전설》(1297~1299)

058

2. 원근법은 하나의 세계관을 선택하는 문화적 작업이지 미술장르의 역사가 독자적으로 "발전"시킨 작업이 아니다. 이에 대한 논의는 E. Panofsky *La perspective comme forme symbolique*(1932), Ed. de Minuit, Paris,1975.

3. T. Kuhn, *La structure des révolutions scientifiques*, Flam-marion, Paris, 1970, p.29.

중세의 지배적인 내용의 형식을 대체한 것일 뿐[2]이다. 원근법의 표현은 그런 이유로 부각된 것이지 누가 단독적으로 구상한 표현도, 어떤 심오한 자연의 흐름도 아니다.

이와 같이 명암과 원근법은 인간이 되찾은 자연의 내용을 이해하는 표현의 르네상스적 형식이다. 이탈리아와 플랑드르의 미술은 현실에 대한 수학적 분할에 매료되어 있었고 이러한 감수성은 중세와의 단절을 이루어 내기에 충분한 것이었다. 한 시대와 다른 시대의 단절은 표현과 내용의 '형식의 패러다임'이 완전하게 바뀌는 시점을 지칭한다. 형식의 패러다임이 바뀌는 지점에서 미술가들이 한 작업은 내용과 표현의 실질을 파고 들어가 그로부터 형식의 변화의 가능성을 이끌어 낸 것이다. 형식의 패러다임이 바뀌기 위해서는 한두 가지 내용이나 표현의 형식을 가지고 형이상학적으로 왈가왈부할 것이 아니라 언어, 수학, 기하학, 화학, 해부학의 실질적인 연구를 해야 한다. 르네상스의 미술가들은 그렇게 했다. 쿤이 《과학혁명의 구조》[3]에서 제시한 아리스토텔레스의 물리학, 뉴튼의 시지각 혁명, 프랭클린의 전기 등은 그 사건 자체로 미래의 패러다임을 바꾼 것이라기보다 이미 변화하고 있는 지각과 세계관을 감지해서 이를 구체화시킨 것이다. 예술 작업도 이와 다르지 않다.

표현의 실질에 대한 탐구는 자연스레 내용의 실질에 대한 탐구를 낳는다. 왜냐하면 전자는 기존의 내용의 이념적 형식을 재검토하게 만들기 때문이다. 예를 들어보자. '공부를 하기 위해 고시촌으로 떠난다' 라는 표현의 실질과 '공부를 하기 위해 산으로 떠난다' 라는 표현의 실질을 보면 과연 공부라는 내용의 형식이 어떤 것인가 하는 의심이 든다. 고시촌은 모여있는 곳이라는 표현의 형식이고, 산은 동떨어진 곳이라는 표현의 형식으로 과연 공부의 내용이 무엇이며, 서로 다른 표현을 지니는가를 생각케 한다. 산으로 떠나는 공부는 정해진 정보를 익히는 고정적인 내용의 형식을 지니는 반면 고시촌으로 떠나는 공부는 서로 정보를 교환해야 하는 유동적인 내용의 형식을 지닌 것은 아닌지를 구상하게 된다. 다른 예로 젊은이들이 시도 때도 없이 쓰는 존칭어 "~하시다"의 의미는 기호가 보여주는 것처럼 "젊은이들의 예절"이 아니다. 예절을 어떻

059

게 지켜야 하는지 모르는 "反예절" 혹은 "예절에 대한 무지"의 의소를 지닌다. 왜냐하면 존칭은 규칙에 맞게 쓰여야 하는 것이기에 아무렇게나 쓰는 존칭은 예절이 아닌 예절을 모르는 것이기 때문이다. 이러한 것이 형식의 연구인데 르네상스 시대에 벌어졌던 논리학, 수학, 해양학, 천문학 등의 경험적인 연구가 그러한 형식의 연구를 위한 발판을 제공했다. 경험적 연구는 서적을 통한 이차적 학습보다 경험과 실험을 통한 일차적 학습을 강조한다. 가능하다면 이것이 내용의 실질로 통하는 가장 올바른 길일 것이다. 다빈치는 권위자들의 글을 통해 내용의 실질적인 모습을 생각한 것이 아니라 실질적인 경험을 일차적인 자료로 연구한 인물이다. 이러한 탐구를 통해 진정한 창작가로서의 기호학적 예술가가 탄생하는 것이다. 그런 이유로 우리는 그를 미술가라기보다는 디자이너라고 부를 만하다. 자신의 예술적 코드를 중시하는 미술가에 비해 디자이너는 예술적 코드들이 사회, 인류학적인 커뮤니케이션 속에서 어떠한 의미적 코드(미와 추, 숭고와 우아 등)를 생산할 것인지를 생각하는 사람이라는 점에서 그렇다. 아무렇게나 만들어진 예술이 항상 미학적이지는 않다. 다빈치의 많은 작품이 미완성인 이유는 분방한 자신의 상상력을 먼저 내세우기보다는 은유의 정신 활동을 통한 의미의 실현을 먼저 연구[4]했던 데에 있지는 않았을까.

　　　현대의 예를 들어본다면 시적 창작의 메커니즘 속에 자신의 위상을 놓으려 했던 에른스트(Max Ernst)의 작품에서 이 사실을 확인할 수 있다. 그의 유명한 《수술대 위의 재봉틀과 우산》의 은유[5]가 그것이다. 도상적 사고에 근거해보면 아무런 연관이 없어 보이는 이 두 물체는 수술대라는 배경 위에서 또 다른 의미를 획득한다. 재봉틀과 우산은 모두 도구이다. 즉, "도구성"의 의미적 범주 속에 위치한다. 재봉틀은 원재료(천)를 변형시키기 "위한" 능동적 도구이고 우산은 원재료를 변형하는 것을 "부정"하는 도구로 수동적 역할을 맡는다. 즉, 비가 침투하지 않도록 천의 부정적인 역할을 강화시켜 놓은 것이 우산이다. "침투"의 의미론적 범주에 위치하는 두 물체의 침을 보자. 두 물체 모두 날카로운 침을 포함한다. 재봉틀의 침은 아래로 향하고 있으며 천을 뚫는 기능을 가지고 있다. 반면 우산의 침은 하늘을 향하고 있으며 비가 들어오지 못하게 천을 지탱

4.　E. Gombrich, 1995, ibid, pp.293~303. 옛날의 수사학에 따르면 은유는 상식과 다른 의미를 지닌 단어의 문체 양식을 말한다. "은유란 유에서 종으로, 혹은 종에서 유로, 혹은 종에서 종으로, 혹은 유추에 의하여 어떤 사물에 다른 사물에 속하는 이름을 전용하는 것이다"(Aristotle, 《시학》, 문예출판사, 1994, p.116). 은유의 공식은 A:B = C:D, 따라서 A=C, B=D이다. 예를 들면 내 마음: 〈넓다, 깊다〉= 호수 : 〈넓다, 깊다〉. 따라서 "내 마음은 호수요"(A=C/B=D)의 은유가 탄생한다. 상식에 걸맞은 의미가 없을 때 혹은 무언가 특별한 효과를 바랄 때 다른 방식으로 사용된 단어를 차용한다. 이를 위해서는 단어의 실제 내용과 쓰이는 내용 사이에 최소한의 유사성이 있어야 한다. 그러나 "아름다운 남성"이라는 표현처럼 유사성의 근거는 어디에 있는가. '아름다운'은 인간, 사물에 모두 쓰이기 때문에 인간의 특별한 유사성이 없으며 남자에게는 아름다움을 쓰지 않는다. 도대체 어디에 유사성이 있는가. 유사성은 단어의 단발적인 의미(상식)에 있는 것이 아니라 의미의 깊은 해석 속에 있다. 여기에 긴장이 있으면 있을수록 더욱 더 은유적인 표현이 된다. 이렇게 본다면 리쾨르가 이해하듯 상식적으로 전혀 다른 두개의 단어가 새로운 의미의 공통분모를 탄생시키게 된다(P. Ricoeur, La Métaphore vive, Seuil, Paris, 1975).

5.　C. Lévi-Strauss, Le regard éloigné, Plon, Paris, 1983, pp.328~329. 에른스트에 따르면 "시인의 역할이 미래를 예시하는 멋진 언어로부터 생각되는 것과 서로 연관되는 무엇을 써내려 가는 것이라면 화가의 역할은 자신 안에서 보여지는 것을 간파하고 이를 감싸안는 것"이다(M. Merleau-Ponty, L'oeil et l'esprit, Gallimard, Paris, 1964, pp.30~31).

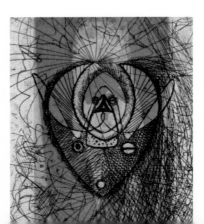

▣ 에른스트, 《수술대 위의
　재봉틀과 우산》(1949)

6. C. Levi-Strauss, 1983, ibid, p.331.

해주는 긍정적인 기능을 가진다. 기호가 지닌 의미는 기호의 표현이 지닌 의미(기의)라기보다 기호가 다른 기호와 연관함으로써 가지게 되는 의미이다. 재봉틀의 침이 "하강성"의 의미를 지니는 것은 오로지 우산의 침이 "상승성"이라는 의미를 지니기 때문에 가능하다. 이 의미가 바로 의소이다. 이 의소에 의하여 기호의 의미가 결정된다. 따라서 기호는 다른 기호가 가진 의미와의 등가, 차별, 종속의 관계를 통하여 새로운 의미를 획득한다. 등가, 차별, 종속의 관계를 지탱하는 또 다른 의미론적인 지평은 삶의 의미 속에 내재한다. 그것이 분류소라는 것이다. 재봉틀의 침은 기호이다. 재봉틀의 침이 지니는 '하강성'은 의소이며, 이 의소는 또 다른 의소인 '상승성'과 함께 '공간성'이라는 공통분모의 분류소를 지닌다. 예를 들면 어떻게 공간성을 파악해서 상승 혹은 하강의 의미를 획득할 것이며 이것을 어떻게 영상으로 형상화 할 것인가가 바로 미술 작업이 된다. 예술 창작은 다른 종류의 사물들을 동일한 의미론적 범주(일종의 분류소)하에서 다양한 형상들을 비교하는 작업이다. 그 형상들의 "통일성과 타자성의 관계를 통해 사물의 숨겨진 규칙을 찾는 작업"[6]인 것이며 예술가는 단지 사물 사이의 중계자일 뿐이다. 따라서 예술은 일견 어떤 일탈적인 것을 지적하고 이를 마음대로 구성하는 스타일 중심의 창작인 듯 보이지만 실은 일탈적인 표현들의 의소적인 관계를 체계화하는 심오한 의미론적 작업이다. 에른스트는 마치 외과의사와 같이 다리와 팔이 잘려 나간 사람을 수술대 위에 놓고 다른 종류의 팔과 다리를 기능적으로 맞추어 보는 것이다.

두 물체가 각각 지닌 특징적인 요소가 바로 형상(재봉틀, 우산, 침, 천 등)이며, 형상이 지니는 의미의 요소(도구성, 수직성, 비침투성 등)가 의소이다. 형상과 의소는 서로 동위적인 관계를 이항대립적 관계(재봉틀의 침=침투성 vs 우산의 침=비침투성 / 재봉틀의 침=하강성 vs 우산의 침=상승성) 위로 투여한다. 이 경우 형상분석으로부터 직접 심층적 의미를 들여다볼 수 있다. 이 심층적인 의미는 기호학적 구조로부터 유발된 것인 동시에 작가의 정신성과도 연관된다. 형상과 의소가 관계를 맺도록 일부러 재봉틀과 우산을 봉합했기 때문이다. 이것이 미술의 은유적인 작업이며 이른바 진정한 미술창작이라고 부르는 것이다. 형상 그 자체의 작가적 스타일만을 미술창작으로 볼 수는 없다. 오히려 형상적 스타일은 작가의 고민에 따른 사항이기도 하지만 기술의 발전에 의하여 여러 가지로 취사선택되고 발전될 수 있는 부분[7]이다. 현대에 들어와서는 더욱 그렇다.

현대예술의 가장 중요한 문제는 작가의 스타일과 심층적 의미가 동일한 방식으로 흘러가는지 그렇지 않은지를 아는 것이다. 스타일과 의미를 연결할 때 작가가 개인성을 중시했는지(지나치게 은유적인 지), 아니면 사회적 커뮤니케이션의 측면을 고려했는지(내러티브한지 혹은 내용의 분류적인 조직에 충실하고 있는지)에 따라 작가의 세계가 정해진다. 이렇게 함으로써 우리는 작가의 정신성과 미학을 총체적으로 논의할 수 있다. 이를테면 반 되스부르크(Theo van Doesburg)의 《카드놀이를 하는 사람들》(1916)과 세잔느(Paul Cézanne)의 《카드놀이를 하는 사람들》(1885~1890)을 비교해 보자.

세잔느의 경우 주제의 도상성이 가시화되어 있다. 그러나 반 되스부르크에게는 이것이 없다. 반 되스부르크의 크고 작은 직각의 형상들이 사람의 골격과 탁자와 의자를 나타낸다고 볼 것인가. 펠드만은 "화면의 구성이 재현된 형태들의 표현성보다 압도적인 중요성을 띠고 있는데, 실제로 우리가 사실성보다 화면 구성에 더 흥미를 느끼는 것은 실재에 대한 우리의 경험(지식)에서 도출된 것"[8]이라고 말한다. 그러나 외양의 모방적인 재현이 없다고 해서 후자의 그림을 형태 지각 사이의 유사성에 따라 유추할 수 있다고 생각할 수는 없다. 우리의 경험에서 나오는 것이 단지 형태와 실재 형상 사이의 유사성에 근거한 지각뿐인가. 만약 그렇다면 반 되스부르크는 말 그대로 형태의 실험주의일 뿐이다. 작품의 제목(주제)이 《카드놀이 하는 사람》이라면 카드, 놀이, 사람 그리

7. 형상과 의소를 구분하지 않고 은유적 과정을 추적하는 브레인스토밍의 방법을 "창의성 분석"(Creative analogy, creative research)이라고 한다(W. Gordon, *Stimulation des facultés créatrices dans des groupes de recherche synétique*, Hommes et Techniques, Paris, 1965 ; E. Bono, *La Pensée latérale*, J. Cape Press, Paris, 1969). 주로 광고회사에서 하는 것으로 주어진 개념에 유사한 개념을 떠올려 서로 병렬시키는 작업이다. 이 작업 또한 의미론적 작업이라 말할 수 있지만 개념의 체계와 문맥이 고려되지 않는다.

8. E. B. Feldman, 1987, ibid, p.47.

▣ 반 되스부르크, 《카드놀이를 하는 사람들》(1916년)

▣ 세잔느, 《카드놀이를 하는 사람들》(1885~1890년)

▣ 세잔느, 《카드놀이를 하는 사람들》
(1885~1890)

▣ 세잔느, 《카드놀이를 하는 사람들》
(1890~1892)

▣ 세잔느, 《카드놀이를 하는 사람들》
(1892~1895)

9. J. Cassou, 《현대 예술의 상황》,
삼성출판, 1974, p.39.

063

고 움직임을 재현성 없이 표현하는 조형기호만의 의미성을 떠올려야 한다. 카드놀이가 과연 기하학적이거나 혹은 직선 및 꺾인 직사각형의 기호가 가진 의미적 영역과 어떤 상동성을 보장하는 의미가 있는가. 우리가 보기에 되스부르크는 이 상동성을 집약적으로 표현하지 못했으며 단지 형태의 연관성에 집착한 것으로 보인다. 비구상 회화의 문제는 여기에 있다. 앞선 에른스트의 회화가 보여주는 의미 중심적인 창작방식으로부터 형태의 관계를 실현하려 하지 않고 단지 조형의 형태와 실재 형상 사이의 유사성만을 염두에 두려 하다 보니 오히려 실재 형상 그 자체를 완전히 무시해 버리는 일이 벌어지는 것이다. 이로써 미술의 실험이라기보다 차라리 분열적이며 제도 중심적인 구역질나는 현대미술을 양산했다.

20세기 중반 카수는 현대 아방가르드 미술이 다음 두 가지를 잃어버렸다고 말한다. "하나는 예술과 외계와의 접촉, 다시 말해 만인공유의 현실을 다소 폭넓게 복제해서 어느 정도 만족할 수 있는 요소가 다소 엿보이면 이를 모방함으로써 이룩할 수 있는 접촉적인 것, 또 하나는 내면의 세계를 표현하는 힘, 즉 에토스이자 파토스이기도 한 힘"[9] 이다. "접촉적인 것"은 작가의 스타일이라기보다 수신자의 공감과 감동을 일으키는 커뮤니케이션의 코드적 기호이며, 에토스이자 파토스인 내면의 세계가 융합된 메시지가 바로 역사적이며 의미적인 기호이다. 이렇게 보았을 때 현대 아방가르드 미술은 커뮤니케이션의 수직

▣ 반 되스부르크,
《구성 9》('카드놀이를 하는
사람들'의 추상화)

과 수평의 축이 만들어내는 에토스와 파토스 모두를 잃어버렸다. 남은 것이라고는 메시지 그 자체로 파악된다. 에토스와 파토스가 없는 메시지는 메시지가 아니라 실은 기호의 껍데기 즉, 수사적 지표로서의 기표일 뿐이다. 원래부터 수직과 수평의 축을 넘나들며 살아가고 있으면서도 사람들은 이를 느끼지 못하고 있다는 사실을 호도하는 것이 현대 아방가르드 미술의 작업이며 아방가르드 미술가들의 불순한 의도이다.

10. R. Jakobson, 1963, ibid., p. 220, pp.209~248.

2 :: 미적 정합성

공시적으로 무작정 메시지를 교환하면 메시지의 내용에 대한 어떤 합의에 이를 수 있다고 믿는 이들이 있다. 이들은 "대화 좀 합시다"라는 단순한 방식의 메시지 인식론을 지니는데 안타깝게도 메시지는 단순한 대화를 통해 처리될 사항이 아니다. 메시지를 둘러싼 커뮤니케이션의 여러 기능을 보아도 이 사실을 짐작할 수 있다. 최소한 야콥슨의 커뮤니케이션의 기능[10]을 참고해 보면 발신자와 수신자 사이에서 벌어질 메시지 전달의 문맥이 얼마나 다양한가를 알 수 있다. 예를 들면 한국의 매체에서 널리 사용되는 "민족통일"이라는 단어가 주는 커뮤니케이션의 기능적 폭이 그렇다. 좌파, 우파, 절충주의자, 분열증세자들이 사용하는 "민족통일"의 단어가 주는 정서적, 의미적, 형태적 지각과 의식이 커뮤니케이션 수행 중에 얼마나 많이 왜곡될 것인가를 상상할 수 있다. 발신자의 성실성을 믿을 수 없다는 것은 미루어 두더라도 공시적 커뮤니케이션을 위한 노력에는 명백한 한계가 있다. 부부간에 통하지 않는 의미와 감정은 터놓고 대화한다고 해결이 나는 것이 아니다. 두 부부가 서로 의미하고자 하는 내용의 구조를 연구해 보아야 한다. 이것이 커뮤니케이션 기호의 의미작용에 관한 문제이다. 기호의 복잡한 의미작용을 통해 메시지가 구성되고 전달되기 때문에

11. K. Marx, 《도이체 이데올로기, 정
치경제학 수고》, 형설출판, 1986.

12. G. Lukács, 《소설의 이론》, 심설
당, 1988.

13. R. Barthes, 1953, ibid.

단순한 대화를 통해 메시지가 이해되기를 바라는 것은 어불성설이다. 말하면 알아먹으라는 계도적인 행정가와 계몽주의적 혁명가들만이 이 사실을 무시할 뿐이다. 지난 2백여 년 동안 분열적인 자본주의 사회에서 인간들 사이에 벌어지는 메시지의 전달과 수용이 정합성을 지닐 수 있느냐의 질문이 있어 왔다. 그리고 대다수의 철학은 이것이 이론적으로는 가능할지 몰라도 실제로는 불가능하다고 말했다. 마르크스[11]를 위시하여 대표적으로 루카치[12]와 바르트[13]가 그들이다. 르페브르는 다음과 같이 정리한다.

"백년 전에 사회적 맥락 속에서 말과 담론의 주변에 견고한 지시대상들이 세력을 지니고 있었다. 지시대상들이 서로 연관이 있었으며, 어떤 단일한 체계가 형성되어 논리적 일관성은 아니라 할지라도 최소한 결집되어 있었다. 따라서 지시대상의 전체는 양식과 상식, 감각적 지각(3차원의 유클리드적 공간, 시계에 의해 측정되는 시간), 자연의 개념, 역사적 기억, 도시와 도시환경, 그리고 공통체적 미학과 윤리 속에서 현존하고 있었다. 이 사회의 종합적인 성격은 이른바 '주체'로서 인식될 수 있었으며, 이 주체는 정직, 명예, 존엄성의 지배적인 사회적 규칙을 소유하고 있었다 (혹은 소유한다고 믿었다). 이러한 사회의 배경에는 이미 생산활동에 대한 원칙, 그리고 생산과 필연적인 관계를 가지고 있는 창조의 '가치'에 대한 원칙이 설정되어 있었다. 사회계급들과 그들의 이데올로기에 따라 다르게 (혹은 모순적으로) 해석되었다고 치더라도 이 원칙은 여전히 깊은 의미를 지니고 있었던 것이다. 이런 의미에서 자본론(1867년)은 이론적 언어에 대한 어떤 철학적 '합의'를 가져다 주었다… '주체'는 말할 것도 없지만, '인간' 또는 '인류'는 하나의 실체나 혹은 추상적 본질로 구성된 것이 아니다. 순수철학을 넘어서 인간과 인류는 행동 혹은 행위로서 정의되었다. 인간은 '대상'에 작용을 가하는 구체적이며 특수한 '주체'인 동시에 역사적 맥락 속에 자리잡은 구체적이며 특수한 '객체'이다. 따라서 갈등에도

불구하고, 아니 아마도 그 갈등 때문에 이 사회(경쟁 자본주의)의 실
천은 더욱 더 통일성을 지니게 되는 것이다."[14]

14. H. Lefebvre, 1995, ibid, p.164.

　　이들의 주장은 말 그대로 지식인의 오랜 유행이 되었다. 솔직히 내가 뜻
을 두고 하는 말이나 그림이 남들에게 그 뜻만큼의 밀도 있는 이해와 감성적,
미학적 효과를 주는 경우가 있을 것인가를 생각해 보면 상당한 회의가 드는 것
은 사실이다. 그러나 과연 얼마나 많은 소설가나 화가들이 이를 위해 노력한 적
이 있는가. 많은 이들이 미리 분열적으로 행동하거나 아니면 자신만의 세계가
남들의 세계와 동일하다고 헛된 상상을 한 것이 아닌가. 자신들이 해야 할 작업
을 언어 및 기호학자들에게 맡겨 버렸다. 그들은 러시아의 형식주의자들(Opoiaz)
과 프라그 언어학파(Cercle de Prague)를 비롯하여 야콥슨과 레비 스트로스 등
창작과 과학의 구분을 없애고자 하는 학자들의 노력을 이해해야 할 것이다. 노
력의 결과가 부족할 수도, 때에 따라 매우 처참해 보일 수도 있을 것이다. 그러
나 그러한 노력은 언제나 필요한 것 아닌가. 창작가들이 놓아버린 총체성을 향
한 움직임을 최소한 과학의 영역에서 해결하려는 미술과 디자인 이론가들을 비
아냥대는 것은 작가 스스로를 욕하는 것과 같다.
　　곰브리치가 《서양미술사》에서 거듭 언급한 "제대로 된 미술"이라는 용
어를 생각해 보자. 그것은 미술가들이 추구하고자 했던 실재의 발견, 구성된 형
태의 완전성, 미라고 하는 것 이 모든 용어와 일맥상통하는 것이다. 제대로 된
것은 형태적인 일관성이나 그들 간의 유사성에 근거하는 것이 아니라 형태의
의미론적 일관성이다. 어떠한 작품이 제대로 되어있다는 판단을 형태간의 연관
성이라든가 감상자들의 의견을 종합해서 얻을 수 있다고 믿는다면 그것은 지극
히 기계적이며 현상적인 파악이다. 작품으로부터 역사적 기억을 추출해 내는
일도 마찬가지 결과를 낳는다. 우리는 작품의 경험론적 판단을 벗어나야 한다.
"제대로 된 것"은 결국 내용의 형식(도상적, 조형적 형상의 의미)과 표현의 형식
(도상적, 조형적 표현의 규칙)이 서로 의미적 상동성을 지닌 채 조직화된 상태가
바로 "제대로 된 상태"이다. 이러한 상태는 무언가를 창작하고자 하는 사람이

15. V. Kandinsky, 1986, ibid, p.60, 64, 67, 68, 73. 아리스토텔레스의 시학이 제시하는 플롯의 미학도 실은 이와 같다. "사건의 해결은 플롯 그 자체에 의하여 이루어져야지…기계 장치에 의존해서는 안됨이 명백하다" (Aristotle, 1994, ibid, pp.88~89).

16. E. Gombrich, 1995, ibid, p.602.

17. Ibid.

라면 누구나 지향하는 것이다. 칸딘스키는 이를 형태와 내용의 "내적필연성의 원칙"[15] 이라 말한다. 노래와 가사의 경우, 민요 아리랑 혹은 작곡가 박시춘의 대중가요가 여실히 드러내듯 음률과 가사의 내용이 어떤 내적인 정합성(interdependence)을 지니는 것을 의미한다. 광고 영상의 경우, 잘 만든 대다수의 광고가 그렇듯이 영상과 카피 혹은 내러티브와 텍스트적 영상의 정합성을 의미한다.

작품의 내적 필연성의 원칙은 커뮤니케이션의 상황에 종속되기 마련이다. 작가의 광기가 그 광기를 받아들이는 수용자에게 공감을 얻어내야 한다. 공감은 동시대에 일어날 수도, 다른 시대에 일어 날수도 있지만 대다수의 공감은 동시대에 일어난다. 중국의 서예가 보여주는 형식적인 아름다움, 달인의 느낌, 영감의 경지[16]는 이처럼 이해되어야 할 것이다. 경지라고 하는 제대로 된 상태는 미술의 주제적 내용과 주제를 표현하는 형식의 합일이지, 형식 그 자체에 부여한 작가의 독자적인 광기가 아니다. 캔버스를 바닥에 놓고 물감을 뚝뚝 떨어뜨리는 방식을 "중국화가의 경우를 기억해 낸 듯하다"는 곰브리치의 언급에서 우리는 앞서 재현성에 대한 단순한 이해와 같이 그는 위의 사실을 잘 이해하지 못한 것 같다. 느낌과 경지라는 모호한 단어로 지칭된 작가의 행위는 광기나 충동이 아닌 오랜 사색과 사색의 결과로 표현된 행위에서 나온 것이다. 그 행위가 급작스럽건 오랜 시간을 걸쳐 만들어졌건 그것은 중요하지 않다. 서예는 미적 코드와 정보 코드가 분리될 수 없는 합체이다. 합체를 만드는 것이 어려워진 현대의 상황에서 "자발적인 충동"을 통해 질료의 우연적인 표현을 만드는 것을 두둔하려는 곰브리치의 의견은 이해하기 어렵다. 이 우연성을 두고 "사유의 습관에서 벗어나는 고통을 알지 못하는 자는 크게 깨달을 수 없다는 것이 선(Zen)의 교의의 하나"[17]라는 식으로 파악하는 것은 설득력이 없어 보인다. 경지나 달인의 상태는 의미와 형식이 작가의 의식 속에서 구성된 것(이런 것은 어린아이도 할 수 있다)으로만 머물 것이 아니라 표현되어야 한다. 선의 경지에 도달했다면 공중부양을 하거나 혹은 사물을 만지지 않고 움직여야 하는 것처럼 미술가가 선의 경지에 도달한다면 붓의 터치와 색채, 형태의 조화가 사람들에게 감동과 미적 충격을 주어야 한다. 중국의 서예는 이를 표현했지만 전후의 현대 아방가르드 미술은 성공하지 못했다. 단지 성공했다고 서로 자화자찬하고 있을 뿐이다. 이들은 공중부양을 한 것이 아니라 그저 펄쩍펄쩍 뛰었을 뿐이다. 그것을 공중부양이라고 생각했다면 어쩔 수 없는 일이다. 곰브리치가 잭슨 폴록(Jackson Pollock)을 칭찬하는 것은 그가 미술사를 기술할 때 지녔던 기호학적 정체성과는 매우 어긋나 보인다. 실제로 곰브리치는 초기 인상주의 당시의 비평가들이 인상파 화가들을 이해하지 못하고 비판한 것을 당시의 비평가들의 실수로 여기면서 마찬가지로 현대 아방가르드 미술 또한 동시대의 비평가들이 같은 실수를 하지 않을까 라는 두려움을 지닌 듯하다.

18. U. Eco, 1998, ibid, pp.317-318.

　　현대 아방가르드 미술의 기호적 방종이랄까 非문법적 창작행위를 널리 포용하려는 그의 자세는 거꾸로 사회적 커뮤니케이션에 충실하려는 다른 종류의 성실한 작가들을 무시하는 결과를 유발할 수 있다. 한편 에코는 이러한 "짜맞추기식 新구상주의에서 팝아트 내지는 그와 유사한 표현 기법에 이르기까지 후기 비정형주의 성향은 정확하고도 틀에 박힌 코드의 이면을 새롭게 창조하고 있다. 예술구조의 재구성이라는 도발은 이미 구성되어 있는 커뮤니케이션의 체계를 발판으로 삼는다"[18]고 말하고 있다. 그러나 과연 어떤 코드가 "정확하고도 틀에 박힌" 코드인가. 과연 현대 아방가르드 미술가들이 그러한 코드의 이면을 새롭게 하는가. 결코 그렇지 않다. 이들은 약간의 지적인 능력만 있으면 누구나 알아낼 수 있는 것을 "새롭게 포장"할 뿐이다. 즉 패러디 할 뿐이다. 변기가 분수대라고 했던 뒤샹과 같이 초기 아방가르드의 첫 번째 패러디는 충격적이고 예시적이었지만 현대의 패러디는 조잡하고 非문법을 영속화한 정신분열의 것이다. 비너스는 뚱뚱할 수도 있다고 믿는 대중들에게 뚱뚱한 비너스를 그려서 무엇을 어쩌자는 것인가. 이런 그림은 무지몽매하고 생각 없는 대중들이 모여 사는 국가에서는 충격적인 예술이 될지 모르나 그렇지 않은 정상적인 대중들에

▣ 잭슨 폴록(Jackson Pollock 1912~1956)

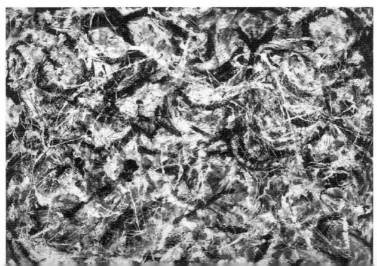

▣ 잭슨 폴록, 《잿빛 무지개》(1953)

19. Ibid., p.319.

20. H. Marcuse, 1983, ibid, p.25.

21. 이 문제를 해결하기 위해 벤야민은 알레고리의 사용에 기대를 건 바 있다. 알레고리는 현실의 재현문제에 얽매이지 않고 작가의 세계를 구성하게 한다(W. Benjamin,《벤터 벤야민의 문예이론》, 민음사, 1989 ; P. Burger, 《전위예술의 새로운 이해》, 심설당, 1983). 그러나 앞서 설명했듯이 알레고리의 구성은 작가의 분열은 해결할지 몰라도 여전히 커뮤니케이션의 문제를 안고 있다.

게는 단지 조소나 유발할 뿐이다. 에코 또한 이러한 분열의 예술을 어디까지 인정해 주어야 할지 아니면 "더욱 힘을 모아 비판적인 공격을 해야 할지"[19]를 주저하고 있다. 명백한 것은 예술적인 것은 흔히 非문법적이지만 非문법적인 것이 모두 예술은 아니라는 사실이다. 이제 우리 시대의 작가는 성인이 되어야 한다. 작품에 대해 일천한 지식의 철학자와 비평가, 사회학자들의 회의적인 비평을 뒤로하고 현대의 작가는 민중과 사물의 뼈와 조직 속에 들어가 관절의 운동과 피의 흐름을 읽어 내도록 노력해야 한다. 미적 정합성을 찾기 위하여, 그리고 의미의 구조를 통하여 기억된 사실을 형상화하기 위하여 민중과 사물의 뼈와 조직으로 들어가는 방법은 민중의 커뮤니케이션에 참여하는 것이다.

3 :: 미적 정합성의 근거

마르쿠제는 "특정사회 조건을 초월하는 예술의 성격이 있느냐의 여부에 관한 그리고 어떻게 이 성격들이 특정한 사회조건에 관련되어 있느냐에 관한 의문은 미해결인 채로 남아 있다"[20]고 고민한 바 있다. 실제로 최소한 지난 2백 년간 지속되어 왔던 작가의 고통은 자본주의 사회의 분열적인 양상을 어떻게 극복할 수 있는가의 문제로부터 유발된 것이었다. 사물의 목적과 의미, 그리고 형태의 상동성을 강조하면 리얼리즘에 집착하는 보수적인 작품만을 양산할 것이고, 한편 그들 사이의 균열을 강조하면 프랑크푸르트학파가 고민했던 非정합적 커뮤니케이션의 문제를 일으킨다는 것[21]이었다. 이 두 가지 문제는 예술표현과 내용의 문제를 실재 세계의 표현과 내용에 직접 상관하는 것으로 파악할 때 벌어지는 문제이다. 즉, 도상적으로 예술작품을 바라보려 할 때 벌어지는 문제일 뿐 앞서 에른스트의 예처럼 인간의 기억 깊숙한 곳에 자리하고 있는 사물과 사물간의 의미적 정합성을 확인하고자 할 때 이 문제는 다른 방식으로 재고

될 수 있다. 마르쿠제는 어렴풋이 이러한 해결의 열쇠를 "의식을 변형하는 매개의 자발성"이라는 표현으로 이해하려 한다.

> "예술의 탈승화는 예술가뿐만 아니라 받아들이는 사람의 자발성을 창출할 것으로 추측된다. 그러나 자발성은 급진적인 실천에 있어서 단지 의식의 변형에서 유래한 매개의 자발성으로서만 이 해방운동을 촉진할 수 있다. 예술의 경우도 마찬가지이다."[22]

매개의 자발성이라는 것은 기호가 자연스럽게 작가의 의식을 따르는 어떤 정합성을 의미한다. 그는 이것을 "작품의 내적인 카타르시스"[23]라고 표현했다. 그러기 위해서는 의식이 기호구성에 앞서는 방식으로 우선 순위가 확정되어야 한다. 우선 순위의 의식으로서 마르쿠제는 "기억"(memory)을 강조한다. 그에 따르면 현실을 기억하는 의식이 존재한 뒤에 예술이 가능하기 때문에 기억은 "예술창조의 터전"[24]이 된다. 현대예술이 흔히 저지른 표현중심의 예술창작에 반해 마르쿠제나 맑스주의자들은 예술의 내용을 다시금 강조한다. 아우슈비츠를 기억하라, 2차 세계대전을 기억하라, 스탈린을 기억하라 등. 수많은 이들이 "예술"과 "진정한 예술"이라는 두 가지 용어로 예술가들에게 도덕을 강요한다. 작가에게 강요할 내용이라면 그것은 차라리 이데올로기적인 선택이 될 수도 있다. 역사적 기억을 되살리는 일이 예술창작의 주제는 될지 몰라도 그것이 과연 의미적으로나 미적으로 커뮤니케이션이 될 만한 종류의 것인가.

마르쿠제 자신이 말했듯이 "예술은 혁명적인 전략 하에 있지 않다."[25]예술은 자연스럽게 만들어지는 것으로 설정되어야 하며 만들어진 뒤에 그것의 의미와 가치를 논해야 한다. 그러므로 경험적인 기억을 너무 강조하지 않는 한 "의식 혹은 기억"을 "의미구조"라는 용어로 발전적으로 대치해도 별 문제가 없을 것이다. 아우슈비츠를 기억하되 아우슈비츠의 어떠한 의소를 기억할 것인가가 중요하며, 전쟁의 어떤 의소, 스탈린의 어떤 의소를 기억하는 것이 중요하다. 의식 혹은 기억은 경험에 의한 반사적인 지각과 개념을 뜻하며 그것은 인간

22. H. Marcuse, 1980, ibid, p.55.

23. Ibid, p.62.

24. Ibid, p.60. 예술 창조를 위한 마르쿠제의 기억은 앞서 말한 인류학적 의미를 지닌 의식의 심오한 기억이 아니라 역사적 현실로서의 기억을 일컫는 듯하다.

25. Ibid, p.61.

26. 야콥슨의 유명한 언급은 다음과 같다. "모든 언어학적 기호는 두 가지 방식으로 서로 관계한다. 1) 조합의 방식. 모든 기호는 구성적인 기호로 구성되기도 하고 다른 기호와 조합적으로 구성되기도 한다… 2) 선택의 방식. 용어의 선택은 서로 다른 양상을 드러내도록 기호를 서로 대체할 가능성을 부여한다"(R. Jakobson, 1963, ibid., p.48). 예를 들어 모든 문장은 언어의 체계적, 사전적 계열체로부터 선택됨으로써 구성되는 동시에 독립적인 통합체를 이룬다.

이 지닌 심오한 기억으로서 의미 구조를 떠나지 못하기 때문이다. 경험적 기억보다 의미적 기억을 강조한다고 해서 예술가의 도덕적 자세가 사상되는 것은 아니다.

기호의 진정한 의미는 발신자의 축에서 수신자의 축으로 보내지는 기호-메시지에만 달린 것이 아니라 기호-메시지가 지니는 감정과 의미론적 역사 그리고 기호-메시지가 지니게 될 미래로서의 역사, 즉 의미론적 기대지평이 서로 교차할 때 드러난다. 제시된 의미(signification)로서 역사와 미래는 바로 수직의 축에 있는 것이며 수평의 축은 인식된 의미(communication)로서 경험과학의 논리를 따라 진행될 현재의 커뮤니케이션이다. 가장 뛰어난 텍스트는 역사와 미래의 교차점으로서의 현재의 커뮤니케이션이 만나 이루어지는 점이다.

야콥슨은 언어활동으로서 수평의 공시적 축과 수직의 역사적 축의 교차점[26]을 파악하는데 실은 이것은 언어활동에만 국한되지 않고 인간의 문화적 생산활동 전체에 해당된다. 우리가 사용하는 기호는 우리가 전하고자 하는 바를 대변하거나 치환하거나 지표를 통해 원래의 내용을 연상시킨다. 대변하는 것은 사전적 어휘이며, 치환하는 것은 은유이며, 연상시키는 것은 환유이다. 이러한 기호사용법은 모두 내용과 표현을 서로 형식화시키는 작업(signification)으로서 이 형식화의 과정은 우리가 그것을 인지하든 그렇지 않든 모두 인간생활의 운명이다. 이를테면 영상의 환유는 표현의 형식(미술양식)을 중심으로, 은유는 내용의 형식(개념)을 중심으로 커뮤니케이션에 참여한다. "박봉씨의 하루"라는 詩가 있다. 기호 '박봉' 이 주는 커뮤니케이션의 의미는 이미 역사적 의미의 색채를 지닌다. 박봉에 시달리는 하루살이와 같은 샐러리맨이며, "봉" 이라는 한국적 이름의 코믹함(봉~이야 등)과 친근성(국민은 봉인가 등)이 있다. 이 기호가 드라마, 광고, 라디오, 시집, 영화 등의 대중적 매체를 탈 때 기호의 역사는 커뮤니케이션의 채널과 교차적인 것으로 파악된다. 영화 〈다이하드 3〉을 보면 주인공과 악당 모두가 두통에 시달린다. 영화의 줄거리는 두 인물이 상당한 두뇌 싸움을 벌이는 것으로 나와 있다. 주인공은 악당이 주고 간 아스피린 병 바닥에 적힌 생산지(혹은 판매처)를 파악해서 악당의 소재를 알게 된다. 악당의 소재를 파악해 사건의 실마리를 푸는 개연성을 드러내기 위해 영화는 매우 중요한 행위자를 선택해야 했을 것이다. 그것은 두통과 약병, 그리고 캐나다 퀘벡州의 항구 도시이다. 이 행위자가 맡은 영화의 주된 역할은 징후적이고 의미적이다. 현대 산업사회에서 약과 병에 대한 관리는 매우 철저하며 모든 약병에는 약효, 성분, 생산지가 명시되어 있다. 퀘벡주와 같은 한정된 지역에서 생산된 아스피린이라면 판매구역 또한 그리 넓지 않을 것이다. 따라서 생산지가 명시된 아스피린병의 판매지역은 퀘벡 정도의 구역일 것이고, 당연히 악당의 소재지는 그곳일 것이다. 아스피린병의 커뮤니케이션적 의미는 매우 안정적이다. 이러한 안정된 문맥 속에서 주인공과 악당의 두뇌 싸움은 지독한 스트레스를 주며 두뇌를 쓴다는 감수성이 두통이라는 형상적인 표현으로 나타난다. 이것이 역사적인 의미이다. 종합한다면 "두통약"의 모티브는 영화의 줄거리에 개연성을 부여하는 조합적 기호인 동시에 그것에 역사적 의미를 주는 선택적 기호이다. 역사적으로 볼 때 이들의 두통은 단순한 두통이 아니다. 두뇌 싸움의 주제를 이끄는 것이다. 많은 영화가 보여주듯 스트레스에 쌓인 방송 PD, 고민하는 기업의 회장, 영민한 변호사, 성격이 날카로운 교수 등은 두통약을 먹는다. 사람들은 이들에 두고 머리가 아픈가보다 하고 느끼지 않고 "흔히 저렇겠군"하며 동감한다. 이들은 두뇌를 혹사하는 이들이기 때문이다.

이와 같이 미적인 작업은 공동의 경험을 의미의 장 속에서 파악하여 새로운 문맥을 창출한다. 이 때문에 이 책은 예술과 非예술의 구분은 본질적이지 않다고 말하는 것이다. 모든 예술과 문화 텍스트는 역사적 의미작용을 사회, 역사적 커뮤니케이션의 내부에서 어떻게 실행할 것인가에 달려있다. 따라서 작가의 개인주의적 성향을 논외로 한다면 창작에 있어서 창조라 할 만한 기호구성과 용역의 구분은 없다. 외부에서 용역을 받은 주문과 작가 자신의 상상으로 만든 것 사이에 차이점이 있다면 그것은 컨셉트와 몇 가지의 기술적 주문이 자신의 것이 아니라는 것이다. 그러나 컨셉트는 스스로 언제나 선택할 수 있는 것이고 기술적인 사항 또한 자신의 상상력으로 새롭게 실험할 종류에 불과하다. 자신만의 컨셉트와 테크닉이 남들에게 용인되기를 바란다면 그는 그것을 사거나

27. H. Read, 1974, ibid, p.87.

28. R. G. Collingwood, *The Principles of Art*, Oxford Univ. Press, 1938.

29. H. Read, 1977, ibid, p.67.

관조해 줄 손님을 기다리면 된다. 그러나 손님이 원하는 주문을 소화할 수 없는 이라면 그는 컨셉트와 기술의 연관관계에 대한 포괄적인 상상력과 실험정신이 부족한 것이거나 아니면 지독한 고집쟁이일 뿐이다. 공시적인 커뮤니케이션을 무시하는 이들의 말로가 항상 그렇듯 고집쟁이는 훗날 크게 성공하거나 아니면 망할 것이다.

용역을 받은 것은 어차피 의미론적 지평으로 흡수된 것이고 창조적인 것 또한 그러한 역사와 커뮤니케이션의 전달 사이에 벌어지는 의미론적인 것이기 때문에 창조와 용역은 언제나 서로 교차한다. 그 누구도 미켈란젤로와 로트렉, 샤갈의 주문받은 그림이 미적이지 않다고 말할 수 없듯이 실험작을 온전히 창조적인 것이라고 생각하기 어렵다. 공예와 미술은 작품활동을 하는 이들에게는 분석적으로 보아 틀린 것이지만 종합적으로 보면 같은 종류의 작업이다. 이를 무시하고 칸트의 무목적의 미가 예술의 평가 기준이라고 말하는 몇몇 미학자들은 산업을 모르는 이들이다. 무목적이라든가 제 2의 자연으로서의 예술(괴테), 예술의지(Kunstwollen) 혹은 생물학적 현상[27]으로서의 예술을 따지려 한다면 그것은 평가기준이 아니라 인간에게 하나의 자연적 조건일 뿐이다. 이 조건에 용역 혹은 기능이 가해졌다는 사실을 두고 공예와 미술을 구분한다면 미술은 사회로 나오지 말아야 한다. 목적 없는 미는 그것을 추구하고자 해서 성취되는 것이 아니다. 그것은 자신도 모르게 눈과 귀로 다가오는 정서이기 때문에 목적이 있다 없다의 문제와는 근본적으로 관계가 없다. 따라서 칸트라든가 현대의 콜링우드[28] 같은 이들의 주장은 통하기 어렵다. 미술은 공예이고 공예는 미술인데 군이 양자를 분리하는 것은 귀족의 후원을 잃은 산업시대의 미술가들의 정신이 부패한 산업부르주아의 스노비즘에 반항하는 동시에 복종해야하는 상황에서 일종의 반항의 여지를 남겨두기 위한 정신적인 몸부림이다. 리드가 이해하듯이 "인생에서 가장 곤란한 일은 부패하지 않은 의식을 계속 보유하는 일이다. 아마 그것은 천재만이 할 수 있는 일"[29]이다. 철학자들은 부패하지 않으려는 미술가들의 몸부림을 잘 이해하지 못했으며 결과적으로 산업디자이너들 사이에 분란을 일으켜 왔다. 진정한 예술가에게 미술과 공예의 목적은 모두 사

073

30. E. B. Feldman, 1987, ibid, p.73.

회적 커뮤니케이션을 위한 상상력의 발현이다. 용역이 있다면 그것은 상상의 목적을 사회적으로 연결시키고자 하는 하나의 고리에 불과하다. 사회적 상상력을 통하여 자신의 작품을 사회화하는 것이나 사회의 디자인적 기능에 참여하는 것이나 어차피 목적은 같다. 따라서 우리가 예술이라고 불러왔던 것은 사회적 상상력을 개발하기 위한 하나의 실험적 작업이고 공예는 이를 실제 사회에 적용하는 커뮤니케이션 작업이다. 바로 이 점에서 예술 창작과 윤리, 예술가의 삶, 예술 수용자의 눈과 귀를 모두 아우를 수 있다. 예술은 윤리와 커뮤니케이션이 확대되는 만큼 발전된다. 예술은 함부로 확대되는 것이 아니다. 예술의 발전이 있다면 그것은 기존의 윤리와 실용적 커뮤니케이션의 관계가 확대된 상황을 근거로 상상력을 확대한다.

창작에서 미술과 디자인을 구분할 필요가 없듯 커뮤니케이션도 그러한 구분이 필요 없다. 미술과 디자인의 이름 하에 존재하는 미의 형식과 커뮤니케이션의 양태는 모두 동일하게 역사와 사회적인 기능에 종속되어 있기 때문에 제도적인 구분 이상의 아무런 가치가 없다. 제도적인 구분은 오로지 非작가적, 非예술적인 가치를 지닐 뿐이다. "디자인이라는 말은 일상적으로 사용하는 물건들을 만들기 위해 시각요소들을 구성하는 것을 가리킨다. 한편, 회화나 조각과 같은 '비실용적' 물건들을 만들기 위한 시각요소들의 구성은 예술이라고 지칭된다"[30]라고 한다면 여기에는 비실용적이라는 말로 예술의 인간적 커뮤니케이션의 요구를 무시하려는 의도가 들어있다. 관조와 용도를 구분하지 않는 영상 커뮤니케이션의 일반론에 따르면 예술은 디자인을 위한 실험작으로 간주될 뿐이다. 사람들은 디자인이 지닌 커뮤니케이션의 가능성을 벗어나는 실험작을 만들고 관조하는 경향이 있는데 이것은 단지 개인적인 수준에서 그러한 것이다. 사회적 커뮤니케이션의 입장에서 본다면 그것은 장소와 시간을 두고 관조하느냐 그렇지 않느냐 혹은 미래의 디자인을 위해 유용한가 그렇지 않은가에 따라 동일한 작품이 예술이 되기도 하고 디자인의 면모를 가지기도 한다. 만약 관조만을 위한 개인의 실험적 작품이 커뮤니케이션을 지향하는 작품보다 더 뛰어난 것이라고 주장하려 한다면 과연 "뛰어난" 것이 무엇인지 증명해야 한다.

31. A.-J. Greimas, J. Courtès, *Sémiotique, Dictionnaire raisonné de la théorie du langage*, Hachette, Paris, 1979(1993), p.127.

32. 의도를 중시하는 경향은 원래 인간의 표현에는 항상 창조성이 있다는 민주주의 이념과 함께한다. 그러나 현대에 들어와 이 의도는 창조성이나 민주주의가 아니라 개인의 이기주의를 서로 인정하자는 공리주의의 이념과 함께할 뿐이다(A. Caillé, *Critique de la raison utilitaire*, La Découverte, Paris, 1993 ; 《시각영상 세미나 1 : 시각영상 커뮤니케이션》). 공리주의는 모든 인간이 "똑같다"는 이성과 감성의 평등주의에 입각하기 때문에 예술과 함께할 수 없다. 예술은 보통 사람들이 만든 기호보다 조금 더 창조적인 성격을 지니기 때문이다. 인간은 개성과 능력의 차이가 있다. 반면 개성과 능력에 차이가 있는 것이 아니다. 인간은 개성과 능력의 영역이 서로 다르기 때문에 서로 구별되며 존중되어야 하는 것이지 무색 무취의 인간이기에 서로 똑같다거나 서로 존중하자는 것이 아니다. 아이러니컬하게도 현대 예술들가들은 계량주의에 집중하는 경향이 있다. 이처럼 작가의 의도를 따지는 것은 작품에 대한 자존심이 없기 때문이다.

그러나 사회와 역사적 커뮤니케이션의 지향성[31]이 없는 작품이 예술로서 어떤 의미를 가질지는 의문이다. 관조를 하려면 항상 누구와 함께 해야지 혼자 할 수 없기 때문이다. 이 지향성은 작품의 의도와는 전혀 다른 것[32]이므로 나중에 작품을 판단하려고 할 때 작가의 연대기나 심리가 아닌 사회와 역사를 부르게 된다. 다빈치는 수천 개의 작품을 만들었지만 대부분 커뮤니케이션 이전의 실험작일 뿐이었다. 그의 작품이 15개 정도의 완성품만이 전해진다는 것은 그가 작품을 어떻게 파악하고 있었는가를 보여준다. 작품은 개인적인 관조라는 목적을 지닌 것이 아니라 내적 성찰의 완성으로 관조를 당하는 결과를 만들어 내는 것이다.

창작된 모든 非예술적 텍스트 또한 예술 생산의 메커니즘과 같은 방식으로 기술될 수 있다. 대중문화의 텍스트들이 그것이다. 창작의 측면에서 보면 대중문화는 문화의 산업적 틀 속에서 생산된 것이고 순수예술은 문화의 개인적 틀 속에서 생산된 것이다. 기호학적 해석의 측면에서 보면 순수예술과 대중문화는 단지 텍스트 구조를 구성하는 기호들의 중층적인 밀도(의미와 미학의 심도)가 틀릴 뿐이다. 게다가 자본주의 시장경제는 이미 순수예술산업(예술경영, 경매시장 등)을 내부적으로 흡수해 버렸다. 이러한 의미에서 실험 미술품은 미술관에 걸어 놓을 것만이 아니다. 당당하게 산업적 디자인의 영역에서 실험해야 할 것들이다.

산업 시장은 미적 커뮤니케이션과 정보적 커뮤니케이션이 중첩하는 장소이다. 즉, 의미의 영역이 살아 숨쉬는 장소이다. 그곳에 의소가 있다. 의소는 단순한 기호의 의미가 아니며 더욱이 신호(signal)의 기능을 지닌 내용도 아니다. 그것은 기호 본래의 표현형식인 형상을 생성시키는 감각과 사유의 내용형식으로서의 심층적 의미의 공간이다. 그러므로 사람들이 매일 마주하는 기호에게 중요한 것은 기호 자체가 아니라 기호가 근거하는 의소이다. 기호만을 중요시한다면 설명하기 어려운 의미의 해석이 존재한다. 한국이나 라틴 아메리카의 국가에서 놀랍게도 동일한 계파의 종교단체들이 반독재를 외치는 동시에 독재를 지지했던 것은 성경의 의미를 서로 관계적으로 해석하지 않고 해석자의 독단에 따라 원자론적으로 해석했기 때문이다. 디자인의 예를 들자면 개별적인 디자인은 기호변형의 과정(transfiguration)으로서 의소의 관계 속에서 작가(발신자)와 타자(수신자)가 만나는 곳이 된다. 따라서 붉은색이 정열을 상징한다는 식으로 그것이 무엇을 직접적으로 대변하는 것처럼 어휘론적으로 파악할 것이 아니다. 붉은색은 다른 색채기호가 근거하는 의소의 관계를 가진 것으로 이해하여야 한다. 기호는 언제나 서로 빌려주고 되받을 수 있는 동일한 가치를 지닌 버스표 같은 것이 아니다. 기호는 나의 행동처럼 다른 기호들과 역동적인 관계를 이루며 살아간다. 나는 세상과 아무 관계없이 걷는 것이 아니라 지면의 조건과 관계해서 걷는 것이다. 기호도 마찬가지이다. 현실과 아무 관계없이 이리저리 구성된 것이 아니다. 기호는 현실로부터 떨어져 검증되거나 실험될 자료가 아니라 현실 안에서 움직이는 의미의 발현체이다. 기호가 어떤 허상의 세계를 지향하며 자신을 구성해 나가는 동안에도 기호간의 관계는 현실을 반영한다. 현실을 반영하는 기호적 관계구조로서 텍스트를 바라보는 것이 기호의 역사와 의미의 끈을 놓지 않으면서도 기호의 세계를 창조의 세계로 바라보는 유일한 길이다.

4 :: 공주체적 미의 생산

작가로서의 나는 세계로서의 나와 함께한다. 최소한 작가 개인에게 있어서 세계에 대한 경험은 확장 가능하며 확장 가능한 경험 속에서 세계를 품을 수 있다. 이와 같이 나의 언어와 세계의 경험에 대한 변증법이 창작의 인식론적 근원이다. 메를로 퐁티의 현상학적 주장은 다음과 같다.

"역사는 머리로 걷지 않는다는 것은 사실이다. 그러나 또한 역사가 발

33. 메를로 퐁티나 현상학자 일반에게 있어서 중요한 것은 본질이 있다 없다의 문제가 아니라 본질을 보여주는 듯한 경험을 관찰하고 종합하는 현상 파악의 과정이다. 인간이 경험의 전체성을 잃어버린 뒤에 해야 할 일은 본질에 대한 형이상학적인 판단도, 현상에 그대로 머무르는 것도 아닌 경험의 전체성을 먼저 회복하려고 노력하는 일이다(Merleau-Ponty, ibid. ; P. Thévenaz, 《현상학이란 무엇인가》, 문학과 지성사, 1985, pp.138~140).

34. F. Rastier, ibid. ; 김성도, 《현대기호학의 흐름》, 인식과 실천, 2002, p.5.

로 생각하지 않는 것도 사실이다. 아니 차라리 우리는 역사의 머리에도 발에도 치우칠 필요가 없다. 우리는 그 몸 전체를 다루어야 하는 것이다…현상학의 가장 중요한 성과는 아마도 극단적인 주관주의와 극단적인 객관주의를 세계 혹은 합리성의 현상학적 개념 속에 합치시켰다는 점일 것이다. 합리성은 경험들 속에서 드러나며 그 경험들에 의해 측정된다. 합리성이 있다는 뜻은 곧 관점들이 서로 나뉘고, 지각들은 서로를 확고하게 하여 한 의미가 나타난다는 말이다. 그러나 그 의미를 절대적인 정신 또는 사실론적 의미의 세계로 변모시켜 따로 떼어놓아서는 안 된다. 현상적인 세계는 순수한 존재 같은 것이 아니라 내 경험들이 교차할 때 그리고 내 경험과 타인의 경험이 서로 교차할 때 그것들이 서로 위에 얽히는 그 얽힘을 통해 비쳐 보이는 의미인 것이다."[33]

현상학에 따르면 의미는 객관과 주관의 양극에 상관하는 것이 아니라 두 극 사이를 오간다. 따라서 극단적인 실증주의도, 주관적 심리주의도 경계한다. 의미는 텍스트, 주체들, 상황의 상호 작용[34]에 준하여 발현되기 때문에 발현된 의미를 무조건 객관적이라거나 개인의 주관적 의견이라고 다룰 수 없다. 의미의 세계는 객관화된 주관 혹은 주관화된 객관적 사실로서 항상 역동성을 지닌다.

현상학적 결론은 새로운 역사적 시각을 제시하는 것이 아니라 우리가 어렴풋이 알고 있는 이론과 실천, 객관성과 주관성의 변증법적인 진실을 정리하고 있다. 진실은 주객의 상호작용을 허용하지 않는 반면 주객의 상호작용을 통해 파악할 수밖에 없다. 그러므로 상호작용은 진실이라기보다 진실로 다가가는 길이다. 이처럼 의미를 파악하는 것은 길을 찾아 떠나는 여정이다. 여정일 뿐이지 끝이 아니다. 산의 정산에 오르기 위해서는 등산을 해야 하지만 정상에 오르면 더 이상 등산일 수 없다. 텍스트의 의미구조 또한 그러한 절차를 밟는 것이지 찾아진 의미구조의 명백한 객관성을 주장하는 것은 아니다.

현상학적 실천의 개념은 미술에도 똑같이 적용된다. 어떤 객관화된 미적 커뮤니케이션이 따로 존재하는 양 생각하는 것은 철학적 혹은 종교적 공간이 따로 존재한다고 믿는 철학자나 종교인 같은 사고이다. 커뮤니케이션을 효과적 차원으로 후퇴시킨 현대 아방가르드 미술은 기호의 실질만을 추구하려 한다. 반면, 사회적 커뮤니케이션에 참여하고자 하는 미술가들 혹은 디자이너들은 아직도 신호(signal)적인 기호만을 다루는 일에 골몰하고 있다. 신호는 관리된 기호이기 때문에 이해가 용이하다. 모든 기호를 신호적으로 이해하고자 한다면 무조건적으로 의미가 부여된 기호만을 사용하게 된다. 신호등은 초록색과 붉은색으로, 교회는 십자가로 신호한다. 대학은 빅토리아풍의 건물로, 여자는 분홍색으로, 남자는 청색으로 신호한다. 이를 디자인화해서 커뮤니케이션 시키기에는 용이하지만 더 이상의 발전은 없다. 이는 작가들에게 결코 의미 있는 작업이 아니며 창조적인 작업은 더욱 아니다. 신호는 신호이기 이전에 이미 상징적인 역사를 지니고 있기 때문에 신호적인 기호들의 상징 과정을 알지 못하면 진정한 사회적 커뮤니케이션은 없다.

디 자 인 의 구 조

1 :: 조형의 역사와 구조

1) 기호-상징적 체계의 역사적 변증법

상징적 체계는 기호가 뜻하는 바가 정해진 체계이다. 표현이 내용과 일대일 관계를 이루고 있다고 역사적으로 인정받은 체계이다. 십자가라는 표현으로부터 기독교라는 내용을, 하트 모양의 표현으로부터 사랑이나 심장의 의미를 분리하여 생각할 수 없다. 이러한 표현은 오랜 역사를 통해 내용이 고정된 기호이다. 반면, 기호적 체계라는 것은 분석적으로 파악된 조작적 개념이며 조작적인 정의에 의해 기호가 뜻하는 바가 정해지지 않은 체계이다. 표현과 내용이 일대일 관계를 이루고 있다고 역사적으로 인정받지 않은 체계이기 때문에 기능은 할지언정 의미는 자의적으로 구성된 것이다. 십자가나 하트와 달리, 네모, 세모, 선, 점, 사람 등은 역사적으로 약속된 의미가 없다. 이 기호성은 사람과 시간에 의해 보증되지 않았기 때문에 오직 공시태의 권력만이 의사소통의 기능을 보증한다. 규칙을 정해 일정한 표현에 일정한 내용을 합치면 되기 때문이다.

1. M. Pastoureau, *L'étoffe du diable*, Seuil, Paris, 1993, p.54.

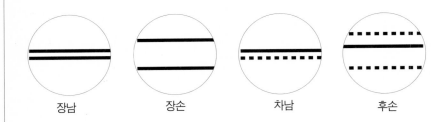

| 장남 | 장손 | 차남 | 후손 |

시각 기호로서의 줄무늬의 기호적 게임은 13세기의 문장(紋章)에서부터 19세기 국기에 이르기까지 사용되었다. 중세 문장의 개념을 들어보자. 만약 장자의 귀족 서열에서 수평적인 줄무늬를 택했다면 차남계열의 문장은 컬러와 수평성은 그대로 유지한 채 선만을 변형시키거나(둥근 선 혹은 물결 선 등), 선의 숫자를 변형시킨다. 이 가문의 문장구조는 기호학적으로 수평형태를 지닌다. 그렇다면 시각 기표의 기본적인 성격, 즉 영상기호의 형태적인 표현은 다를지언정 내용은 동일하다. 같은 가족에서 유래한 영상기호의 표현적 상동성(이를테면 수평)과 다른 가족(이를테면 수직)과의 대립성과 차이는 긴 역사를 거치면서 상당히 뒤틀려졌을 것이다. 그럼에도 형태적 연관관계가 동일한 경우를 찾아볼 수 있을 터이고 이를 유형화시킬 수 있다. 이로써 기호학적 체계의 구조인류학적 존재가 드러난다. 따라서 일본과 한국의 국기, 유럽대륙의 국기를 살펴보면 국기의 조형적 가족(figurative families)의 모습을 유추할 수 있다. 일본과 한국의 국기는 도상적으로는 달리 보여도 조형적으로 보면 같은 가족이다. 이로써 표현형태의 친족적 기본구조[1]를 찾을 수 있으며 추후 실증적인 역사 자료와 서로 비교해 보면 역사적 사실을 더욱 구체적으로 이해할 수 있다.

물론 기호적 체계는 단지 기술될 수 있을 뿐 설명될 수는 없다. 따라서 의미작용의 구조를 찾는 구조 의미론의 연구와는 서로 독립적이다. 그러나 의미 형태(의미론)라고 할 만한 것이 존재한다고 말할 수는 있다. 왜냐하면 아직도 세계 곳곳의 기호적 형태와 의미의 상동적 존재를 찾아내지는 못하였기 때문에 이를 확증적으로 주장할 수는 없지만 형태의 가족적 유사성과 이타성이 존재한다면 의미 또한 그런 방식으로 존재한다는 가설을 내세울 수 있기 때문이다. 표현 형태와 의미 형태에 대한 기호학적 연구는 조형의 역사적 심리를 인지 논리만으로 해석하려는 실증과학에 대항하여 인간의 역사와 문화를 중심으로 조형의 기호를 이해하자는 것이다. 우리는 이 점을 본 장에서 강조하고자 한다. 의미의 형태론이라 할 형태와 의미의 종합적인 분석과 연구를 위해 기호적 체계와 상징적 체계 사이의 관계를 알아보자. 모든 상징은 불연속체로 분리될 수 있기 때문에 다른 문맥에서는 다른 의미를 지닌 채 사용될 수 있다. 이러한 의미에서 상징은 또한 기호이다. 물론 위에서 언급한 단순한 예처럼 상징성이 전혀 없는 기호가 있다. 그것은 순수하게 기호적 체계를 이루고 있지만 산업시대와 같이 기호의 기능성을 강조하는 시대에서도 찾기 어려운 예이다. 일례로 신호등의 기호체계는 순수한 기호의 체계를 이루고 있지만 실은 색채의 상징적 내용으로부터 자유롭지 못하다. 붉은색의 부정성과 청색의 긍정성이 그것이다. 이와 같이 기호 체계에 상징의 작용이 존재하며 상징 체계 속에 기호적 작용이 존재한다. 상징화와 기호화 사이에 벌어지는 운동은 변증법적이다. 다른 예로 19세기 말부터 운동화와 운동복의 줄무늬는 규칙성과 통제성의 상징적인 의미를 드러냈다. 그 이전까지 줄무늬는 규칙과 통제의 의미와는 거의 무관한 표현이었다. 유벤투스 구단과 아디다스에 의해 "규칙과 통제"의 새로운 의미를 부여받은 줄무늬는 이후에 등장한 축구 유니폼과 축구 클럽의 모델이 되었다. 줄무늬의 상징은 먼저 규칙과 통제의 상징적 의미를 부여받은 채 서로 차이를 지닐 수 있도록 변형된다. 즉, 규칙과 통제의 상징적 의미와는 특별한 관계를 맺지 않은 채 다른 운동용품이나 클럽과 차이를 주기 위해 선택되고 변형된다. 상징의 의미와 직접 관계하든 그렇지 않든 차이의 관계로 엮어진 표현은 기호적 체계이다. 이 기호적 체계는 다시 상징화될 수 있다. 드라마에서 거친 인물을 표현하기 위하여 축구 클럽의 문장을 이용하는 경우가 그것이다. 어떻게 축구 클럽의 문장이 '거침'과 연관되는지는 임상심리학의 문제이다. 여기서 중요한 것은 앞서 말했듯이 상징과 기호가 서로 갱신하고 갱신되는 역사성을 부여받는다는 사실이다.

문양과 색채의 상징학자 파스투로(Michel Pastoureau)는 짧지만 매우 흥미로운 저서인 《악마의 천 *L'étoffe du diable*》를 통해 서양사에서 줄무늬가 어떠한 기호-상징적 역할을 지녀왔는지를 기술하고 있다. 그는 이 기호를 역사적으로 기술하면서도 기호의 역사가 결코 무정형으로 흘러온 것이 아니라 일종의 정형성을 통해 지금까지 이어지고 있음을 주장하고 있다. 한때의 상징이 기호로 전환되어 궁극적으로 기호-상징적인 체계를 이룬 것이 시각영상 텍스트이다. 영상기호의 상징화와 기호화 과정은 언제나 역사적 침범을 겪었으며 침범을 받은 기호는 아무런 저항 없이 역사의 침범을 허용하지는 않았다. 이로써 기호가 지닌 기존의 상징적 구조에 근거한 변증법적인 기호-상징화 과정이 나타난다. 따라서 그는 현대의 시각 텍스트의 기본구조를 찾기 위해서는 선과 면의 형태 즉, "기표"가 아니라 기표간의 관계 즉 "구조"를 따져야 한다고 말한다.[2]

그러나 기표간의 구조를 따지기 위해서는 표현된 시각 구조를 미리 따지지 말고 영상 텍스트에 담겨있는 시각들 간의 의미적 구조를 따져 보아야 한다. 줄무늬는 사물과의 유사성에 근거한 상징이 아니라 자의적인 영상기호가 상징화를 거친 하나의 이데올로기적 텍스트이다. 얼룩말이 잘 뛰기 때문에 줄무늬가 운동성을 지닌다거나, 동일한 형태가 반복되기 때문에 유인성을 지닌다는 지각현상의 생물학적 원리만 가지고는 줄무늬의 의미를 파악할 수 없다. 줄무늬에는 경험적인 수준을 뛰어넘는 조형사적 원리가 있다. 그 증거는 얼룩말에 대한 유럽인과 아프리카인의 사고를 비교하면 알 수 있다. 아프리카에는 얼룩말 이상으로 월등한 운동성을 지닌 동물이 많다. 또한 동일한 형태가 반복되는 경우에도 그 대상이 무엇이냐에 따라 속도성과 관계를 맺지 않는 경우가 흔하다. 그리스 신전의 반복되는 기둥과 공간은 시선을 끌지 않는다. 또한 그것을 보고 속도성을 느끼는 사람도 없다. 무지개의 반복형상을 보고 속도를 떠올리는 사람이 있는가. 줄무늬의 유인성이나 운동성은 이해는 되지만 인간에게 보편적인 사실은 아니다.[3]

우리는 일견 차이만으로 존재하는 듯한 코드로서의 줄무늬 기호가 역사 속에서 어떤 방식으로 상징화되어 왔는지 그 경로를 살필 것이다. 이를 위하여

2. Ibid., p.55.

3. 이에 덧붙여 아프리카의 입장에서 보면 얼룩말은 "흰색 선이 들어간 흑마"인데 반해 유럽에서는 "검은 선이 들어간 백마"로 기술된다. 다른 한편, 칠판처럼 색깔이 있는 배경에 흰색으로 글을 써 온 아프리카와 흰색 배경에 색깔로 글을 써 온 유럽을 비교해 보아도 동일한 결론을 내릴 수 있다.

MICHEL PASTOUREAU

L'ÉTOFFE DU DIABLE

UNE HISTOIRE DES RAYURES
ET DES TISSUS RAYÉS

LA LIBRAIRIE
DU XXᵉ SIÈCLE
SEUIL

파스투로,
《악마의 천. 줄무늬와 줄무늬
천의 역사》(1993)

4. J. Le Goff, 《서양중세문명》, 문학과 지성사, 1992, p.11.

5. Jacques Heers, *Le moyen âge, une imposture*, Perrin, Paris, 1992.

역사의 각 시대를 분절해 나갈 것이다. 역사의 각 시대를 분절한 것은 역사를 연속체로 보는 역사학자들에게는 불만스러운 일일 것이다. 이를테면 중세와 르네상스의 구분이 어디에 어떻게 있는가 라는 질문에 정확하게 답변할 사람은 아무도 없다. 역사는 스스로 구분하지 않는다. 르 고프(Jacques Le Goff)는 "고대로의 복귀라는 가면 아래 오랫동안 숨겨져 왔던 변화만 있을 뿐"[4] 이라는 식으로 르네상스를 이해한 바 있다. 물론 르네상스의 시대구분이 19세기에 만들어진 것[5]이며 따라서 르네상스의 시대구분에 "완벽하게 맞는" 지적, 감성적 패러다임은 없다. 줄무늬와 같은 조형적 형상에 대한 역사는 더한 것이리라. 그러나 역사의 연속성에 매달려 지나온 역사 자체를 구분하여 파악하는 시도마저 포기할 수는 없다. 실제로 역사는 변해 온 것이기 때문에 연대표와 같이 시대구분의 문제를 너무 실증적인 사료에 근거하지만 않는다면 변화의 트랜드를 구조적으로 이해할 수 있다. 따라서 이 책은 역사의 구분을 가장 전통적인 방식에 근거하되 구획(시대, 연도 등)에 관해서는 유동적인 시각을 유지할 것이다.

2) 줄무늬의 종교적 상징성

영어, 불어, 독일 어휘의 근원을 살펴보면 줄무늬는 일정한 의미를 지니고 있다. 영어 "Stripe"는 '벗기다'(undress)라는 의미와 함께 '가두다'(privation)라는 의미를 지닌다. 어원적으로 "stri-"의 어근은 "strike"(파업하다, 때리다)와 같이 일종의 부정적인 의미의 어근을 지니고 있다. 불어와 독일어는 영어에 비해 비교적 그 의미가 명확하다. 독일어 "Streifen"(줄을 긋다)은 불어 "Rayer", "Barrer"와 같은 '줄을 긋다' 라는 동사이다. 그러나 불어의 동사에는 동시에 "제거하다"라는 뜻도 포함된다. "벌주다"(Strafen)라는 독일어는 줄무늬의 단어에서 파생된 것이 분명하다. 한편 불어의 "줄"(barre)에서 파생된 의미들을 관찰해보면 "막음"(barrage)의 의미를 훨씬 벗어나 있음을 알 수 있다. "잡종"이나 "가짜"(bastard), "잡색"이나 "잡탕"(bariolage)의 의미적 어근이

□ 르 고프, 《서양중세문명》
(1964)의 신판

□ 에르, 《중세. 하나의 사기》(1992)

있다. 한편 야만인의 총칭인 "barbary"는 어원적으로 "무슨 말인지 알 수가 없는"(borborygmes)이라는, 즉 反로고스적이라는 뜻이다. 아울러 이 단어는 북아프리카의 베베르(Berbère)족을 지칭하는데 쓰이기도 했다. 이 두 단어의 어원(Barbarus)에 줄(bar)의 어근이 있다는 것이 매우 흥미로운 일이다.

로마제국이 서서히 붕괴하면서 그 문명마저 소실되어 갈 때 4세기 이후 서양사회를 점차 지배해 갔던 이념은 기독교였다. 기독교는 악과 선, 사탄과 신, 천상과 지상이라는 이분법적 사고를 강조하면서 11세기 이후 황제들과 더불어 유럽을 실질적으로 지배[6]하게 된다. 중세의 교권이 세속권에 대하여 강력하게 자신의 권리를 주장할 때 세속권(재산권, 통치권 등)은 최소한 정신적인 문제에서 거의 모든 것을 교권에게 헌납했다. 법뿐만 아니라 종교예술이나 생활예술의 영역에 대한 교회의 영향은 압도적이었다. 르 고프는 기호에 대한 중세적 사고를 다음과 같이 설명한다.

> "개개의 물질적 대상은 보다 높은 차원에서 자신과 일치하는 어떤 것의 표상(representation)으로 간주되었고 그리하여 개개의 사물은 그것의 상징이 되었다. 상징적 표상은 보편적인 속성을 지니며 사고는 숨은 의미의 영속적인 발견이요 끊임없는 신성판독(hierophany)이다. 왜냐하면 숨은 세계는 신성한 세계이고, 상징적 사고는 민중적 정신성을 감싸고 있는 마술적 사고를 지적인 차원으로 정제한 형태에 지나지 않기 때문이다."[7]

개개의 사물이 신적 표상과 연결된다고 보았던 로마 교회는 인간의 행위뿐만 아니라 인간과 사물의 모든 시각적 사실들에 대한 이분법적 분류작업(Taxinomisation)에 들어갔다. 컬러, 형태, 질감, 모티브, 장식 등 모든 것이 분류되기 시작한다. 분류의 목적은 하느님에 대한 정보와 느낌의 전달이었다. 사물의 모습은 선과 악(신과 사탄)의 이념적 판단에 의해, 그리고 금지와 허용(처벌과 보상)의 행동지침 속에서 위계적으로 정리되었다. 이러한 분류의식은 언어와

6. "근대적인 의미에서 볼 때 중세의 진정한 국가는 교회였다. 중세 모든 법률의 원천은 국가가 아니라 신이었다"(B. Tierney, 《서양중세사연구》, 탐구당, 1988, p.376).

7. J. Le Goff, 1992, ibid, p.396.

084

8. "그리스 미술가들이 아름다움 육체의 시각을 어떻게 형상화할 것인가에 관심을 기울인 반면 고딕 예술가들은 이 모든 방법과 기교가 하나의 목적을 위한 수단에 불과"했다(E. Gombrich, 1995, ibid, p.193).

9. 자연이 내려준 형상을 섞는 것은 창조자에 대한 모독이었다. 음식은 특히 더했는데 그것은 창조자가 준 삶을 창조자가 준 재료로 연장시키는 방법이기 때문이다. 따라서 음식을 잘게 잘라서 섞는다든지, 여러 음식을 넣고 섞어 찌게를 만드는 것은 불경스러운 것이기 때문에 비천한 사람들이 먹는 음식이었다. 그라탕(gratin)이나 찌게, 파엘라(paella), 부침류가 그런 것이다.

상징의 표시를 통해 중세의 삶을 규정하고 있는 것[8]이다.

종교적 논리로 보았을 때 단색이 아니거나 형상이 아닌 모든 시각적인 구조는 일단 이단적이다. 형상의 강조는 교육적 목적을 위해서도 중요했다. 배경 또한 형상 중심의 교육적 목적에 이용되는 구성 요인이었다. 서로 다른 색이나 형태가 지나치게 어울려 있거나 형상과 배경이 구분되지 않는 디자인은 - 모든 권력이 지향하는 위계적 질서의 강요가 그렇듯이 - 종교적 논리에 어긋난다. 따라서 형상을 부각시키지 않는 점, 선, 형태, 흔적 등 모든 것을 이단으로 처리할 수 있었다. 이들 "쓸데없는" 조형들은 형상을 강조하지 않고, 아울러 형상이 강조되기 위한 배경의 평면성을 파괴하기 때문이다. 컬러가 있다면 현실을 모사하든가(중세의 그림), 질감이 있다면 부각시키면 된다(조각). 이런 점에서 중세의 시각적 특징은 평면적이다. 사물의 위계질서는 평면을 근간으로 표현되어야 했다. 꽃, 새, 시냇물을 그대로 그려놓고 이를 평면 형식(상/하/좌/우, 좁은 공간/넓은 공간 등) 속에 질서 지우는 것만이 허용된다. 종교나 실용적 표현이 아니라 관조를 위한 색채나 조형의 필요 없는 조작은 우습거나 불경스러운 것[9]이 된다. 평면의 입체성이 있다면 그것은 장인의 수사에 불과한 것으로 중세적 공동체가 지향했던 시지각의 패러다임 속에 들어오지 않은 것이다. 형상이 강조되기 위해서는 단지 돌출되거나 화폭의 근경이나 중심에 있으면 된다. 사물 사이의 연관성은 가시적인 것이지 의미적인 것이 아니다. 예쁘게 보이고 싶은 여자는 머리나 가슴에 꽃을 달면 된다. 혈관을 고치려면 붉은색 염료가 들어간 무엇을 사용하면 된다는 식이다.

중세의 조형에는 "자족적인, 따라서 쓸데없는 조작"은 없다. 현대인들의 눈에는 중세의 조형이 어떤 자족적인 조작성을 보여줄지 모르지만 거꾸로 중세인의 눈에는 현대의 많은 조형물들이 쓸데없는 조작이다. 관조를 위한 틀이 존재하는 한, 도상 형상이 없는 색채와 형태만의 구성물은 쓸데없는 것을 넘어 불경스러운 것이다. 몬드리안의 조형구성(composition)은 이들에게는 불가능하고 그렇기 때문에 현대 아방가르드 미술은 이들에게 악마적인 것이다. 이것이 중세의 상상력이다. 이는 중세인들이 비례나 입체성, 원근의 사실을 몰랐다기보다 단지 "관심이 그리 가지 않았던 것"[10]으로 보는 것이 옳다. 현실을 다른 방식으로 표현하지 못했던 것은 중세가 상상력이 부족했거나 물질적 제약이 있었다기보다 종교적 강요에 따른 심성적 "배제"의 관계 속에서 디자인의 무의식적 표현이 구조화되었기 때문이다. 이 때문에 고딕의 지극히 도상적인 조각들의 입체성을 회화에 대입시킨 지오토의 기예는 놀라운 것으로 그것이 시지각의 패러다임으로 서서히 인식되면서 혁명적인 변화를 도출했다. 자연을 모방하려는 인간의 의식과 심미성의 논리가 초자연적 세계에 대한 복종과 함께 이와 병립하기 시작했기 때문이다.

줄무늬는 추상적 무늬의 불경스러움을 대표한다. 형상과 배경의 구분이 불가능하다. 줄무늬 구조는 교회의 입장에서는 점, 선, 형태, 자국도 아닌 것이 단색과 형상에 구조적으로 대항한다. 어디에서 시작되어 어디에서 끝날지 모르기 때문이다. 줄무늬에는 무엇 혹은 어디를 먼저 보느냐의 문제가 사라져 있다. 이는 정점화(Focalisation)나 출발점이 없는 것이며 질서 없는 독서를 유발한다. 사물과 배경의 구분 자체가 평면적으로 불가능한 줄무늬는 "비정상", "무질서", "이단"을 대표하는 감수성이다. 창녀의 줄무늬, 중세 연극배우의 네모/정방형 문양, 다양한 컬러 등은 신성함과는 거리가 멀다. 줄무늬가 문둥이, 사기꾼, 병신, 떠돌이, 난쟁이, 이단자 등의 시각과 부합한 이유가 여기에 있다. 이러한 이유로 현대에 들어 줄무늬는 기존 질서(원근법적 질서)에 대한 반항[11]으로 이해될 수 있다.

분류학적 감수성을 지닌 종교적 명령은 흑백논리로 나타나기 마련이다. 조직화된 종교는 이단의 상징에 대해 꼬투리를 물고 늘어지는 특성이 있다. 교회는 이슬람교도로부터 줄무늬의 사악성을 발견했다. 이는 이슬람교도들이 그들의 땅에서 살고 있던 기독교인들이 차별적이고 귀족적이라는 이유로 그들에게 흰색의 옷을 입지 못하게 한 것과 비교된다. 줄무늬의 중세 기독교적 기초구조는 다음과 같이 이해된다.

중세적 사고에서 동물은 원래 인간과 대립되는 것으로서 흔히 "악의 세계"[12]를 이룬다. 그러나 악의 동물적 세계에서 사자와 개는 예외이고 또한 무늬

10. E. Gombrich, 1995, ibid, p.197, 197~202.

11. 줄무늬는 배경과 사물을 통합함으로써 형상 그 자체가 사물의 구조가 된다. 시작과 끝이 없는 형상의 세계(Structure unlimited)는 니체적인 반항을 상징한다. 아방가르드 미술가 뷔렌(Daniel Buren)은 오로지 줄무늬만으로 작업을 했다는 점에서 관심을 끈다. 색깔만 달리했을 뿐 흰색과 유채색이 교차하는 8.7cm의 줄무늬 작품은 형태나 구성 등으로 구별할 수 없고 오직 그것이 언제 어디서 전시되었는가에 따라 구별된다. 일체의 다른 요소가 배제된 연속적인 수직 띠들은 화면에 갈등을 일으키는 선과 색채 및 형태의 충돌로 생기는 구성을 제거하기 위한 것이며, 줄무늬의 색깔을 달리한 것은 색채에서 감정적이고 일화적인 의미를 말소시키기 위한 것이라고 한다. 색채가 하나로 고정되면 작품이 신화화되기 때문이다. 따라서 뷔렌의 줄무늬는 미술외적인 모든 요소들 즉 현실의 재현, 모사, 내용, 형상 등을 완전히 배제하면서도 평면 위의 질료라는 모더니즘의 최소한의 요건을 충족시키는 모더니즘 미술의 극치를 보여준다. 모더니즘 미술은 질료를 드러내는 일이다. 에펠이 철을, 르 코르뷔지에가 콘크리트를, 큐비스트가 몸체와 사물을 드러내듯 이제 미술은 구조 그 자체로 모든 것을 말하려 한다. 줄무늬는 형태이기 이전에 구조이다(D. Buren, Le sens de l'art, Odile Jakob, Paris, 2002, pp.122~152).

12. J. Le Goff, 1992, ibid, p.399.

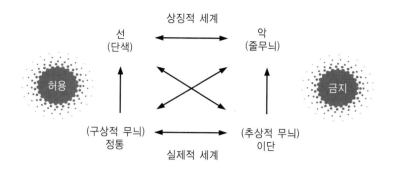

상징적 세계

선
(단색) ↔ 악
(줄무늬)

허용   금지

(구상적 무늬)
정통 ↔ (추상적 무늬)
이단

실제적 세계

▫ 리차드 1세의 문장 (12세기 말)

▫ 14세기 수사본 (파리, 프랑스 국립도서관.
왼쪽에서 두 번째가 리차드 1세)

에 따라 다르게 구분되었다. 리차드 1세의 애칭인 "사자의 심장"(Heart of lion)
이 보여주듯 사자는 용맹과 동시에 선한 왕을 상징한다. 반면 표범(pados)과 호
랑이는 줄무늬가 없는 사자(leon)에 비해 "나쁜 사자"였다. 사자의 부정성은
모두 점무늬의 표범(Leopard = Leon + pados)에게 전가되었고 힘있는 동물의
긍정적인 면은 사자에게 부여되었다. 단색 위주의 개와 달리 고양이는 용과 더
불어 악마의 측근으로 논의되었다. 얼룩말은 "위험한 말"로 표현되었다. 이들
도상적인 경험에 준한 문화적인 투사가 항상 존재했다. 왕자는 백마를 탄다. 왕
자의 힘에 걸맞은 상대로서 힘있는 악인은 흑마를 탈 수 있으며 사기꾼, 악인의
부하, 외국인은 줄이 있거나 점박이 말을 탄다. 중세의 非기독교왕, 악마의 화
신들은 거의 줄무늬로 상징되었다.

　　무늬와 색의 조합에 대한 중세의 조형형태의 규칙은 이와 같이 전통(정
통을 포함해서)과 이단의 이념과 결부된다. 그러나 교회권력과 종교적 삶이 민
중생활의 구석구석에 있는 조형적 실체에까지 완벽하게 영향을 미쳤다고 보기
에는 무리가 있다. 민중의 생활은 스콜라 철학이 아니다. 종교적 의미와 조형적
원리에 전적으로 따를 만큼 그들의 생활이 문양적으로 풍부하지 않았기 때문에
줄무늬는 실생활에 널리 사용되었다. 줄무늬를 바라보는 종교적 감수성은 심층
적으로 선과 악의 대립으로 구분될지 몰라도 종교적 감수성을 근간으로 하는
실생활은 다양하게 발현되었다. 하급과 천박함의 의미는 그렇게 발현되었다.
귀족의 하인, 농노, 주방의 인부, 푸줏간 인부들로부터 사냥 보조하인, 일반 군

087

인에까지 줄무늬 의복을 입혔다. 12세기 이후 줄무늬는 "노동 혹은 심부름"의 상징성을 획득했고, 줄무늬의 감수성은 구상적인 영상에 대한 부정이었다. 따라서 비구상적인 문양은 이른바 "저급의 것"이거나 그리 "좋은 것이라고 볼 수 없음"의 이데올로기를 가져왔다. 중세의 실생활에서 쓰인 줄무늬의 의미구조는 다음과 같이 이해된다.

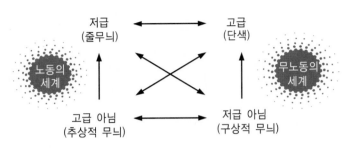

조금만 더 상상력을 발휘한다면 현대 추상회화의 역사적인 개념 또한 이러한 저급성, 대중성, 노동성의 의미를 지닌 것은 아닐까 생각할 수 있다. 세잔느를 대표로 인상주의 화가들이 추상회화에 완전하게 빠지지 (또는 빠지려 하지) 않은 이유에는 무정형에 대한 서양의 전통적인 거부감이 있는 것인지도 모른다. 창작의 전위성을 부르짖는 화가라 할지라도 미의 역사적 심리와 선입견을 벗어날 수 없기 때문이다.

중세 동안 줄무늬는 길이와 폭을 줄이고 넓히면서 최종적으로 평면을 두 면으로 분할할 때까지 종류가 다양해진다. 의복 전체를 벗어나 소매나 목 주변에 환유적으로 줄무늬가 이용되기도 한다. 그러나 중세 말기까지 악마성, 노동성의 의미는 그대로 유지되었다. 독재적이며 권위적인 사고가 그렇듯이 하나를 보면 열을 알고, 될 성싶은 나무는 떡잎부터 알아본다는 중세적 사고는 바로 환유적인 사고였다. 중세적 체계는 근대로 넘어가면서 또 다른 상징화 과정을 거치지만 중세 줄무늬의 의미는 밀도만 약해진 채 그대로 유지될 것이다.

13. E. Gombrich, 1995, ibid, p.208.

14. 클루에(Jean Clouet)의 《프랑스와 1세의 초상》(Le Portrait de François 1er, 1530년경)이 보여주듯 수직 줄무늬의 예는 당대의 다른 화가들이 그린 헨리 8세, 독일 왕족 등의 초상화에서도 많이 발견된다.

3) 르네상스시대의 줄무늬

14세기에 페스트가 휩쓸고 지나간 이태리의 대도시(베니스, 밀라노, 제노바)에서 기독교 교리는 이전과 같은 절대적인 대접을 받지 못한다. 귀족들은 교리를 실생활 속에서 실천했고 개인적인 즐거움도 그 정도로 향유하고자 했다. 귀족들은 교회에 돈을 기부하는 것만큼 자신들의 풍요로운 생활을 중요시했으며 그러한 이유로 당대에 가장 특징적인 조각품들은 "귀금속이나 상아로 만든 소품들"[13]이다. 투명성을 지닌 귀금속이나 상아, 금과 은 등은 빛을 가져오는 물건이라는 기독교적 "빛"의 이데올로기와 적절하게 대응한다. 반면, 중세가 교회를 중심으로 빛의 문제를 다루었다면 이제 빛의 이데올로기는 가정과 사회 관계 속에서 실현된다. 이로부터 과거로부터 이어졌던 줄무늬의 악마성과 노동성은 비교적 상징의 강도를 잃는 반면, 줄무늬의 게슈탈트 심리적 성격이 드러난다. 줄무늬의 심리적 표현성이 그것이다. 페스트가 끝나는 시절에 줄무늬는 삶의 즐거움을 상징한다. 하지만 이때의 줄무늬는 흔한 수평의 구조가 아니라 수직의 구조를 택하고 있다. 수직의 구조가 어떻게 삶의 즐거움과 연관되는지는 보다 종합적인 파악이 있어야겠지만 일단 게슈탈트 심리학적인 평가나 인상적인 판단이 가장 유효한 것으로 보인다.

삶의 즐거움을 대표하는 수직적 줄무늬는 팔과 신발에 부분적으로 시행되었다. 이는 시대적인 유행이었으며 1380년 이후 서서히 줄어든다. 수직 줄무늬가 새롭게 일구어 낸 삶의 감수성이 줄무늬의 오래된 악마적 의미를 아직 극복하지 못한 것일 수도 있다. 다만 기술과 지각의 변화로 인해 특정 예술가 무리와 한정된 지역에서 출발한 수직 줄무늬는 이후 장기간에 걸쳐 전 유럽으로 퍼져나갔다. 이 새로운 감수성은 한때 유행을 이루다가 사라졌지만 줄무늬의 새로운 조형적 감수성은 이미 발견되었고 발견된 것은 유지될 가능성을 지니게 된다. 미리 발견된 조형기호의 의미는 지속적으로 자신을 상징화하면서 기호화한다. 영화 《로미오와 줄리엣》이 보여주듯 르네상스에 들어와 이 유행은 거의 절대적인 귀족 취향으로 다시 등장[14]한다. 16세기의 수직 줄무늬는 14세기의 생명성 혹은 표현성의 의미와 달리 눈의 생리구조에 맞춘 심리적인 권위감, 고상함, 장중함을 드러내려 했는지 모른다. 수직 줄무늬를 택한 이유는 수직성의 심리적 효과를 강조하려고 했던 르네상스의 현실적 논리가 숨어있다고 볼 수 있다. 그러나 권위감, 고상함, 장중함 등은 줄무늬가 지닌 생명성과 표현성의 심층적인 의미에서 서로 관련되었다는 점을 지적해야 한다.

　　수직 줄무늬의 게슈탈트 심리적 감수성은 르네상스가 추구한 인본주의의 논리와 상동적이다. 왜냐하면 인간의 눈에 사물이 X의 방식으로 보였다면 르네상스는 중세의 전통을 고려하기에 앞서 이를 X 그대로 사용하기 시작했기 때문이다. 이로써 줄무늬의 종교적 상징성이 서서히, 그리고 스스로 상징성을 벗어나 기호화하는 것과 동시에 수직성의 기능적 혹은 게슈탈트적 감수성이 전통적 상징성을 앞질러 버렸을 수도 있다. 인간적 삶을 알기 시작한 유한계급에게 무늬의 역사적 상징성은 다른 제약만 없다면 나름대로 변화시킬 수 있는 것이다. 수직 줄무늬가 왕족과 귀족들의 것인 반면, 전통적 감수성을 벗어나지 못한 민중들에게 수평 줄무늬는 지속적이고도 상징적으로 전통적인 의미를 지녀왔다. 균형과 균제를 강조하는 르네상스의 건축과 미학도 그렇다. 수직성의 줄무늬는 기호학적으로 수용하면서도 수평성의 줄무늬는 상징성을 벗어나지 못한 채 관습적인 갈등 구조 속에 넣고 있다. 르네상스의 줄무늬의 마이크로 패러다임을 보면

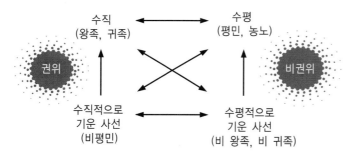

15세기 말, 베니스의 아프리카 노예들에게 줄무늬를 입힌 것은 시종들

090

에게 그랬던 것처럼 전통 종교의 상징성을 유지한다. 아프리카의 왕 또한 줄무늬로 상징되었다. 이단적이며 문명과 동떨어졌다고 느껴지는 외국인에게 적용되는 상징이다. 베로네제의 《가나의 결혼식》을 보면 아프리카의 왕에게 줄무늬 옷이 입혀져 있는 것을 볼 수 있다. 그러나 인문주의의 도도한 힘은 이러한 상징성을 그대로 유지하도록 놔두지 않는다. 흑인들이 모여 있는 곳에서 백인에게 줄무늬를 입힌 베로네제의 예술적 조작이 보여주듯 줄무늬의 악마적 상징성은 이미 불연속화 되었다. 즉, 줄무늬의 상징이 기호의 차이의 논리로 전환되었다. 역사가 만든 차이의 철학은 예술가의 힘으로 이렇게 앞당길 수 있다. 르네상스 예술가들에게 줄무늬는 내용의 형식이 아닌 나름대로 내용을 변형시킬 수 있는 표현의 형식일 뿐이었다.

4) 산업시대(17~20세기) 줄무늬의 상징성과 기호성

산업시대는 공포스럽다. 모든 종류의 관습과 각 지역의 역사를 자본과 제품 그리고 서비스의 교환가치 속에 매몰시킬 가능성을 태생적으로 지니고 있기 때문이다. 산업시대의 자본과 제품 및 서비스는 다른 종류의 교환성을 지닌 사물과 이념보다 훨씬 빠르고 광범위하게 교환되기 때문에 문화마저도 교환되는 것만으로도 존재하는 양 느낄 수 있다. 문화의 교환가치는 전통의 단절을 가져와 사물의 아우라(aura)를 지운다. 일례로 의복의 수직 줄무늬에는 어떤 상징성이 있을까. 일단, 키를 더 커 보이게 하려는 기능성이 아닌가 생각할 수 있다. 우리는 역사적 상징이 산업적 기능주의에 완전히 매몰된 "차이들만의" 기호를 잘 알고 있다.

산업시대의 서구는 확실히 디자인의 재현적 기능(과거의 상징적 기능)에 얽매이지 않았다. 디자인이 지닌 재현의 논리는 대량생산을 위한 산업의 논리와 어긋난다. 재현의 기능 때문에 표현은 종종 과거의 것에 의존하게 되면서 새 제품과 미래를 개척하려는 인간의 행위에 걸림돌로 작용한다. 산업시대에 디자

□ 베로네제, 《가나의 결혼식》(1563)

인의 자유는 기존의 전통으로부터 벗어나겠다는 욕구였다. 당시 줄무늬의 상징성은 전통을 극복했지만 포괄적인 커뮤니케이션의 능력은 상실했다. 단지 선택적이며 조작적인, 따라서 관조적인 커뮤니케이션 능력만을 지녔다. 그것이 바로 기능주의이다. 기능주의의 이면에는 무엇이 있었을까. 디자이너들이 기능을 외쳤을 때 소비자들은 그들의 주장을 인정했을까. 우리는 알고 있다. 대량생산된 제품도 소비하지 못했던 일반 대중들은 디자인과 기능의 정합성을 생각한 적이 없다는 것을. 반면 디자인적 아름다움의 도도한 흐름은 기능적 디자인의 이면에서 진행되고 있었다. 이제 이 문제를 확인해 보도록 하자.

　　기호의 상징성이 일순간에 무너지는 경우를 상상할 수 있을까? 4세기부터 19세기 후반에 이르는 종교의 사회적 기능과 상징적 이데올로기가 하루아침에 사라졌다고 볼 수 없는 것처럼 문양에 대한 감수성과 의미 또한 마찬가지이다. 전통의 단절은 자본의 욕구가 전통 종교와 도덕률이 지닌 비물질적인 논리와 복잡하게 갈등하고 조화를 이루면서 발생한 것이지 우연적으로 발생한 것은 아니다. 따라서 디자인 기호의 의미 변화는 우연이 아닌 매우 조직적인 현상으로 이해할 수 있다. 줄무늬의 감수성은 수백년 지속되다가 르네상스에 이르러 수직적 줄무늬에 '권위'의 상징적 개념을 서서히 도입했다. 마찬가지로 산업시대에도 어떠한 목적을 위해 표현과 내용의 형식이 조직적으로 변형되어 간다.

　　상품미학의 기능성을 디자인의 보편적인 원리로 착각했던 산업시대 미술가들에게 줄무늬가 보여주는 기호와 상징의 게임은 매우 충격적이다. 산업시대의 줄무늬는 상징성이 온전하게 남아있는 경우와 산업의 기능성 속에 흡수된 경우의 극단적인 두 축 사이에서 복잡한 의미작용을 벌인다. 이러한 의미작용은 형태와 문맥만 바꾸어 가며 21세기에도 지속되고 있다. 이 의미작용을 2가지 매체를 통해 이해해 보자.

　　먼저 하나의 매체는 실생활에서 접하는 디자인이다. 1775년 미국의 탄생은 줄무늬의 유행을 불러일으킨다. 그러나 신대륙의 줄무늬의 상징성은 구대륙의 상징과 사뭇 다르다. 18세기의 실용적이고 계몽적인 미국 시민사회는 줄무늬가 지녀왔던 권위라든가 악마성의 상징을 극복하고 거기에 "혁명"의 의미를 부여한다. 줄무늬와 혁명이 연결된 이 새로운 관계적 감수성은 거꾸로 유럽으로 수입된다. 프랑스 혁명은 미국의 혁명 이념과 줄무늬를 동시에 수입했다. 그러나 줄무늬-혁명의 관계는 과연 새로운 것일까. 혁명은 결국 반항(이단) + 표현(삶의 즐거움) + 희생(죽음, 악마)의 상징이 아닐까. 그렇다면 혁명의 표현인 줄무늬는 표현의 표층적인 수준에서만 관계를 맺고 있을 뿐 심층적으로는 과거의 줄무늬의 의미를 종합한 것으로 이해할 수 있다. 또 다른 예로서 빅토리아풍의 줄무늬 조끼(황/흑)를 호텔 남자 종업원에게 입혔다. 그들은 흔히 흑인들이었고 사람들은 이들을 '호랑이'(Tigers)라고 불렀다. 줄무늬 조끼는 의미론적으로 동물성 + 하급성 + 이국취향으로 종합된다. 이 또한 중세적 의미와 다를 것이 있는가. 당시 유럽과 미국에서 수출된 이 줄무늬 조끼 모델은 이후 다양한 선택이 가능했던 산업시대가 훨씬 지난 지금에도 획일적으로 선택되고 있다. 특히 아프리카의 엠버서더 호텔, 노보텔 호텔의 남자 종업원들의 조끼를 보라. 재즈의 흑인성, 리듬, 음악적 혁명성은 줄무늬의 하급성, 이국취향, 운동성, 음악적 비정상의 개념들과 상동성을 이룬다. 줄무늬의 非사회성은 곧장 非음악성과 재즈라는 문맥을 형성한다. 이 모든 상징은 궁극적으로 "하급성"의 대중적인 의소를 탄생시키면서 미국의 식당가를 주름잡는다. 〈베니건스〉와 〈T.G.I Friday's〉 등 대중식당의 여러 줄무늬가 보여주듯 식당은 손님을 서비스하는 하인의 이미지를 만든다. 이처럼 표층적으로 표현되는 줄무늬 기호는 심층적으로는 의미의 상징적인 전통과 체계에 근거한다.

한편, 다른 매체로서 대중매체의 텍스트가 있다. 역사적 기호의 상징은 현실세계보다 대중매체의 세계에서 쉽게 찾을 수 있다. 대중매체에 쓰이는 역사적 기호들은 대중들이 쉽게 알 수 있도록 해석의 공통성을 얻어내야 하므로 개별 기호를 개별적으로 사용하기 보다는 거기에 전형적인(typological) 의미를 투여한다. 스테레오타이프라고 불리는 대다수의 기호가 그것이다. 일반적으로 영화, 삽화, 만화, 광고에서 역사적 기호의 상징적 보수성은 매우 심하다. 스테레오타이프한 디자인이 대중매체의 여러 문맥을 통해 퍼져나갈 때 우리는 일상생활에서는 확인하기 어려운 사람들의 무의식을 찾아낼 수 있다. 이를테면 실생활에서는 별 의미 없이 입고 다니는 청바지가 영화나 드라마에서는 전형적인 의미를 부여받는다. 이 "전형적인 의미"가 바로 역사적인 감수성을 통해 부여받은 의미이다. 19세기 미국의 메릴랜드주와 펜실베니아주 죄수들의 옷은 줄무늬였다. 그것은 철창의 수직적인 형태를 모방한 것일 수도 있고, 수평적인 줄무늬를 이용해 철창의 수직적 형태와 대비하려는 목적이 있었을지도 모른다. 즉, 신호적이기 때문에 그랬을 수도 있다. 혹은 줄무늬에 구대륙의 악마적 감수성이 살아남아 이를 다시금 기호화한 것인지도 모른다. 어쨌든 이미 이들의 죄수복에는 르네상스에서 보여졌던 줄무늬의 수직/수평의 상징적 구분이 사라졌다. 아우슈비츠 수용소의 수직 줄무늬는 이를 확연하게 알려주듯 수직과 수평의 의미는 고급/저급의 의미를 너머 기호적 논리를 지니게 된다. 줄무늬의 르네상스적 감수성은 적어도 죄수 혹은 범죄의 문맥에서 찾을 수 없는 반면, 악마성과 표현성(신호성)은 그대로 살아남은 것으로 보인다. 영화에서 널리 사용되는 죄수의 줄무늬는 매체적 감수성을 통해 살아남게 되고, 파란색과 주홍색 죄수복의 감수성과 상존함으로써 앞으로 새롭게 의미를 얻을 가능성이 있다. 디자인 창작에서 대중매체와 실생활의 관계가 변증법적 관계에 놓여있다는 점에서 대중매체의 사회참여는 현대에 들어와 하나의 역사적 임무를 지니게 되었다고 감히 말할 수 있다.

　　　연극이나 영화에서는 검은색이 악마와 죽음을 상징하지만 실생활에서는 다른 개념을 지시할 수 있다. 제품의 소비를 위해 다양한 색채가 필요했기 때문에 색의 재현성(검정=죽음, 붉음=위험, 푸름=자연 등)에만 얽매일 필요는 없다. 그렇다고 색의 상징을 무작정 무시하기도 어렵다. 19세기 말에서 20세기 초, 산업사회는 색의 상징적인 구별을 극복하기 위해 색의 명도에 중요성을 한층 부여한다. 즉 색으로 대량생산하기에 앞서 명암을 통해 이를 실행했다. 명암은 색채가 아닌 빛의 즉각적인 효과이며 빛을 통한 서구의 기독교적 이데올로기는 이미 굳건하게 자리잡고 있었다. 색채는 흰색을 추가할수록 명도가 높아지며, 어둡게 하는 효과를 지닌 다른 색이나 검은색이 추가될 경우 명도는 순수한 검은색에 도달할 정도로 낮아진다. 이러한 시지각적 조건이 검정과 백색 사이의 감수성을 결정지었기 때문에 극단적인 청교도들은 검은색을 선호했고 주로 명도가 낮은 옷을 입었다.

서구의 전통에 따르면 살과 닿는 속옷은 항상 백색 계통이어야 했다. 중세에서 신교도에 이르기까지 살과 직물의 접촉이 필요한 경우 이 둘 사이의 관계는 순결하게 표현되어야만 했다. 대량생산의 산업시대에 타제품과의 경쟁관계로 인해 다양한 디자인의 모색이 추구된다. 속옷에 백색 이외의 색을 넣지 못할 때 산업 디자이너들은 어떤 묘안을 냈을까. 이들은 수직적 줄무늬에서 묘안을 찾는다. 얇은 선을 수직적으로 쳐가면서 흰색의 감수성을 유지한 채 속옷과 셔츠 디자인을 차별화 한다. 변화시키기 어려운 속옷의 상징적 감수성을 유지한 채 색을 넣어야 했을 때 그들은 색상을 바꾸지 않고 줄무늬의 조작(흰색 + 다른 색, 1940년까지는 주로 한가지 색이었다)을 꾀했다. 얇은 선은 약한 파스텔 색깔을 입힌다. 여기에서 줄무늬의 의미는 무늬가 아닌 파스텔 "색"이 그 역할을 맡는다. 부르주아의 줄무늬는 거의 하얀색과 다른 색이 섞인 무늬이다. 20세기의 파스텔이 부르주아의 색으로 된 주된 이유는 그것이다. 반면 넓은 선에 강한 색의 줄무늬는 천한 것으로 여겨진다. "파스텔의 줄무늬"는 속옷과 셔츠에서 시작해 잠옷까지 이어져 간다. 이처럼 줄무늬와 파스텔의 관계는 속옷을 중심으로 구성된다. 그럼에도 불구하고 19세기 말까지 하늘색 셔츠는 불가능했다. 속옷은 줄무늬가 들어가든 다른 문양을 넣든 무작정 흰색이어야 했던 기독교의 감수성 때문이었다. 줄무늬가 들어가지 않은, 그러나 흰색과 청색 줄무늬가 종합적으로 발산하는 효과를 지닌 하늘색 셔츠는 1920년대 들어와서야 서서히 인정받기 시작했다. 이제 1980년대에 이르러 하늘색 셔츠는 흰색 셔츠를 대체할 만큼 일반화된다. 이와 같이 살과 접촉하는 속옷, 셔츠, 잠옷은 개인의 종교적 지향성을 지닌 채 개인의 사생활로 들어오게 된다. 기독교의 삶은 내밀한 것 아닌가.

속옷이 비교적 오랜 시간을 두고 변했다면 침대보는 급격하게 변했다. 줄무늬는 어째서 몸, 침대, 위생용품을 중심으로 확산되어 왔을까. 시대를 선도했던 부르주아에게 몸의 감수성은 외부로 드러나는 집단적 상징성의 방식이 아닌 소유와 위생이라는 개인적 차별의 감수성과 함께할 수밖에 없다. 소유가 충만해지면 잘사는 것(well-being)이 보이는 것(well-showing)보다 중요하게 된다. 이미 남들이 알아주고 있기 때문에 더 알릴 필요가 없다. 귀족과 경쟁하다가 귀족으로부터 멀어져 버린 부르주아의 독자적인 라이프 스타일이라 할 것이다. 부르주아의 감수성은 집단적으로 인정된 사물과 기호(음주, 운동, 미술관 관람 등)에 자신을 각인하는 것이 아니라 스스로의 생활 속에 '동일한 분류소' (homological class)를 지닌 사물과 기호(실내가구, 가족모임, 식기세트, 목욕탕, 미술품 수집 등)에 자신을 각인한다. 자신의 소유물은 남의 것과 섞이거나 남의 손때가 묻어서는 안 된다. 소유물은 위생적인 것이어야 한다. 실로 부르주아와 노동자를 구분하는 가장 큰 기준은 위생이다. 위생 관념은 부르주아로 하여금 흰색과 파스텔 그리고 의사들의 존경을 불러온다. 흰색과 파스텔 그리고 의사는 노동자와 어울리지 않는다. 노동자는 흰색 이외의 색과 원색, 민간요법 혹은 노란색이나 갈색 알약을 털어 싸주는 골목길 약방이 어울릴 뿐이다. 자수성가한 노동자나 졸부와 비교하여 몰락한 부르주아의 행동을 지켜볼 때 알 수 있는 것은 경제 수준과 상관없이 이들이 지닌 디자인적 감수성이 다르다는 점이다. 부자가 망해도 삼대를 가는 것은 물질이라기보다 교육에 따른 미적 감수성이다. 부르주아가 선호하는 조형적 기호의 성격은 흔히 졸부들이 선호하는 것처럼 돈을 번 뒤에 행할 수 있는 물질적인 것이 아니라 부르주아의 역사적 감수성이다.

앞서 아디다스와 축구클럽의 줄무늬의 예를 들었지만 20세기 산업시대에 눈여겨볼 것은 대량생산의 산업적 기호로 전환된 뒤에 나타난 줄무늬의 의미 전환이다. 마늘을 혐오하는 유럽인들에게 마늘은 악을 퇴치하는 상징물이다. 십자가는 예수를 희생시켰지만 예수를 상징한다. 어떤 의미의 상이한 두 극단이 현실에서 운동하는 방향은 서로 반대이지만 동일한 감수성 속에서 움직인다. 즉, 의미가 극단으로 가면 다른 길을 거치지 않고도 반대의 극으로 쉽게 갈 수 있다. 바로 이런 의미에서 이 시대의 줄무늬는 두 가지 대립적인 의미를 한 몸에 지닌다. 옛 시절의 의미였던 "배제"와 현대에 들어와 의미가 전환된 "보호", 옛 시절의 의미인 "금지"와 현대에 들어와 의미가 전환된 "안전"과 같이 두 가지 상반된 의미를 동시에 가진다. 줄무늬는 남을 배제함으로써 스스로를 보호하거나 남에게 금지를 명하면서 스스로를 안전하게 한다. 줄무늬의 의미는 실내장식, 가구, 위생용품, 해양의 분야로 확대되어 표현된다. 바코드, 티켓, 행간에 이르기까지 현대 산업시대 줄무늬의 가장 강력한 상징성은 배제와 금지라는 "통제적 의미"와 보호와 안전이라는 "보호의 의미"이다. 줄무늬의 의미를 역사적으로 파악하면 다음과 같다.

악마성 ⟶ 나오지 못하게 가두다 (가둠의 표현) ⟶
떨어뜨려 침범하지 못하게 하다 (배제와 금지) ⟶
배제된 것을 보호하다(보호) ⟶ 안전하게 통제하다

'보호'로 의미 전환된 대표적인 사물은 수영복과 아동복, 그리고 창문과 커튼이다. 수영복부터 살펴보자. 육체의 역사심리에 근거해 본다면 수영복은 살과 접촉하는 한 흰색이 선호될 것이다. 그러나 이것은 도덕적인 이유로 불가능했다. 흰색 수영복은 물에 닿자마자 육체의 윤곽을 드러내기 때문이다. 이런 이유로 초창기 수영복은 흰 바탕에 굵은 청색 줄무늬가 조합되었다. 19세기 말에서 20세기 초에 벌어진 부르주아의 바캉스 열풍은 수영복 및 위생용품 문화에 줄무늬 유행을 대대적으로 일으키는데 여기서 줄무늬의 상징은 보호를 넘어 자유의 개념까지 포함하게 된다.

수영복 = [(살 = 백) + (보호 = 줄무늬) + (청색 = 바다)] + [바캉스의 축제적 자유개념 = 줄무늬]

적+백/청+백 줄무늬로 이루어진 아동복은 어린이의 보호와 결부된다. 줄무늬가 단색보다 때가 덜 묻어 보인다는 요인도 있었다고 말하는 이도 있지만 그러한 기능성은 줄무늬 아동복의 확산을 설명하는 중요한 인자가 아니다.

커튼은 주름지게 만든다. 스위스 티롤의 겉창문은 긴 나무판자를 겹쳐 씌운다. 아울러 겉창문이 망가져 임시로 넓은 판자를 대어 놓을 때 판자 위에

페인트로 줄무늬를 칠한다. 커튼과 창문은 집과 집의 외부를 경계 지운다. 육체와 육체의 외부를 경계 지울 때와 같다. 이와 같이 신체의 연장으로서 옷, 침대보, 커튼, 창문으로 이어지는 줄무늬의 역사심리는 계속 "보호"의 감수성을 유지한다. 좀 더 확대해 본다면 프랑스의 스트라스부르(Strasbourg)[15]의 가옥들은 줄무늬를 통해 도시를 보호한다고 볼 수 있다. 여기서 우리는 줄무늬의 조형 형상이 지녀 온 의소적 범주로서 배제에서 방임으로 아울러 방임에서 보호로 이어지는 역사적 경로를 다음과 같이 추적할 수 있다.

15. Strasbourg는 '길'이나 '줄'(strasse)로 만들어진 '도시'(bourg=city)를 뜻한다.

▣ 스트라스부르

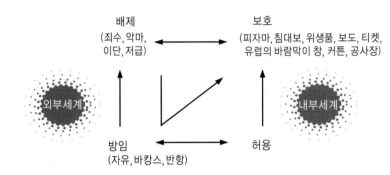

한편 15~16세기의 줄무늬가 지녔던 삶과 축제적 상상력은 수영복 이외에 어디에 남아있을까. 장난(play)은 축제(festival)의 의미와 같은 종류의 의소를 지닌다. '시간 있음', '생각 없음', '자유로움', '순간적임'의 의소들이 그것이다. 줄무늬가 지닌 희극적 의소들은 바람둥이와 어린이에게 남겨졌다. 어린이는 원래 장난꾸러기이다. 바람둥이는 시간이 많고 진지하지 못하며 순간적인 쾌락을 위해 여인을 장난 삼아 만난다. 장난꾸러기와 바람둥이는 비극적인 형상을 취하지 않는다. 특히 대중매체의 줄무늬에 대한 시각은 거의 고정화되어 있다. 줄무늬 바지를 입은 개구쟁이 어린이, 시가를 피며 허풍을 떠는 줄무늬 옷의 바람둥이, 과장된 몸짓의 오벨릭스(Obelix), 코주부 마술사, 광대 등이 그들이다.

줄무늬의 이러한 '종합적 상상력'(configurations)을 교묘하게 이용한

▣ 오벨릭스

▣ 아스테릭스, 오벨릭스, 이데픽스 (오른쪽부터)

098

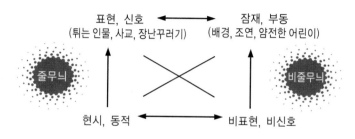

표현, 신호 ←――――→ 잠재, 부동
(튀는 인물, 사교, 장난꾸러기)　　　(배경, 조연, 암전한 어린이)

줄무늬　　　　　　　　　　　　　　비줄무늬

현시, 동적 ←――――→ 비표현, 비신호

것이 이발소 디자인이다. 유럽에서는 18세기까지 이발소는 머리만 만져주는 곳이 아니라 외과병원의 역할까지 했다. 탈골이나 베인 상처, 종기치료도 했다. 사혈을 뺄 때 이발사는 환자가 굵은 막대기를 꽉 붙들도록 했다. 마취제가 없거나 약했기 때문이다. 이런 막대기는 붕대처럼 어느 이발소에나 비치되어 있었다. 그것을 사용하지 않을 때는 붕대를 봉에 감아 이발소 문 앞에 세워 놓았다. 눈치 빠른 이는 정맥, 동맥, 붕대의 색을 파란색, 붉은색, 하얀색으로 구분해서 표시하기도 했다. 피와 붕대 그리고 봉의 시각이 줄무늬로 연결될 때 그 감수성은 어떻게 해석할 수 있을까? 적백 혹은 적청백 줄무늬의 이발소는 위생과 보호의 관념과 맞물린다. 19세기 이후 현재에 이르기까지 전세계 어디서나 쉽게 볼 수 있는 이발소 표식은 이러한 서양적 위생의 감수성이 보편화된 것으로 파악할 수 있다. 줄무늬가 구성하는 위생성의 의소가 명백하게 드러나는 제품디자인이〈SIGNAL〉치약이다. 백/청, 백/적의 줄무늬는 브랜드의 상동성("signal")과 동시에 위생의 상징성을 얻는다. 더구나 입에 넣는 화학제품이기 때문에 위생과 신호의 관념은 한층 비교우위를 차지할 수 있었을 것이다.

SIGNAL 치약 = (위생) + (놀이) + (신호 : signal)

한 걸음 더 나아가 줄무늬의 축제성은 양치질을 장난으로 둔갑시킨다. 양치질을 싫어하는 어린이에게 장난의 동기를 주는 것이다. 치약의 이러한 시각적 조작은 판매혁명을 몰고 왔다.

▣ Signal 치약

5) 줄무늬의 미학

16. E. Burke, *A philosophical enquiry into the origin of our ideas of the sublime and beautiful*, London, 1757.

줄무늬의 역사심리를 각 시대의 패러다임과 아울러 상징적 의미의 유형에 따라 살펴보았다. 그렇다면 줄무늬가 지녀 왔던 이러한 악마성, 축제성 혹은 표현성, 저급성, 보호성 등의 범주는 근대미학이 제시한 미적 범주와 어떤 관계에 있는지 잠시 살펴보자. 근대미학의 범주가 줄무늬의 역사적 심리를 모두 포용하기는 어렵겠지만 최소한 줄무늬가 지닌 미적 개념을 교차적으로 이해할 수 있게 할 것이다.

버크[16]와 칸트는 미적 범주를 숭고한 것과 아름다운 것으로 구분[17]하였다. 근대 이래로 많은 이들이 고통과 즐거움, 유쾌함과 불쾌함, 중압감과 가벼움, 엄숙과 감미로움, 내면과 외향 등으로 미적 유형을 파악해 왔다. 이를 전체적으로 미와 추, 숭고함과 우아미, 비극미와 희극미의 6가지 유형[18]을 구분할 수 있다. 랄로와 볼프가 정리한 미의 근대적인 유형은 미(beautiful)의 범주에 숭고함(sublime)과 우아함(grace), 추의 범주에 비극적임(tragic)과 희극적임(comic), 불쾌(disphory)의 범주에 숭고함과 비극적임, 쾌(euphory)의 범주에 우아함과 희극미를 공통적으로 넣고 있다. 그렇다면 이를 다음의 논리 구조 속에서 파악할 수 있다.

17. 조요한, 1974, ibid, p.8. 이러한 구분은 물론 형이상학적이다. 칸트의 논리에 따르면 "형이상학은 지금까지 사람들이 단지 시도해 본 것에 불과한 학문임에도 불구하고 인간 이성의 본성으로 보아서 필수불가결한 학문이라고 보기 때문에 선험적인 종합적 인식을 포함하고 있어야 한다. 그러므로 형이상학의 문제는 우리가 사물에 대해 선험적으로 형성된 개념을 단지 분해해서 분석적으로 해명하는 것이 아니라 우리의 인식을 선험적으로 확장하는데 있다"(I. Kant, 《순수이성비판》, 을유문화사, 1969, p.63). 이러한 칸트의 주장에 견주어 본다면 필자가 보기에 순수이성을 형이상학적으로 이해하는 것보다 미적 유형을 형이상학적으로 이해하는 것이 더 적절한 듯하다. 경험적 내용은 자신의 존재원리를 내면에 보존한다고 생각한 실증주의나 관념적 현상학의 주장과 달리 미적 내용은 경험적 사실과 심히 분리되어 있기 때문이다. 형이상학 자체는 독선적이고 교조적일 수 있지만 형이상학적 과제를 지닌 미적 유형을 구분하는 것은 경험분석이 빠지는 순환론적 형이상학을 벗어날 수 있는 방법이다. 근대철학의 형이상학적 관점에 대한 논의는 M. Foucault, 《말과 사물》, 민음사, 1988, pp.363~364 참조.

18. 조요한, 1974, ibid, p.98.

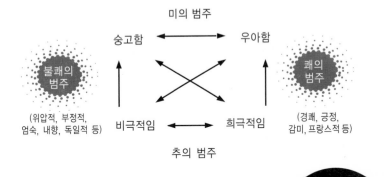

미의 범주

숭고함 ↔ 우아함

불쾌의 범주
(위압적, 부정적, 엄숙, 내향, 독일적 등)

쾌의 범주
(경쾌, 긍정, 감미, 프랑스적 등)

비극적임 ↔ 희극적임

추의 범주

▣ 버크 (Edmund Burke, (1729~1797)

▣ 버크, 《숭고함과 아름다움의 관념의 기원에 대한 철학적 연구》 (7판, 1773 ; 초판 1756)

이를테면 프랑스의 로코코 회화를 대표하는 와토(A. Watteau), 푸셍(N. Poussin), 부셰(F. Boucher), 프라고나르(J.-H. Fragonard)와 후대의 인상주의 화가들은 전통적으로 프랑스식 경쾌함과 가벼움의 미적 구조를 가지고 있다. 반면 중세와 르네상스 회화는 숭고와 비극의 범주에서, 브뤼겔(Peter Bruegel)의 회화는 대체로 추의 범주에서, 블레이크(W. Blake)의 회화는 비극의 범주에서 파악될 수 있다. 이처럼 미의 정념의 구조를 파악해서 줄무늬의 역사적 의미에 대입하면 줄무늬의 미학적 형상의 가능성을 타진해 볼 수 있다. 악마성의 줄무늬는 부정적이고 내면적 범주에 포함된다. 따라서 비극적이다. 르네상스 귀족의 줄무늬는 권위의 범주에 포함된다. 그렇다면 이는 숭고함의 범주이다. 반면, 축제성, 표현성, 저급성의 줄무늬는 희극적이다.

중세 이후 현대에 이르기까지 줄무늬의 미적 범주는 위와 같이 비극-숭고-희극의 사이를 오고 간 것(꺾인 화살표)으로 이해된다. 한편 통제와 보호성의 줄무늬는 숭고하지도 비극적이지도 않다. 가볍고 외향적이라고 볼 수도 있으나 최소한 우아하거나 불쾌한 것은 아니다. 따라서 이런 의미의 줄무늬에서 우리는 전통적인 미적 범주에 근거한 의미작용이 실현되지 않은 것으로, 또한 의미와 미가 서서히 분리된 근대의 분열성이 감지되는 것으로 볼 수도 있다. 만약 그렇다면 통제와 보호의 의미는 결국 전통 미학과는 상관없는 현대의 기능적 미학을 실현하고 있지 않은가를 생각해 보아야 한다.

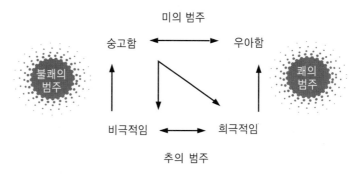

6) 줄무늬의 불연속적 기호화

스포츠는 연극적이며 가장행렬의 감수성과 합치한다. 줄무늬의 신호적, 놀이적 감수성은 이제 스포츠와 접목한다. 그러나 스포츠에서 쓰인 줄무늬의 상징성이 스포츠 깃발과 문장에 적용되고 발전되어 가면서 표상으로서의 상징성보다 기호로서의 차이가 강조된다. 실제로 이러한 줄무늬의 기호성은 앞서 언급했듯이 산업시대의 큰 흐름을 이루었기 때문에 단지 스포츠 세계만이 줄무늬의 기호성을 지닌 것은 아니라고 이해할 수 있다. 자연과학의 발전은 기호의 상징성을 계속 밀어내고 있으며 인간은 망각의 동물이기 때문이다. 이미 언급했듯 상상력-기술-역사는 디자인의 기호적 구조를 만들어 가는 3대 동력이다. 이 3대 동력은 기존의 상징적인 의미를 비우고 관계적 혹은 기표적 의미를 만든다. 그러나 20세기 중반의 디자인의 역사는 조형의 형태적 공리성과 기능성에 상당히 종속되어 있었다. 이를테면 키를 커 보이게 하고 싶으면 수직 줄무늬의 의복을 입었고, 여기에 줄무늬의 역사적 상상력은 없다. 단지 기능적 심리가 있을 뿐이다. 현대 스포츠 세계뿐만 아니라 줄무늬의 상징성이 사라진 국기와 군복의 경우를 보라. 국기, 군복, 문장은 오직 선, 면, 색채의 시각적 차이를 근거로 위계화 된다. 거기에 상징성은 없다. 단지 쉽게 적분화가 가능하다는 차이의 논리만이 있을 뿐이다.

상징계가 재빠르게 기호계로 넘어가는 길목에 기술의 발전에 따른 상업적, 산업적 발전이 있어 왔고, 이는 오늘날 예술가의 상상력만큼 큰 힘을 발휘한다. 이러한 의미에서 미국의 현대 디자인문화가 상상력, 기술, 역사에 대한 정합적인 논리 없이 기능 중심적으로만 표현된 것으로 이해할 수 있다. 무에서 유를 만들기 위해 유럽에서 유효한 것만 선택적으로 뽑아와 실용적으로 문화를 조합한 이유가 있을 것이다. 토크빌(Alexis de Tocqueville)이 일찍 예견했듯 역사가 짧은 미국사회는 아직도 시각 기호의 기능성과 기호조합의 자유를 무한하게 누릴 수 있는 미래 지향적인 사회라고 볼 수 있다. 성조기의 붉은색 띠만큼이나 코카콜라의 붉은색, 청색 진 또한 역사적 상징성이 없다. 단지 어떤 개별적인 동기를 부여해서 만들었을 뿐이다.

줄무늬의 운동성은 단색의 안정성에 대립하는 변화의 의미를 상징하기도 한다. 줄무늬의 운동성은 착시현상의 원인이 되기도 한다. 이러한 기능적 사실에 근거하면 줄무늬는 물론 색채, 도안, 시각이 가져온 의미론적 근거가 무시된다. 모나리자, 먼로 같은 도상적으로 명백해 보이는 지시대상도 기능적인 구조 속에서는 유회적인 목적을 가지든 또는 가지지 않든 교환가치로서 서로 교환될 수 있다. 모나리자는 세계에서 가장 비싼 그림일 뿐이며, 먼로나 엘비스 프레슬리의 가치도 돈으로 환산된다. 그렇다면 그것이 원칙적으로 깡통과 쓰레기에 비교되지 말라는 법이 없다. 기호화되면 모든 것이 같은 재화가 된다. 재화가 정신을 대변하지 정신이 재화를 구현하지 않는다는 주장도 가능하다. 전통과 역사가 없는 곳에서는 오직 기능만이 사물의 진실을 말한다. 전통과 역사가 없으니 실험분석과 통계적 의견 통합이 역사를 대신하는 것이며, 역사가 없으니 쉽게 역사의 종언을 말할 수도 있다. 우리는 기능적 사고가 인간의 정신을 이끄는 비참한 세계를 충분히 상상할 수 있다.

2 :: 색 채 의 역 사 와 구 조

1) 색채 연구의 조건

과학적 연구가 제국주의적인 연구와 서로 구분되지 않았던 20세기 초, 인간이 색채를 지각하는데 어떤 보편적인 규준이 있을 것이라고 생각했다. 이른바 "경험적 사실의 보편적 현상"에 대한 연구가 주류를 이루었다. 일반적인 성인과 성인 사회에 대한 경험적인 관찰만으로는 보편적인 언술을 만들어 내기 어려울 경우에는 동물, 원시사회, 아동연구를 통해 그러한 언술을 이어나가려

했다. 색채 연구는 양쪽 모두의 방식[19]을 통해 나아갔다. 그만큼 제국적이었다. 유아의 색채 실험을 주장하는 이들에게 색채는 보편화할 수 있는 대상이다. 어린이가 좋아하는 색은 붉은색→노란색, 파란색→초록색→붉은색→노란색, 파란색→붉은색→백색→초록색→갈색이라는 결과나, 8세 이상의 어린이는 붉은색을 가장 선호하며 8세 이하의 어린이는 파란색을 가장 선호한다든가, 여섯 달이 채 되지 않은 유아는 색채에 대한 반응이 뚜렷하지 않지만 여섯 달이 지나면서부터 붉은색과 황색에 대한 호의적인 반응을 보인다는 결과 따위가 그렇다. 이런 실험은 연구대상을 어떤 "근원적인 사실을 가지고 있을 만한 존재"에 한정하여 일반성을 유추하려 했지만 성인의 색채 선호도 연구는 보편성이라기보다 단지 선호도의 추세를 파악하려는 다분히 행정적이고 관리적인 발상이었다. 21,000명의 성인을 조사하여 그들의 색채 선호도가 청→적→초→보라→오렌지 순이라는 결과나, 선호하지 않는 색채는 보라←초록←황←적←오렌지 순이라는 결과나, 남자는 일반적으로 청→적→초록 순의 선호도이고 여자는 청→초록→오렌지 순의 선호도라는 결과 따위가 그렇다. 그러나 이러한 실험은 실험할 때마다 결과치가 달라지는 혼란을 겪었다. 이러한 경험적 연구는 변인의 설정에 매우 치명적인 약점을 지니고 있다. 조사자가 피조사자에게 색을 제시하는 순서뿐만 아니라 색이 보여지는 형태에 따라 선호도는 매우 달라진다. 이미 칸딘스키가 말했듯 "색과 형태가 무한한 이상 그들의 배합 또한 무궁무진하며 그 효과 또한 그렇다"[20]. 하루에도 아침, 점심, 저녁의 색채 감각이 달라질 수 있다. 낮인지 밤인지 구분해야 하며, 색이 보여지는 시간도 계산해야 한다. 선호도는 피조사자의 개인적인 상태(피곤한지, 성격이 어떠한지, 진지한지, 교육정도 등)에 영향을 받는다. 이들 모든 변인들을 감안하고 일반화시키는 것은 불가능하다. 이미 완성된 조사 결과도 상징적인 영향을 끼쳐 이후의 조사 결과에 영향을 미친다.[21]

　　　　무엇보다 색채는 단독으로 존재하는 것이 아니다. 색채는 색채가 전달되는 매체의 다양한 환경 속에서 존재한다. 붉은색이라고 말하는 것과 붉은 종이의 느낌은 다르다. 같은 종이를 보아도 크기와 형태에 따라 느낌이 다르다.

19. Preyer 1897 ; Aars 1899 ; Baldwin 1906 ; Holden 1900 ; Myrs 1908 ; Garth, 1921 ; Eysenk 1942 ; Déribéré 1951 ; Jastrow 1897 ; M.-A. Descamps, *Psychologie de la mode*, PUF, Paris, 1979.

20. V. Kandinsky, 1986, ibid, p.59.

21. "무엇이 반복됨으로 해서 인간에게는 결과적으로 강한 감명을 주기 마련이다… 외적인 면에서 보면 광고 효과는 이러한 반복의 효과에 기초를 두고 있다"는 칸딘스키의 지적처럼 만들어진 결과물은 다시 만들어 질 결과물에 영향을 끼친다(Ibid, p.91).

22. M. A. Deschamps, 1979, ibid, p.100.

23. V. Kandinsky, 1986, ibid. p.76.

24. E. Ansermet, "현대음악의 위기", 《현대예술의 상황》, 삼성문화, 1974, p.220.

붉은 옷을 좋아하는 사람은 붉은색을 좋아하는가. 특히 음식과 색채의 연관성은 주목을 요한다. 검은색을 싫어하는 사람은 자장면, 간장, 올리브, 감초를 먹지 않는가. 이탈리아의 초록색 파스타는 단일 상품으로 팔리기 어렵다. 다른 색 파스타와 섞어 팔아야 한다. 한국에는 붉은색 라면(빨개면)이 있다. 한국인들이 음식에 붉은색채가 들어간 것을 좋아한다고 해서 주재료인 면을 붉은색으로 하면 라면이 선호될 것인가. 1954년, 면도기 회사 쉬크(Schick)가 실시한 연구에 따르면[22]사람들이 선호하는 색과 실제 행동은 매우 차이가 있음을 보여준다. 250명의 회사원들에게 붉은색, 베이지색, 초록색, 흰색의 4가지 색깔을 보여주고 선호도를 물었을 때 이들은 붉은색→베이지색→초록색→흰색 순으로 선호도를 보였다. 그러나 막상 똑 같은 형태의 면도기를 선호하는 순으로 제시하라고 하자 흰색→베이지색→초록색→붉은색의 선호도를 보였다. 색채 기호는 사물과의 관계에서 의미를 얻는 것이지 단독으로는 단지 기표적인 가치만 지닐 뿐으로 의미와 객관적인 선호성을 확인할 길이 없다.

　　음과 색채를 연관지으려 했던 뉴튼은 음향과 색채 반응간의 관계를 도-적, 레-주황, 미-황, 파-초, 솔-청, 라-남, 시-보라로 이해하려고 한 바 있다. 음향의 감성적 영상과 색채의 감성적 영상을 경험적으로 유추해서 양자를 감성 성질에 따라 묶어본 것뿐이다. 이는 다분히 형식주의적 발상에 근거한다. 그러나 인간의 감성적 성질은 원래 경험적이며 인간의 경험은 관찰과 실험보다는 역사적 경험을 종합적으로 파악함으로써 더욱 깊고 명료하게 관찰할 수 있다. 색채 사이의 물리적 유사성(노란색-하얀색＝밝음) 이외에도 "정신적 유사성"[23]이 있다. 바로 이 정신성이 색채를 관리해 온 것이지 색채가 정신성을 관리해 온 것이 아니다. 음악도 그렇다. "음악의 개성은 작곡가의 개성으로부터 우러러 나오는 것"[24]이지 음악의 형식에 자신의 감정을 끼워 넣은 것이 아니다. 음악과 색채 연구나 음률과 색채를 형식주의적으로 관리하는 것은 매우 지엽적인 일이며 극히 현대적인 현상이다. 그렇다고 해서 음악과 색채의 기호가 관리되는 것도 아니다. "도"의 음률에 "무거움"을, "노랑"의 색채에 "가벼움"을 관리할 수 있다고 생각한다면 이는 오산이다. 이것은 관리가 아니라 음률과 색채의 상상력을 주관화시켜 인간의 공동체적 심성을 역사에서 분리하려는 시도일 뿐이다. 색채의 형태주의적 파악은 그 한계가 명확할 뿐 아니라 만약 색채를 보편적으로 해석한다면 결국 생물적 지각으로서의 색채의 상징성(뜨거움, 차가움, 원심적, 구심적 등)만을 강조하게 된다. 이런 시도는 모든 기호의 발전을 저해한다. 음식은 파란색보다 붉은색이 좋다든가, 부엌을 파란색으로 하면 식욕저하를 유발하여 다이어트에 좋다든가 하는 지엽적인 파악으로 색을 통제함으로써 색의 창조적 발전을 저해한다. 기호를 특정 문맥에 묶어두려는 모든 시도는 문화사로서의 색채와 기호적 구성의 가능성을 놓칠 수밖에 없다.

색채 관리라는 행정적인 목적을 벗어나서 색채를 문화로 취급하려 한다면 무엇보다도 인간의 정신적 유사성이나 이타성을 먼저 설정한 이후에 색채의 물리적 유사성과 이타성을 구분하는 것이 옳다. 색채의 물질성은 일차적으로 정신적인 두뇌의 지각과 기억에 의해 해석되는 것이기 때문에 분석 대상은 형태(색채)에서 의미(내용)로 나아가는 것이 옳다. 색채 연구는 자연과학에 근거한 형태연구가 아닌 인간의 시지각이 불러일으키는 의미 연구로 파악하는 것이 색채를 문화로 보는 것이기 때문이다. 기표적 가치에 보편적인 의미를 부여하려는 대다수 자연과학자들처럼 칸딘스키도 그런 경향을 보인 바 있다. 이를테면 "노랑은 전형적인 땅의 색깔이다…푸른색은 전형적인 하늘의 색이다"[25]라는 표현이 그것이다. 이렇게 노랑과 파랑 사물의 유사성을 중심으로 보면 마치 노랑의 색채기호가 역사도 상징성도 없이 독자적인 존재론적 심리를 지닌 양 이해되고, 땅을 표현한 인간의 역사가 노란색에서 멈춘 것처럼 정태적으로 이해된다. 그러므로 "땅과 하늘의 색채는 노랑과 파랑으로 표현된다"고 말할 때 우리는 땅과 하늘의 색채에 대한 여러 가능성, 동시에 노랑과 파랑의 여러 의미를 살릴 수 있다. 색채에 대한 심리만을 고려하면 색채의 역사적이고 커뮤니케이션적인 의미가 간과된다. 이를테면 "푸른색이 심화하면 안식의 요소가 생겨난다"[26]라든가 "냉각된 붉은색이 파란색에 의하여 인간으로부터 멀어져 가는 색이 보라색"[27]이라는 기계적인 주장은 마치 색채의 자연과학적 배합으로 인간의 의식이 결정되는 양 파악하는 것이다. 그러나 이런 설명은 파랑과 보라의 역사

25. V. Kandinsky, 1986, ibid, pp.78-79.

26. Ibid., p.79.

27. Ibid., p.88.

28. M. Pastoureau, 2002, ibid, p.27.

29. 1930년대에 미국의 듀퐁(Dupont)사에서 색채조절을 한 바 있다. 생활, 작업 분위기, 환경을 보다 쾌적하고 능률적으로 만들기 위하여 단순히 개인적인 선호에 따라 건물, 설비 등에 사용하는 것이 아니라 색 자체가 지닌 심리적, 생리적 성질을 이용하여 색의 독특한 기능이 발휘되도록 했다. 이를테면 천장, 벽, 마루에서부터 기계장치, 집기 등에 이르기까지의 작업하기 좋고 작업자의 주의를 집중시킬 목적으로 색채를 계획한다. 대체로 맑고 낮은 채도의 색이 선택되었고 실내의 방향, 작업 내용 등에 따라 색상이 선정된다. 안전색도 이 작업의 일환으로, 화려한 색이기 때문에 전체 계획에서 악센트 컬러로서의 효과를 낸다. 안전색은 미국에서 제2차 세계대전부터 적극적으로 활용되었다. 즉, 붉은색은 방화, 정지, 금지, 주황은 위험, 노랑은 주의, 녹색은 안전, 진행, 구급, 구호, 파랑은 조심, 자주는 방사능, 흰색은 통로, 정돈을 나타낸다. 교통신호도 멈춤은 붉은색, 주의는 노랑, 진행은 녹색이 통용되고 있다. 이것은 만인을 한번의 결정으로 조직해야 하는 행정적인 색채론이므로 학적가치는 전무하지만 시간이 흘러 코드화된 색채는 사람들에게 다시 영향을 행사하게 될 것이다.

30. 색은 일반적인 평가를 넘어 환경 속에서 재변형되는데 예를 들어 옥외 광고에서 색채는 다음과 같이 변형된다. ① 붉은색이나 귤색(난색)은 자극적, 진출, 자동차를 표현 ② 파란색이나 녹색(한색)은 조용, 정적, 후퇴 ③ 한 색상에서는 밝은 색이 어두운 색보다 시원하다 등(M. Déribéré, La couleur dans la publicité de la vente, PUF, Paris, 1969).

31. V. Kandinsky, 1986, ibid, p.82.

에 근거하면 어긋난다. 보라색이 붉은색과 파란색의 배합이라는 사실은 근대 이전에는 누구도 몰랐으며 두 색채의 어느 상징에도 치우치지 않고 나름대로의 역사적 상징성을 지니고 있었다. 파란색도 마찬가지이다. 스코틀랜드 독립을 다룬 《브레이브 하트》에서 적군을 제압하려는 주인공의 파란색 화장이 보여주듯이 11세기부터 15세기까지 켈트족과 게르만족에게 파란색은 안식은커녕 "공포의 색"[28]이었다. 많은 공포영화가 보여주듯 오늘날에도 파랑은 공포를 표현하는 데 지속적으로 쓰이고 있다. 그러므로 일반화하기 어려운 한정된 범주(미술사, 임상심리, 선호도 조사의 결과 등)에 색채를 묶어 두면 색채가 드러내는 인간적 시지각으로서의 의미와 감수성을 고려하지 못하게 된다.

만약 색의 생리학적 동기나 확률에만 근거하여 직장환경의 색채 계획에 색의 심리작용을 활용하고 싶다면 하나의 색채에 하나의 기능을 부여하는 방식으로 계획[29]할 수밖에 없다. 왜냐하면 환경은 환경 나름대로의 문맥의 색채논리[30]가 있기 때문이다. 껌 공장의 휴식공간과 노동공간을 표현하는 색과 제철소의 표현은 다르다. 일반 병원의 병실과 정신병원의 병실에 똑같이 파란색을 사용할 수 없다. 파란색은 안정감과 동시에 고독감도 주기 때문이다. 정신병자에게 고독감은 병을 증폭시킬 뿐이다. 그러므로 환경 기능을 구조화시킨 다음에 비로소 색채를 조절하는 것이지 색채에 선입견을 주고 환경을 구성하는 것이 아니다. 색채조절은 기호학적인 일이지 생물학적인 일이 아니다.

2) 색채의 역사심리적 접근

인간의 역사는 자연과학의 역사와 다르므로 연구방법 또한 달라져야 한다. 아리스토텔레스로부터 뉴튼에 이르기까지 색상 기준의 근거인 명암(백-황-홍-청-초-흑)에 따른 색채구분, 빛의 진동의 물리적 문제(빨-주-노-초-파-난-보)에 따른 원심성과 구심성의 구분[31]이 의미론적으로 계속 유효하다면 역사적 텍스트의 구조 속에서 파악될 것이다. 모든 시지각 기호는 주변 기호들, 사용 목적,

상황 등의 동위성이 설정되어야 한다. 예를 들어 적자는 붉은색 글씨로, 흑자는 검은색 글씨로 기입하는 금전 출납부의 존재는 색채 선호나 실험 결과로 파악할 것이 아니라 붉은색과 검은색에 대한 행복과 불행, 이익과 손해 등의 역사적 감수성을 종합적으로 가정해야 한다. 병원, 학교 등의 건축과 그곳에서의 인간들의 활동을 기능적으로 규정한 뒤 이를 의미론적으로 유추해서 위생, 안정감, 놀이성, 배제성 등의 파란색 계열로, 식당은 분홍색 계열 등으로 연구할 경우에도 색채 연구는 역사적 논리를 지닌다. 다른 한편 표현에 따라 색채의 선호도가 다르고, 채도와 명도에 따라 색상 개념도 달라지고, 주변에 무엇과 대비되는가에 따라서도 다르다. 색채의 역사 심리적 조건은 색채의 보편적 평가를 부정한다. 색채는 자연적인 의미를 지닌 것이 아니라 문화적으로 인식되고 지각되기 때문이다. 현재까지 알려진 색채 선호도 조사에 따르면 서양인은 누구도 파란색이 싫다고 말하지 않는다고 한다. 그러나 동양인은 어떤가. 그 결과는 흥미로울 것이다. 색채는 인류학적 조건(지리, 인종)은 물론 민족적 조건 (역사)과 사회적 조건(계층, 남녀 노소)을 벗어나지 않는다. 개별적인 조형 텍스트의 문맥도 마찬가지이다.

뉴튼 이래로 서구는 색상구분에서 하얀색과 검은색을 분리했다. 뉴튼의 자연과학적 실험에 따른 결과였으리라. 이러한 판단은 유물론에 근거한다.[32] 즉, 인간의 역사를 인간의 내성적인 역사(욕구, 갈등, 의식, 무의식)로부터 분리시켜 인간의 외부에서 얻은 실험장치를 통해 규정한다. 일례로 붉은색은 초록색과 대비된다는 것이 자연과학의 결론이다. 자연과학은 절박한 자연과학적 논리가 요구될 때 필요하다. 이를테면 의사의 수술용 녹색가운이 있다. 피로해진 원추세포가 보색 잔상을 일으킬 때, 이 잔상 현상을 최대한 보정하기 위해 피와 반대색인 초록색을 입는 경우이다. 그러나 그것이 인간의 시지각과 무슨 관계인가를 파악하려면 자연과학의 결론은 그 기능적 관계를 벗어날 수밖에 없다. 붉은색 파장, 파란색 파장, 초록색 파장은 서로 섞여 모든 색이 투영된 색채를 만들어 내지만 인간학에서 필요한 것은 섞인 뒤에 나온 색채에 대한 다양한 반응이다. 그 하나가 가시성이라든가 시인성과 같은 반응이다. 그러므로 인간이

32. 뉴튼은 유물론자는 아니다. "뉴튼에게 있어 세계는 하느님의 것이다. 뉴튼의 과학의 심오한 종교적 뿌리를 이해하지 않고 어떻게 그를 설명할 수 있는가"(J. Ehrard, *Idée de la Nature en France à l'aube des Lumières*, Flammarion, 1970, p.79). 그러나 자연과학적 실험 결과를 인간에게 함부로 투사하려는 뉴튼주의자들의 과감한 일반성을 지적할 수 있다. 자연과학자들이 흔히 빠질 수 있는 유물론과 기독교는 아이러니컬하게도 한 몸으로 드러나는 경우가 많다. 양자 모두 인간의 판단이 아닌 종교적 지평에서 사물을 판단한다는 공통점이 있다. 하나는 육체 밖의 관념적 우주이고, 다른 하나는 육체 속의 관념적 우주이다.

색채에 반응할 수 있는 여러 가능성 중의 하나만으로 이를 확대 해석하면 곤란하다. 붉은색에서 열정의 의미를, 초록색에서 냉정함을 유추하여 인간 생활에 투여하려는 억지는 자연과학적 사고에서 나온다. 미의 기준이 다분히 생물학적이라고 말하면서 인간과 동물 모두 냄새에 끌린다는 결론을 확대 해석한다. 일례로 페로몬(Pheromone)향수의 생물학적 반응이 매혹은 낳는다든가, 인상의 비례가 미남 미녀의 보편적인 기준이라든가, 남성은 생물학적으로 아이를 낳는 여성의 원형적인 면모에 끌린다 등의 결론[33]이 그것이다. 여기에서 인간의 역사가 만든 매혹의 다양한 감수성은 사라진다. 육체적 매력만이 정신적 매혹을 일으킨다는 이론은 세계의 몇몇 사회에서 어느 정도 인정을 받고 있는 것이 사실이다. 성형수술, 헬스클럽, 신체조절에 대한 감수성을 진리로 받아들인다. 동물적인 감수성을 인간의 문화보다 앞세운다. 특히 육체성을 강조하는 미국 대중사회의 동물적 문화가 전세계로 수출[34]되고 있다. 동물적 문화가 유행하면 그 유행을 따르는 언술 또한 유행한다. 현상을 무조건 보수적으로 지지하는 학계의 장난꾸러기들이 있기 때문이다. 이를테면 작은 가슴일수록 성감이 뛰어나다는 생각 없는 의학자들의 장난이 그렇다. 인문학의 장난이라면 당신의 해석이라며 웃고 넘어갈 수 있을지 모른다. 하지만 자연과학자들의 장난은 도가 지나치다. 문화적 사실을 자연과학적 사실로 은근히 뒤바꾸려는 사회에 지성은 없다. 남녀간의 관계에서는 시선을 끄는 화장도, 달콤한 대화도 필요 없다고 은근히 종용한다. "첫눈에 반하는 감정"이 모든 것을 용서한다. 이것이 육체적 매력이고 이 매력이 정형화되었다고 말한다. 주머니에 페로몬 향수를 넣고 다니면 여성을 유혹하는 일에 만사형통이며, 성형수술은 미남 미녀가 되기 위한 유일한 방법[35]이 된다. 여성들은 입술을 두툼하게 하고, 가슴을 부풀리며, 엉덩이선을 더욱 둥글게 한다. 이것이 자연과학의 제국주의적 장난의 결과이다. 도대체 인간은 옷을 입지도 않고, 남들과 대화하지도 않으며, 걷지도 제스처도 취하지 않는가. 인간의 매력을 구성하는 모든 기호적 도구들은 어디로 사라져 버렸는가. 남성의 땀 냄새, 낮은 바리톤의 음성, 얼굴의 비례, 여성의 향수냄새, 가느다란 목청의 울림새, 수줍음 등의 동물적 능력만이 인간이 지닌 매력의 전부인

---

33. 프랑스 대중 과학잡지 *Science et Avenir*, Paris, 1997, p.39.

34. 프랑스와 독일의 포르노 극장에 등장하는 배우 이름은 모두 John, James, Frank, Stuart, Mark, William과 같은 미국식 이름이다. 영미의 문화에서 남성은 육체성(virility)의 이미지로 존재하기 때문이다. 메트로 섹슈얼(metro-sexual)이라 불리는 남녀 혼성의 몸매와 의복의 문제가 부각되는 것 또한 영미 육체문화의 산물이다.

35. 남녀구분이 철저한 사회에서는 여자들만이 육체적 조작을 가하도록 종용받는다. 서구사회의 기호적 언술에 쉽게 휩쓸리는 한국의 대중사회를 그 예로 들 수 있다. 여자는 예뻐야 하고, 헐리우드식 유행에 따라 예뻐야 한다. 두꺼운 입술, 튀어나온 광대뼈, 소말리아 난민 같은 얇은 다리, 그리고 서양인으로서는 무엇보다도 견디기 어려운 작은 가슴마저 유행시키려 한다. 기호가 실재를 구성하는 시뮬레이션의 기본적인 현상이다. 그러나 서양 근세사의 어디에도 작은 가슴을 선호한 적은 없다. 여성의 코르셋을 풀어헤친 디자이너 프와레(Paul Poiret) 시대에도 가슴은 크지 말아야 할 것이었지 작으면 안되었다. 1950년대 오드리 헵번의 유행도 작은 가슴의 유행을 불러온 바 없다. 단지 가슴이 너무 크면 천해 보인다는 감수성만이 현대 서양사회의 커뮤니케이션을 누비고 있었다.

가. 인간은 결국 짐승인가. 첫눈에 반한다는 것은 결국 동물적 반사작용인가.

　　나는 결코 그렇지 않다고 생각한다. 누군가에게 첫눈에 반했다면 상대도 그(녀)에게 첫눈에 반한 사례가 많이 제시되어야 한다. 그러나 첫눈에 반하는 것은 개인적 사실이지 집단적 사실이 아니라는 것을 우리는 경험으로 안다. 실험하지 않아도 유추가 가능하다. 세계 최고의 멋진 남성이 첫눈에 반해버린 여성도 그에게 첫눈에 반한 것은 아니다. 그 여인은 자신만의 경험이 있기 때문이다. 남성도 마찬가지이다. 자신이 살아온 경험이 현실의 대상과 합쳐져 종합적인 판단을 유발하는 것이다. 이러한 사실을 생물학적 실험에 기대어 유혹, 사랑, 감정을 재어보려는 자연과학자들은 자신의 실험이 과연 얼마만큼의 객관성을 지닐 것인가를 생각하기 이전에 자신의 방법론이 얼마나 타당한 것인지 생각해야 할 것이다. 자연과학적, 실증적 연구방법론은 인문과학적 연구방법론이 시작되기 전에는 그 어떤 시작도 할 수 없다. 19-20세기 초에 자연과학자들의 자만심은 처절하게 실패했다. 1649년에 파스칼(Blaise Pascal)이 계산기를 발명했다. 그 계산기는 "생각하는 갈대"의 흔들림을 어느 정도 교정해 줄 수 있을지 몰라도 사유와 맞바꿀 수 있는 것은 아니다. 인간의 역사를 이해하지 못하는 계량적 사회과학 박사들이 해마다 수 백명씩 배출된다. 이들의 많은 수는 테크노그라트에 불과하기 때문에 문화교육이 절실하다. 경험적으로나 논리적으로나 남성과 여성의 육체적 진실 중에서 조건반사나 무의식의 부분을 떼어다가 이를 인간의 기호적 역사에 투여(일례로 Sociobiology)하는 것은 어불성설[36]이다. 이 모든 행동은 자연과학적 진실과 인간적 진실을 구분하지 못해서 벌어지는 일이다. 자연과학의 실험은 매우 중요하며, 많은 경우 인간의 생활을 설명하는 좋은 도구이다. 그러나 그 결론이 어떤 객관성을 지닌다 해도 이를 인간사에 적용하기 위해서는 자연과학적 진실이 인간의 진실과 어떤 관계에 있는지를 종합적으로 파악해야지 이를 무조건 현실 생활에 적용하는 것은 잘못이다.

　　시지각으로 돌아와 생각해 보자. 물체의 색깔이 백색인 것은 그 물체가 모든 종류의 광선을 거부하기 때문이며 따라서 달리 표현하면 백색은 모든 광

110

36. 터미네이터, 로보캅 등 생각만 할 뿐 아니라 심지어 울고 웃는 로보트의 존재를 믿으려는 유물론적인 자연과학자들이 있다. 이들은 인간의 마음이 육체로부터 탈출할 수 있다고 믿는 형이상학자들이다. 마음은 누가 때리고 꼬집고 웃겨서만이 드러나는 것이 아니다. 물리적 세계에 대한 정신의 반응은 입력된 정보의 미적분에 따라 구성되는 것이 아니다.

37. J. Aumont, 1990, ibid, pp.7~18.

38. R. Bastide, "Variations sur le Noir et le Blanc", in *Revue Française de Sociologie*, n°4, Paris, 1963, p.394.

◎ Paul Poiret (1879~1947)

◎ 《폴 프와레의 드레스》에 실린 폴 이리브(Paul Iribe)의 도판

선이 합쳐진 것이다 라는 고등학교 미술 교과서의 결론이 있다. 물체의 색채는 물체가 지닌 것이 아니라 우리의 시지각과 광선의 작용에 의한 것이라는 객관적인 사실은 인간학의 영역에서 무엇을 할 수 있을까. 결국 물체마저 인간학적인 사실이라는 결론 이외에 무엇이 있는가. 색채의 자연과학적 진실[37]은 인간학과 서로 작용하면서 후자에 일정한 정보를 준다. 그러나 이 정보는 매우 지엽적이다. 무엇보다 인간의 역사는 자연의 역사와는 다르게 흘러왔으며 앞으로도 다르게 흘러갈 것이다. 여기 우연한 사건이 하나 있다. 서양인들은 색상의 대비가 아닌 명암의 대비로 검은색과 하얀색을 구분했다. 기독교는 신의 존재와 빛을 동일시했다. 빛이 있는 곳에는 하얀색이, 빛이 없는 곳에는 검은색이 있다고 주장해 왔다. 이와 동시에 밝음에는 긍정, 어두움에는 부정의 의미를 부여하면서 하얀색과 검은색의 위계 질서를 무의식적으로 인정했다. 이런 행태는 아직도 사이비 과학의 이름으로 건재하고 있다. 이는 역사적으로 보아 종교적 권력이 행사된 이데올로기일 뿐이다. 사물이 지니지 않은 색이 빛에 의해 드러난다는 것은 과학적으로 옳다. 그러나 역사, 인문과학, 사회학 등의 인간학에서 제시하는 백/흑의 문화적 양상을 이런 식으로 말할 수 없다. 하얀색과 검은색은 단순하게 명암으로 볼 것이 아니라 색채로 보아야 한다. 검은색과 하얀색은 명암에 관계하는 것보다 색상에 관계한다고 주장하는 것이 중세와 근대 이후 내내 빛의 이데올로기에 둘러싸인 색채의 감수성을 벗어나는 길이다.[38] 실제로 검은색은 14-15세기 유럽의 귀족들, 17세기 렘브란트의 청교도적 검은색 톤, 18세기의 부르주아, 19세기의 댄디, 20세기 멋쟁이들이 선호했고, 부정과는 다른 패러다임 속에서 존재했다. 우리는 앞으로 회화, 의상, 가옥, 도자기, 화장품 등에 대한 컬러의 해석학을 전반적으로 검토할 필요가 있다. 이로써 검은색은 빛의 유무에 의해 평가되는 것이 아니라 하나의 색상일 뿐이라는 사실을 이해할 수 있을 것이다. 실제로 색상 대비를 통해 백과 흑을 구분해 왔으면서도 하얀색과 검은색을 명암의 표현 혹은 질료라고 이해하는 중세 이데올로기와 뉴튼의 자연과학적 결론을 극복할 때이다.

이러한 의미에서 색채에 대한 괴테의 인문과학적 시각은 매우 긍정적이다. 괴테는 뉴튼에 반대하여 색채는 수학적으로 파악할 성질의 것이 아니라 "인간적인 현상이고 살아 있는 무엇"[39]으로 보아야 한다고 강조한다. 이 책은 명암의 대비를 색상의 대비로 환원시키면서 이를 포괄적으로 이해하려 한다.

3) 색채의 인종, 지역적 차이

색채의 사용, 해석, 선호도는 지역마다 다르다. 특히 기후적 요인은 색채의 해석과 선호도에 많은 영향을 미친다. 이를테면 태양의 조사시간, 빈도, 각도에 따라 색채에 대한 평가가 달라진다. 햇볕이 잘 드는 지역에 사는 사람들은 일반적으로 선명하고 화사한 색채에 익숙하고, 흐린 날이 빈번한 지역에 사는 사람들은 연한 회색풍 색채나 약한 한색계의 색채를 주로 사용하는 경향이 있다. 북위와 남위에 관계없이 태양 광선이 풍부하면 난색계를 좋아한다. 지리적 요인은 넓게는 한대, 온대, 열대지방에 따라 색채의 반응과 평가가 다르고, 좁게는 주거지가 산지인가, 분지인가, 해안인가에 따라 다르다. 인간은 지리적 환경에 적응하면서 특정한 색채 성향을 지니기 때문이다. 기후와 지리적 요인이 큰 작용을 하는 것은 안구의 생리적 요인으로 이 현상을 푸르킨에 현상[40]이라고 한다.

하얀색과 검은색에 대한 일반적인 사용을 공통으로 황인종이 주로 사용하는 색채는 붉은색, 황색, 금색이고, 백인종은 파란색, 붉은색, 녹색, 보라색, 오렌지색, 황색을 주로 사용하고, 흑인종은 파란색, 붉은색, 녹색 등을 사용한다. 이는 피부색과 안구의 생리적인 반응과도 밀접한 관계가 있음을 의미한다. 실제로 화장품과 의복의 색채를 선택할 때에는 얼굴 색과 피부색을 중심으로 한다. 피부색 못지않게 중요한 민족적 요인은 안구의 색이다. 예를 들어 북유럽계 민족은 난색 시각을 지니고 있다. 따라서 이들은 단(短)파장색(녹색-파란색)에 민감하다. 자일리톨 껌의 색상 구성(녹/백)은 전형적인 북구의 색이다. 북구의 환경적 요인이 강하게 작용한 것으로 색에 대한 단순함은 북구계통의 편두

39. M. Pastoureau, *Histoire d'une couleur. Bleu*, Seuil, 2002, p.120. 인간과 사회의 현상에 대하여 역사적인 설명이 충분히 가능함에도 불구하고 걸핏하면 일방적인 자연과학적 주장을 들어 설명하려는 이들이 있다. "뇌가 직선을 좋아한다"든가, "인간의 시지각은 왼쪽에서 오른쪽으로 끌려가게 되어 있다"는 등의 허무맹랑한 주장은 자연과학의 한시적인 결과를 강조하여 어떤 절대규정을 이끌어 내려는 국가 자본주의자들의 자세와 같다. "자본주의의 현실은 은폐되어야 하며 생산양식의 사회적 관계는 역사적 조건으로부터 자연적 조건으로 돌려지게 된다"(A. Swingewood, 《대중문화론의 원점》, 전예원, 1987 p.189).

40. 우리 눈의 시세포는 붉은색 계열에 주로 반응하는 추상체와 녹색 계열에 주로 반응하는 간상체가 있는데 추상체는 밝은 빛 아래서 활동하고 간상체는 어두운 빛 아래서 활동하기 때문에 그 지역의 태양조건이나 지리적 조건에 따라 붉은색 계열과 녹색 계열 중 빈도가 달라지게 된다는, 푸르킨에 현상은 환경색채의 중요 이론이다.

통, 민족적 단순함, 명확성, 숭고미, 절도성과 관련이 있는지 살펴볼 필요가 있다. 이들은 (정신병자들이 싫어하는) 화려한 색채의 도심에서는 고통의 강도가 심하다. 라틴계 민족은 검은 머리와 검은 눈을 지니고 있다. 라틴 아메리카를 비롯한 유럽의 라틴계 민족이 난색계(적/금-스페인, 황/적-이태리 등)를 기이할 정도로 편애하는 것은 광선의 장(長)파장에 대한 눈의 조절작용이라는 생리적 현상 때문일 수 있다. 그렇다면 텐느(Hippolyte Taine 1828~1893)의 경우처럼 르네상스 회화를 이러한 조건에 근거해서 이해해도 무리가 없을 것이다. 실제로 북유럽계 민족의 눈에는 여러 가지 색채계가 형성되어 있는 반면, 라틴계 민족은 망막 중심에 강렬한 색채계가 형성되어 있다. 인류의 눈은 대체로 위의 두 가지 유형에 속한다. 검은 눈을 가진 민족들 사이에도 선호하는 색채에서 많은 차이가 있는데, 이는 지역적으로 오랜 기간의 문화가 낳은 일종의 경향이다. 스페인계 민족을 제외하면 서구는 대체로 파란색을 선호한다. 색채와 의식이 동시에 나타나기 이전에 곧장 생리적 반응을 일으키는 이차 분절적인 기호는 색채에 관한 민족 문화의 하부구조를 이룬다. 색채는 자연조건에 얽매일 수밖에 없는 인간의 육체에 의해 어느 정도 동기화된 기호이지만 동기화만 가지고는 색채의 역사를 제대로 설명할 수 없다. 색채 기호는 자연적 동기를 벗어나 수 천년 동안 새로운 상징성을 획득해 왔기 때문이다. 이를테면 고대 그리스의 도자기와 미니아투는 흰색 혹은 붉은색의 흙을 원료로 사용하지만 형상은 붉은색이나 검은색으로 입혀진다. 그리스와 같은 남방계의 기후 조건에서 붉은색과 검은색이 혼용되는 이유는 자연 조건만으로 설명될 수 없다. 그리스 민족은 생리학적 조건과 더불어 자연을 시대마다 달리 해석하면서 문화적인 색을 사용했기 때문이다. 청빈과 탁발을 대표하는 아시시의 프란체스코 성자의 승복은 르네상스 이래로 갈색과 회색이 혼용되어 그려졌다. 회색에 청빈과 탁발의 개념은 자연적으로 동기화되어 있지 않다. 갈색이 땅을 표현하는 자연적 색채라면 회색은 빈곤과 거지를 문화적으로 상징하는 색채이다.

역사를 지닌 각 민족에는 고유한 민족 문화에 따른 색채 연상과 색채 상징이 있다. 서구에서 검은색이 해적과 무정부주의자들에게 사용된 역사는 짧지만 죽음을 상징하는 색으로서의 검은색은 오랜 역사를 가진 의미론적 내용이다. 장례의 색깔로 이집트에서는 고엽을 상징하는 노란색, 이디오피아에서는 재를 상징하는 회색, 스파르타와 로마에서는 여자에게는 하얀색, 남자에게는 검은색을 사용했다. 중세 서구에서 왕의 장례는 붉은색, 여왕이나 왕비의 장례는 하얀색, 민중은 보라색을 사용했다. 검은색을 유행시킨 몽테스팡 부인에 비해 과부의 장례복은 하얀색이었다.

유럽에서 초록색의 역사는 사탄의 눈이 초록색인 역사의 흔적이 있고, 단색으로 쓰일 때에는 사람을 불안하게 한다. 그러나 영국에서 초록색은 지방 귀족의 역사가 그린필드에서 이루어졌듯 긍정적인 의미를 지닌다. 이슬람에서 초록색의 의미는 예언자, 평화, 오아시스의 상징이다. 같은 동양 민족도 색채에 대한 연상과 상징은 서로 다르다. 한국민족에게 하얀색은 자연에 동화하고 귀의하는 색으로 살아있을 때나 죽을 때나 언제나 이용한다. 반면 중국인에게 하얀색은 상색으로 불신의 뜻으로 받아들이지만 인도, 일본, 한국의 경우처럼 장례의 의미도 있다. 붉은색은 중국인들에게 행운의 색이고, 인도에서는 종교적 헌신을 뜻한다. 이러한 요인들은 각 민족의 사회 권력의 흐름에 의해 종합적으로 구성된 것이지 인간의 본성적인 것은 아니다. 중세 서구의 결혼 예복은 붉은색 혹은 여러 색이 조합되었다. 이제 하얀색으로 통일된 예복의 의미는 무엇인가. 부르주아지 시대의 "처녀성"에 대한 상징은 없는 것일까. 선황색(Safran)에 대한 유럽의 감성은 오래 전 불교가 수입되면서 만들어진 새로운 느낌이라고 할 수 있다. 반대로 현대 동양의 장례식에 검은색이 사용되는 것도 마찬가지 경우이다.

고대 이래로 색의 사용과 수용이 순수하게 미학적인 기준에 따랐다고 보기는 힘들다. 색은 옷, 장신구 등의 물질적 조건(염색, 재질 등)과 깊은 관계가 있고, 종교적인 목적의 이차적인 재(再)상징화가 있었다고 추정된다. 이처럼 사용가치와 상징가치에 따른 색채 미학은 물질과 정신의 변증법적인 역사가 이룬 구조와 관계가 있다. 색채 구조는 역사의 산물이며, 역사가 만든 미학적 위계질서에 종속된다. 위계질서는 공시적 체계이지만 그 체계 또한 역사적인 흐름 속에 종속된다. 이로써 체계와 역사는 서로 구조적으로 영향을 미친다. 이를테면

▣ 램브란트의 초상화

12-13세기 아더왕의 텍스트에서 하얀색 기사, 검은색 기사, 붉은색 기사의 역할은 각각 "선함", "정체를 알 수 없지만 꼭 악하다고 볼 수는 없음", "악함"의 질서와 상응한다. 한편 14세기 아더왕의 텍스트는 검은색 기사에게 "악함"을, 붉은색 기사에게는 검은색 기사가 지녔던 가치를, 파란색 기사는 하얀색 기사가 지녔던 장점에 자신의 장점을 더한 기사로 표현되었다. 역사적 텍스트를 공시적으로 파악하고자 할 경우, 분석 대상인 색채와 텍스트에 연결하는 것이 제일 먼저 선행되어야 할 작업이며 이로써 색채의 의미론적 관계를 이해할 수 있다.

색은 삶에 대한 체계적인 상징이며, 색의 표현은 삶에 대한 사회적인 의미들로 본다면 색은 당당히 기호의 위치에 서게 된다. 색을 기호적 위치에서 바라보면 모든 색은 서로의 관계를 통해 자신의 의미를 드러내는 것이다. 이를테면 중세의 지배층은 유채색을 선호한 반면, 검은색은 피지배층의 것이다. 따라서 유채색이자 무채색인 검은색은 서로 지배와 피지배의 관계를 유지하는 것으로 이해된다. 근대의 성직자들이 항상 백/흑의 한쪽 끝에서 정신적인 안정을 얻으려 하는 것을 보면, 색채의 종교적인 텍스트에서 흑/백은 조형적으로 반대되는 듯하지만 공통의 의미를 지닌 2가지의 변이형이라고 볼 수 있다.

다음에 설명할 색채는 이미 언급했듯이 텍스트가 정해지지 않으면 명확한 설명이 불가능하다. 즉, 색채를 이해하려면 먼저 색이 사용된 문맥을 고려해야 한다. 종교, 문학, 회화, 의학, 옷, 과자, 음식, 화학 등 색채적 텍스트의 의미작용을 구분하는 요소들이 색채표현을 파악하는 것보다 앞선다는 뜻이다. 이 책에서는 이들 수많은 텍스트를 하나하나 구분하여 설명하기 어렵기 때문에 색채를 중심으로 문맥의 의미를 설명하고자 한다. 따라서 색채 연구는 색채 그 자체가 아니라 텍스트에 따른 색채 연구가 되어야 한다고 강조하고 싶다.

115

4) 하얀색과 부르주아

하얀색은 자연스럽게 깨끗함과 동기화되어 있다. 성경과 로마 시대의 기록, 중세의 모든 문헌이 보여주듯이 고대와 기독교 시대 이래로 순수함과 깨끗함을 상징한다. 천사와 성모 마리아의 축일에 하얀색이 사용되었다. 하얀색은 드러남의 감수성과 함께한다. 예를 들어 성모 마리아의 예술적, 종교적 텍스트는 마리아가 등장하는 다른 종류의 텍스트(축일, 예수와의 관계 등)와 달리 어둡게 표현되어 왔다. 동정녀 마리아는 예수의 죽음을 속죄하는 여인으로서 오랫동안 비교적 어두운 색으로 표현되었지만 1854년 교황 피오 9세는 마리아의 색을 하얀색[41]으로 정한다. 예수의 뒤편에 존재했던 지상의 마리아는 이제 원죄가 없는 천상의 예수와 동급(무염수태 Immaculée Conception)으로 표현되기 시작한다. 13세기 이전의 검은색 옷의 마리아는 이후 파란색으로, 16세기 이후 바로크 시대에는 금색으로, 그리고 마침내 하얀색의 여정을 겪는다. 로렌제티(Ambrogio Lorenzetti), 도나텔로(Donatello), 다빈치, 라파엘로, 미켈란젤로 등 14-16세기 화가들이 그린 마리아의 색채는 파란색과 붉은색의 조화를 보여준다. 15세기를 기점으로 주로 조각을 중심으로 서서히 금색이 첨가된다. 한편, 같은 시기 동북부 유럽의 마리아는 거의 파란색으로 표현되다가 17세기 이후에야 이탈리아 르네상스의 색채 표현을 수용한다. 마리아 상에 부수적으로 들어간 붉은색은 예수의 희생을 나타내지만 원래 마리아의 색은 흑/청/금/백[42]이다. 물론 예수 또한 마리아와 공통점[43]이 드러나지만 좀더 깊이 연구할 필요가 있다.

장대한 역사적 사실에서 서구 기독교 사회의 마리아에 대한 감수성은 침묵에서 표현으로 나아갔음(꺾인 화살표)을 기호학적으로 파악할 수 있다.

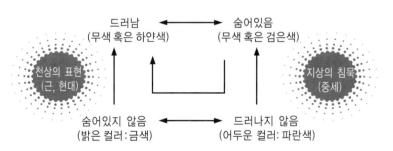

□ 베로네제, 《가나의 결혼식(세부)》

41. M. Pastoureau, 2002, ibid, p.47.

42. 물론 금빛과 하얀색에 대한 공경은 오래 전부터 존재했다. 13세기 성화의 바탕색은 주로 금빛이지만 마리아 자체는 주로 파란색과 붉은색이다. 그 이유는 여러 가지로 설명이 가능하겠지만 화폭과 벽화의 용도 차이로 인한 것으로 보인다. 성당과 개인은 화폭의 금색을 서로 달리 사용했던 것이다. 1280년 치마부에(Cimabue)가 그린 마리아는 청/적인데 반해 바탕색은 금색인 것을 보면 종교 벽화와 일반 회화가 절충된 것으로 볼 수 있다. 백색은 15세기 전후에 마리아의 두건을 표현하는 등 절충적으로 이용되었다. 이를 종합한다면 마리아의 색채표현은 흑/청/금/백/적이 공통이지만 각각의 색의 우위는 서로 다르게 이어졌다고 생각된다.

43. 베로네제의 《가나의 결혼식 Noce de Cana》(1563)이 대표적으로 예수는 파란색과 붉은색의 조화를 중심으로 14~16세기를 지배한다(p.91의 그림 참조).

44. M. Pastoureau, 2002, ibid, p.184.

45. 1998년 프랑스의 한 신문에서 실시한 앙케이트에 따르면 프랑스 여성은 75%, 남성은 60%가 매일 팬티를 갈아입고 여성의 70%, 남성의 50%가 향수를 사용한다. 프랑스 사회의 위생관념이 유럽 전체국가와 비교해 그리 높지 않은 사실을 상기해 보면 이 수치는 유럽사회 전반에 비슷하게 나타난다고 볼 수 있다.

깨끗함은 인간과 천사의 만남을 중개하는 기호로 세상의 모든 업보를 인정하는 수동적 의미이다. 교리에 따르는 하얀색의 종교적 세례는 흡사 절대자에 대한 복종을 표현하는 것처럼 보인다. 컬러(color)의 어원은 라틴어 celare(숨기다)와 같은 것으로[44] 색채의 서양사는 그만큼 숨음과 드러남의 종교적 의미에 영향을 받았다.

서양사회의 종교적 감수성이 가장 깊숙하게 생활화된 것은 육체와 외부세계의 구분이다. 육체는 의식(儀式)과 기도를 통해 천상에 자신을 드러내는 만큼 육체가 외부세계에 자신을 드러낼 경우 동일한 의미작용을 벌인다. 비누, 세제, 속옷, 침대시트, 부엌, 목욕실 등 육체가 사물과 만나는 접촉점에 하얀색 표현의 감수성이 존재한다. 육체를 완벽하게 드러내는 행위는 성욕에 의한 것(중세는 이것도 죄악으로 보았지만)을 예외로 한다면 전적으로 천상, 정신, 자연과의 만남을 위한 것이다. 교회에서 보는 육체는 근본적으로 더러운 것이기 때문에 언제나 순결화(purification)해야 할 이유가 있다.

알렉산더 대왕의 그리스와 로마제국 시절, 목욕으로 생활의 순결을 표현했다면 중세 이후 현대적인 표현은 다르다. 중세 이후 육체의 노출은 순결이 아닌 옷을 벗는다는 것으로 이해했다. 따라서 순결의 표현은 목욕과 직접 연관을 맺는다기보다 물과 피부가 접하는 위생 기호(옷, 낙인, 제스처 등)와 연관된다. 육체와 관련된 위생 개념이 극명하게 드러나는 것은 로마제국 이후의 전통인 목욕행위도 아니고, 제국 말기에 발명된 비누나 세제도 아닌 "속옷과 향수"이다. 속옷이 육체적 순결의 종교적 감수성을 대변한다면 향수는 정신적 순결의 종교적 감수성을 대변한다.[45] 목욕과 세제라는 위생과 건강의 현대적 이데올로기가 가속화되고 있지만 위생과 건강의 이데올로기는 먼저 기독교적 순결의 관념 속에서 이해된 것이다. 이로써 비누와 세제가 왜 하얀색으로 출발했는지를 이해할 수 있다. 육체의 위생과 건강이 완전히 외부로 표현될 때 하얀색은 베이지 색채를 띤다. 베이지는 노란색 종류가 아니라 하얀색 종류(false-white)이다. 따라서 베이지색 옷은 육체의 위생과 건강을 이데올로기로 담은 서구 부르주아를 상징하며, 이로써 베이지색 옷에 문양을 기피하는 서구 의상 디자인의 관례가

117

형성되었다. 베이지색 옷에 문양을 넣는 것은 피부에 문신을 하는 행위와 같다. 그것은 부르주아의 눈에 정상적인 행위가 아니다. 순결의 감수성은 약품으로도 표현된다. 20세기의 약품과 약품상자의 색은 코드화 되어 있다. 약품의 기본적인 배색은 흰색이다. 순결의 논리는 '위생 혹은 깨끗함'의 논리와 결합된다. 더 나아가 약품명과 제약회사명은 검은색이 아닌 하얀색을 사용한다. 이름의 배경은 강력한 검은색보다 회색 등으로 "순화"시킨다. 약품의 하얀색이 반영의 논리를 지니는 반면, 담배의 하얀색은 구성적 논리를 지닌다고 볼 수 있다. 과거에는 담배가 약품과 같다고 생각했거나 또는 어떤 종교적 감수성과 결부되어 이해된 적[46]이 있었으나 그 인식이 담배를 산업적으로 생산하는 현대에까지 이른다고는 볼 수 없다.

　　　19세기까지 모든 직물은 식물에서 색[47]을 얻었다. 염색도 어려웠지만 색상을 유지하기는 더욱 어려웠다. 반면 붉은색 염료는 다른 염료와 달리 직물 속으로 깊이 파고들어 오래 유지되는 성질을 지녔다. 오래가는 것은 무엇이든 숭배된 중세에 붉은색은 널리 사용된 만큼 축제나 삶의 즐거움과 같은 긍정적인 의미를 지녔다. 중세와 근대 농촌의 결혼식은 즐거운 마을 잔치였으며 퇴색하지 않는 붉은색을 주로 사용했다.[48] 유럽 농촌과 지방 도시의 혼례복은 19세기 중반까지 붉은색 드레스나 색동옷이었다. 반면 하얀색 웨딩 드레스는 18세기 후반과 19세기 초반에 부르주아의 예식에서 시작된다. 19세기 후반부터 차츰 하얀색 감수성이 퍼지면서 20세기 결혼의 상징은 완벽하게 하얀색으로 통일된다. 결혼 예복의 백색화는 부르주아와 낭만적 스노비즘이 결합한 것이다. 중세 이래로 신부의 "처녀성"은 자명한 일이었기 때문에 옷을 통해 일부러 처녀성이나 정신적 순결을 강조할 필요는 없었다. 부르주아의 성욕은 옛 귀족과 달리 숨겨져야 하는 것이었고, 이는 하얀색으로 순결을 표현하게 되었다. 하얀색 기호의 순결성은 처녀성을 의미하며, 처녀성은 부르주아 가문의 순결성을 연대 보증한다. 20세기 결혼의 색채 체계로 완성된 하얀색 기호는 이제 처녀성이라는 기호의 상징성이 완전하게 사라지고 형식적인 기호 체계로서만 존재한다.

46. 17세기 영국에서 담배는 전염병 예방약으로 이해된 적이 있었고 많은 나라에서 담배는 진통제나 충치 예방제로 인식되기도 했다. 한편 연기를 통한 정신의 순결화는 오래된 종교적 의식이었다.

47. 파란색 =pastel(대청), 초록 =bouleau(자작나무)와 ortie(쐐기풀), 황=gaude(목서)와 genêt(금작화), 흑 =noyer(호두나무), 회색=aunée(목향), 붉은색=garance(꼭두서니) 등.

48. 플랑드랭에 따르면 농촌에서 남녀의 만남은 또한 "열정"이었다(J.-L. Flandrin, *Les amours paysans, XVIᵉ-XIXᵉ siècles*, Gallimard, Paris, 1975, p.255). 중세와 근대의 결혼은 가족과 물질적 조건에 따른 선택이었다. 그러나 사랑의 본질이 열정이며, 열정의 극점이 가정이라면 중세와 근대의 결혼의 표현은 붉은색으로 충분히 이해될 수 있다.

5) 검은색의 근대성과 저항정신

죽음의 대명사였던 중세의 흑사병은 검은색으로 상징된다. 검은색은 삶의 빛이 없는 죽음이다. 악마는 오랫동안 검은색으로 표현되어 왔다. 검은색은 진부하지만 서양사회로서는 어쩔 수 없는 악마의 기호이다. 분홍색 돼지는 귀엽고 어린 돼지이지만 터프하고 악마적인 돼지는 검은색이다. 원래는 하얀색이었으나 길거리에서 살다보니 색이 바래 어두운 옷을 입은 거지나 길거리의 병자는 하얀색과 검은색의 조합으로 표현된다. 거지와 병자는 죄인이 아니다. 순결한 이들이 처지를 잘못 만나 불행해진 것뿐이다. 이들의 삶은 사는 것이 아니기 때문에 잿빛 형상을 지니며 속죄해야 할 슬픔을 간직한 이들이다. 검은색의 이러한 종교적 감수성은 아직도 영화와 만화로 재현되고 있다.

12세기 이후 중세 교회는 검은색에 칩거, 속죄 등의 의미를 부여했다. 기독교회의 눈에 성령은 빛이며 빛은 두 가지 색의 존재에 의해 발현된다. 하얀색과 검은색이 그것이다. 기독교회가 여러 색을 사용할 경우에도 흑백의 감수성은 항상 이들 색채를 평가하는 기준이었다. 기독교의 축일 중에서도 특별한 속죄의 날에는 항상 검은색만을 사용했다. 구교도 국가에서는 남편이 죽어서 속죄, 슬픔, 칩거의 상황이 발생했을 때 흔히 검은색을 사용했다. 프랑스의 슈농소(Chenonceau)城에 있는 카트린느 왕비의 방은 아름다운 성의 자태와 달리 온통 검은색으로 치장되었다. 중요한 것은 14세기 후반 유럽의 귀족과 왕실에서 유행한 검은색이 하나의 색채로 존재했다면 중세 종교적 교리의 입장에서는 검은색은 유행도 아니고 어떤 표현의 색채도 아니었다. 검은색은 색채가 없는 것이며 단지 빛이 없는 어두움의 표현이었다. 서양의 역사가 만든 어두움의 의미 범주는 죽음, 슬픔, 속죄, 못생김, 늙음, 성적, 옷입음, 권위 등으로 이어간다.

15세기부터 신교도와 검은색의 관계는 항상 깊은 관련 속에서 유지되었다. 16세기 이후 유럽 전체에 퍼진 개신교는 여러 가지 이유로 검은색을 선호한다. 일반적으로 가톨릭 교회가 하얀색(성모 마리아)을 중심으로 검은색, 파란색, 붉은색을 두었다면 신교도는 검은색을 중심으로 주변색을 둔다. 무엇보다도 검

□ 밀라노에 흑사병이 끝난 것을
기념한 판화 (16세기)

은색은 가톨릭에 대한 반항의 색이자 교리를 요란하게 공표하는 표현의 세계가
아닌 침묵의 세계이자 성찰을 통해 천상과 만나는 세계이다. 따라서 검은색은
외부에 대한 능동적 저항과 내부로의 칩거 혹은 능동적 복종의 의미이다. 엘리
아스에 따르면 18세기 이후 인간은 공적인 표현과 사적인 표현을 구분하기 시
작했으며 공적인 표현에 연극적 형상을, 사적인 표현에 도덕과 위생의 논리를
심었다고[49]고 한다. 신교도가 검은색을 차용한 것은 외양상 하얀색의 가톨릭과
컬러로 표현되는 속세에 대한 연극적인 대항이며 속세에서 살아가면서 개인이
지켜야 할 모든 규약들에 대한 '헌신'과 '두려움' 등을 내면 세계에 강조한 것
으로 볼 수 있다. 근대사회가 만든 내면 세계는 분노, 미움, 슬픔은 물론 사랑, 기
쁨과 같은 사적인 표현을 금지하며 큰 목소리, 과장된 몸짓과 의상을 거부한
다.[50] 사적 세계를 표현하는 검은색의 감수성은 18세기만큼 일반화되지 않았을
뿐이지 중세 말기부터 오늘날까지 흔히 발견할 수 있다. 무솔리니가 검은색 셔
츠로 이탈리아의 파시즘을 상징했을 때 우리는 이 색에서 일종의 복종적인 무엇
과 헌신의 의미를 본다. 침묵과 칩거, 헌신의 의미는 구조적으로 비밀스런 흑기
사를 탄생시킨다. 검은색으로 무장한 이는 무언가 비밀스럽지만 꼭 필요한 기사
적 면모를 지닌다. 기사복이 아니라면 그는 단지 악마나 악당일 뿐이다. 지구를
지키는 두 명의 검은 옷을 입은 남자가 등장하는 영화 《맨 인 블랙》도 검은색의
역사적 논리를 벗어나지 않는다. 이들의 옷은 옛 기사복처럼 "정장"이다.

　　여기서 강조할 검은색의 의미는 반항이다. 검은색의 근대사적 심리는 저
항의 논리를 지닌다. 신교도의 검은색은 내적 성찰의 이유뿐만이 아니라 흰색으
로 상징된 구교도에 대한 저항의 이유가 있었다. 이후 귀족에 대한 저항의 이유
로 신교도 부르주아는 검은 옷을 즐겨 입었다. 그러나 다양한 색채를 사용하는
부르주아 사회에 대한 저항의 색채도 검은색으로, 초기 공산주의자들과 무정부
주의자들의 상징적인 색채는 검은색이었다. 파시스트, 언더그라운드, 록큰롤,
게이 등으로 대표되는 사회의 반항아들은 검은색을 선호한다. 검은색의 저항의
의미는 반대로 하얀색을 통해 항복을 상징한다. 군복, 경찰복과 경찰마크, 운동
선수복, 종교의식용 의복들이 보여주듯 20세기 들어와 검은색 중심의 생활은 점

49. N. Elias, *La société de cour*,
PUF, Paris, 1975, p.276.

50. 예를 들어 중세에 평민은 물론 왕
과 귀족도 대중에게 눈물을 보이는 것
에 익숙했다. 해외에 주재하는 대사는
현지 국왕에게 눈물로 도움을 청했고
눈물은 커뮤니케이션의 "코드로 작용
했다"(J. Huizinga, *Le Déclin du
Moyen Age*, Payot, 1967 ; Nagy-
Zombory, "Les larmes aussi ont une
histoire", in *Histoire*, n°218, Paris,
1998, p.69). 근대사회에 들어오면서
눈물은 이제 사적인 세계의 것이기 때
문에 드러내지 말아야 할 것이 된다.
서구의 역사에 비하면 한국, 특히 중
동과 동남아시아 사회는 아직도 눈물
이 사적 세계에서만 머물러 있지 않
다. TV나 공공의 만남에서도 눈물은
자연스럽게 표현된다. 중국에서는 기
쁨, 사랑은 감추어지며 슬픔과 분노는
쉽게 표현된다. 타히티에서는 반대이
다. 이처럼 공과 사의 구분은 세계사
적으로 기호를 구분하는 것이 아니라
단지 특정 지역과 시대의 사회사에만
관련된다. 서양사회에서의 검은색 기
호는 공과 사를 문화적으로 구분하면
서 의미적으로 관련된 것이지 보편적
인 구조를 지닌 것은 아니다.

□ 호이징가(1872~1945),
《중세의 가을》(1919)의 불역본

□ 노르베르트 엘리아스
(Norbert Elias 1897~1990),
《궁정사회 Die hofische Gesellschaft》
(1969)의 불역본

51. 자동차 색이 남성 정장의 색과 상응하는 것은 그리 놀랄 일이 아니다. 여성의 다양한 옷과 달리 19-20세기의 남성 정장은 남성의 육체가 사는 집이다. 패션과 어느 정도 거리를 두고 한두 벌로 오랫동안 입는 정장처럼 자동차도 남성의 집이다. 자동차 색과 함께 남성의 청교도적 권위도 변했고 자동차 업계의 전략도 변했다. 최근 아우디의 다양한 색은 여성을 지향하며 벤츠의 은색은 남성의 변화된 감수성을 보여준다.

52. "줄을 맞추어 활자로 인쇄된 흑백의 책은 사람에 비해 감정이 없고 진지한 세계를 재현한다"(D. Bougnoux, *Introduction aux sciences de la communication*, La Découverte, Paris, 1998, ibid, p.92).

점 짙은 파란색으로 바뀌어가지만 저항과 현대성의 의미를 지닌 검은색은 아직도 도처에서 관찰된다. 저항이 존재하려면 저항이 숨쉬는 사회나 제도가 있어야 한다. 제도가 무너지면 저항은 없고 관리만 있을 뿐이다. 따라서 저항은 사회의 전복이 아니라 이념이나 단체에 대한 복종의식에서 나온 능동과 수동, 진보와 보수의 의미구조 속에 존재한다. 우리는 근대사회의 관념이 만들어 놓은 세계에 살고 있으며 그 속에서 자아의 표현과 성찰을 일구어 내고 있다.

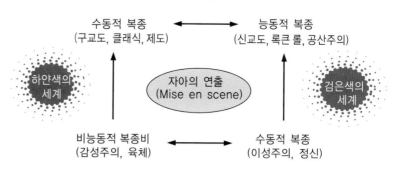

외부의 세계(Public Space & Behavior)

자동차 소비의 민주화를 이룬 포드(Henry Ford)가 차 색상을 다양하게 바꾸지 않고 검은색 톤의 자동차만을 선호하고 생산하려고 했던 이유도 창립자의 청교도적인 감수성[51]에 달려있었다. 이로써 합리적 기계주의와 대량생산 그리고 反노조와 세속주의로 대표되는 포디즘을 이해할 수 있다. 서민 출신 법관들이 전통적으로 입은 검은색 옷도 부르주아의 정신적 요구와 일치했다. 이로써 신교도, 법, 합리적 이성주의의 색은 검은색 표현을 얻는다. 흑백의 색채 대비는 문자혁명과 더불어 "지식"과 "과학"의 상징[52]을 의미하게 되었다. 법관과 경관처럼 코드화된 기호를 다루는 이들은 검은색에 매우 익숙하다. 축구 심판도 마찬가지이다. 합리성의 표현으로서 검은색은 현대사회의 핵심이기 때문에 하얀색에 없었던 어떤 감성주의적 의미마저 하얀색에 부여되었다.

이러한 합리적 검은색은 곧바로 근·현대인의 "멋"과 연결된다. 수많은 디자이너와 예술가가 검은색을 선호하는 것도 그들이 근대성의 이데올로기에 잠식되어 있음을 뜻한다. 검은색의 이런 의미는 하얀색과의 기본적인 대립과 협동을 통해서만이 가능했던 구조였다. 색채의 조화의 경우, 흑백 조화는 일반 컬러의 조화보다 더 진실하고 아름답고 영화답다. 다큐멘터리 필름에서의 흑백 처리는 진실의 효과를 얻기 위한 것이고, 예술사진의 흑백처리는 미적 상승효과를 노린다. 그러므로 고대로부터 오늘날에 이르기까지 검은색이 주변의 다른 색과 다른 종류의 대립을 드러내기에는 아직도 색채의 역사적 심리상태는 답보적이다.

□ 기도 레니(1575~1642),
《베드로에게 열쇠를 건네주는 예수》
(1624~1926)

6) 노란색과 사기성 그리고 광기

노란색은 무언가 은밀하다. 극적으로 사기와 거짓말을 표현한다. 변하는 것이며 무언가 경계에 있는 색이다. 확실하게 금지를 표현하려면 붉은색이지만 금지도 허용도 어정쩡한 상태가 노랑의 의미적 범주이다. 공사 중, 위반 딱지, 옐로우 카드 등이 그렇다. 공사불가, 고발조치, 퇴장명령은 모두 붉은색이지만 노랑은 경고조치이다. 따라서 노랑은 허용과 금지의 의미적 규칙에 따르면 준(準)붉은색이고, 결국 붉은색의 심리에 종속된다.

중세 말기부터 노란색의 상징은 '배신'과 '모호함'이었다. 지오토와 홀바인의 그림에서 가롯 유다는 노랑으로 표현된다. 실제로 1215년 기독교는 노랑을 이단의 색으로 명한다. 노란 모자의 유태인, 유태인의 노란색 별 등은 모두 노랑의 표현에서 이단의 내용을 상징화하는 인자이다. 레니(Guido Reni)의 《베드로에게 열쇠를 건네주는 예수》(*Christ remettant les clefs à St Pierre* 1624~1626)에 등장하는 베드로와 예수의 옷은 매우 흥미롭다. 예수의 옷은 흔히 그렇듯이 파란색과 붉은색인 반면 베드로의 옷은 파란색과 노란색의 비율이 반반이다. 예수를 속였지만 성인의 자리를 지닌 베드로의 상징적 표현은 이렇게

53. V. Kandinsky, 1986, ibid, p.78.

드러난다. 19세기 후반까지 노랑은 민중과 반대되는 무엇, 즉 '협력자', '기회주의자'를 상징했다. 프랑스에서는 여자에게 배신당한 남성은 노란색으로 상징된다. 검은색이 지닌 헌신과 복종의 의미는 색채의 형상소로서 갈색과 연관을 맺는다. 노란색에 검은색이 들어간 것이 갈색이다. 갈색은 시무룩한 색이며 노란색이 지닌 "드러난 배신자"로서의 의미가 아니라 약간 숨겨진 배신자의 의미를 지닌다. 노란색의 의미에 상관하는 색이 오렌지색이다. 오렌지색은 원래 과일 오렌지의 도상적 기반을 지녔기 때문에 초록색처럼 상징적 의미뿐 아니라 명백한 도상적 의미를 지닌다. 오렌지의 비타민 C가 인지되면서 주변색인 노란색이 비타민을 상징하는 것에서 오렌지의 도상적 감수성을 볼 수 있다. 우리는 주로 기호적 색채로서의 오렌지색을 다루고자 한다. 오렌지색은 노랑에 비해 보다 명백하지 않다. 한편 붉은색과 경계를 이루는 곳에 위치하기 때문에 성적이거나 혹은 위험한 경계선을 표현한다. 곧바로 결정을 내려야 하지만 수줍어하고 결정을 내리지 못한다. 사춘기의 오렌지, 신혼부부의 오렌지적 감수성이 그렇다.

노란색 하늘이 노랗다면 그것은 하늘이 노란 것이 아니라 의식이 흐리다는 것이다. 흐린 의식은 현대적인 의식인 명확성 및 합리성과 반대된다. 현대의 노랑에는 분명 광기가 있다. 노랑이 보여준 불명확성의 역사 때문에 노랑은 광기와 관련된다. 파란색이 표현하는 우울하고 숙고하는 광기가 아니라 광폭한 광기[53]이다. 노랑의 광기에는 깊은 의미가 없다. 파란색의 숙고가 결여된 우울하고 분별없는 광기이기 때문이다. 이로써 우리는 곧 폭발할 잠재적 에너지로서의 노란색을 이해할 수 있다. 특히 레몬이 주는 비타민 C의 노란색, 어린이의 발육을 위한 강장제나 영양제의 노란색은 결과가 곧 산출될 잠재적인 에너지를 상징한다.

물론 노란색도 문맥에 종속된다. 다른 색과 관계하는 한 노랑은 다른 의미를 낼 수 있다. 독일 마인츠의 聖슈테판 성당의 유리를 장식한 샤갈의 예술적 감수성은 정확하게 예술가의 저항의 정신을 보여준다. 파란 바탕의 노란색 천사는 오히려 구원에 대한 강렬한 느낌을 준다.

▣ 샤갈, 《천당에서》(聖슈테판 성당의 유리화 일부, 마인츠)

7) 보라색의 순간성

중세의 보라색은 검은색의 일종이었다. 따라서 보라색은 죽음, 슬픔과 같은 표현으로부터 통한(痛恨), 속죄의 상징적인 의미에 가까웠고 오늘날처럼 꿈같은 화려함의 상징은 없었다. 그러나 화려한 보라색에는 무언가 이상한 점이 있다. 현대의 보라색은 특히 검은색과 어울리며, '죽음'과 '화려함'의 이미지가 합성되었다. 한편, 붉은빛 보라색과 검은색의 조화는 '성적' 이미지로 합성되어 많은 영화에서 사창가를 표현하기 위해 이 조합된 색채를 사용한다. 이로써 붉은색, 보라색, 검은색의 색채 조합은 전체적으로 "퇴폐"를 강조할 수 있다. 우리는 화려함과 퇴폐 혹은 섹스의 감수성이 왜 죽음의 감수성과 가까이 있는지를 생각해 볼 필요가 있다.

인간에게 죽음은 그리 멀리 있는 것이 아니다. 우리는 우아한 미는 나락으로 떨어지지 않지만 화려함은 쉽게 몰락한다고 교육받아 왔다. 보라색은 우아함과 거리가 멀고, 화려함은 꿈처럼 순간적이다("보랏빛 인생"). 하얀색에 어떤 적극적인 의미를 찾는다면 그것은 우아함이다. 흰 머리칼의 연륜이 보여주듯 우아함은 장기간에 걸쳐 만들어진 미인 반면 보라는 드러낸 화려함, 단기적인 미로서 자리한다. 이내 몰락할 수 있다. 몰락은 하늘에서 땅으로 돌아가는 것이다. 죽음은 땅 위에서 땅 밑으로 가는 것이다. 두 가지의 의소적 분류는 서로 상관적이다. 따라서 화려함은 이내 정신적 퇴폐를 상징한다. 퇴폐는 인간의 육체와 내성의 가장 은밀한 부분을 드러내는 행위 즉, 성적이다. 따라서 그것은 정상적인 "삶"의 행위가 아니다. 성과 퇴폐로 이어지는 이러한 행위를 두고 우리는 "차라리 죽어버려라"는 말을 듣는다. 보라색은 검정에 비해 어떤 역동성이 있다. 퇴폐는 수동적 사실이 아니라 능동적 사실이다. 죽음을 앞에 두고 그 길로 능동적으로 나아간다. 검은색이 지닌 결과로서의 죽음과 역동적인 붉은색 사이에서 능동적으로 움직이는 것이 보라색이다.

54. M. Pastoureau, 2002, ibid, p.13.

55. J. Gage, *Color and Culture*, London, 1993, pp.69~78.

56. M. Pastoureau, 1993, ibid, pp.113~121.

8) 파란색과 서구

파란색은 옛 서구인들의 기본색인 적백흑의 범주에 들어오지 못했다. 초록과 노랑이 이들 기본색과 대비됨으로써 획득한 미약한 상징성마저 얻어내지 못했던 주변부의 색채였다. 파란색은 유럽 역사의 일정 시기까지는 실생활에서도 종교생활에서도 예술 창작의 영역에서도 그 어떤 역할을 얻어내지 못한 매우 미약한 상징성[54]을 지닌 색채였다. 로마제국 이후 중세 초기에 이르기까지 파란색은 검은색과 비슷한 혹은 검은색 대용의 색채였기 때문에 죽음이나 지옥 등의 영상을 표현했다. 파란 눈을 가진 이는 행실이 바르지 못한 이이다.

파란색이 서구사회에 일대 혁명을 불러온 것은 12세기 후반 고딕시대부터이다. 성당 건축의 새로운 모델을 제시했던 프랑스의 생 드니 수도원장인 수제르(Abbé Suger)는 수도원을 재건립하던 당시 가장 비싼 파란색 톤의 유리로 수도원의 유리를 장식했다. 파란색은 당시 가장 귀한 보석이었던 사파이어의 색이었다. 이제 천상의 빛은 파란색을 통해 교회로 들어왔다[55]. 성상(icon)으로는 오직 십자가 하나만을 인정한 聖베르나르(Saint Bernard) 같은 극단적인 성상파괴자(Iconoclast)들은 성당에 색채를 사용하는 것을 극렬하게 반대했으나 생 드니 수도원의 유리가 만들어진 지 1세기도 지나지 않아 파란색의 유행은 지배적이 되었다. 파리의 생 샤펠성당(Saint Chapelle)의 유리 또한 마찬가지이다. 聖루이(Louis IX)는 파란색 의복을 선호한 프랑스 최초의 왕이었다. 한편 12세기부터 15세기까지 붉은색으로 왕실을 표현했던 독일과 이탈리아는 붉은색의 귀족적 상징성을 서서히 극복했다. 파란색이 점차 유행하면서 이 색은 왕실과 귀족의 표현으로 변해 간다. 파스투로[56]가 제시하는 자료에 따르면 유럽 귀족의 문장에 사용된 색채는 파란색(azur)과 붉은색(gueules)이 서로 반비례한다. 1200년대까지 지배적으로 사용된 붉은색은 1500년대를 기점으로 파란색에게 고급의 상징적 표현을 내어준다.

□ 《聖루이의 일생》(14세기 수사본, 파리 프랑스국립도서관). 왕의 옷은 파란 바탕에 금박문양

□ 파리의 클루뉘 성당에서 聖루이와 교황 이노센트 4세의 만남 (14세기 수사본, 파리 프랑스국립도서관)

125

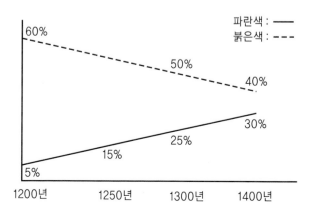

파란색 : ——
붉은색 : ----

60%
50%
40%
30%
25%
15%
5%

1200년   1250년   1300년   1400년

〈 유럽 귀족 문장의 색채변화 〉

57. M. Pastoureau, 1996, ibid, p.47.

중세가 끝나는 15세기 말, 서구 사회는 이전에 경험하지 못한 격변을 겪는다. 그러나 중세교회가 지녔던 "빛의 이데올로기"는 르네상스 화가들에게 고스란히 넘겨졌다. 파란색은 어둡지만 빛을 간직했기 때문에 어둠의 의미가 유발되는 검은색의 단점을 모두 제거하고 그 장점만을 지닌 색으로 변한다. 파란색은 유럽 왕실이라는 실체적 사실에만 연관된 것이 아니라 실제로 진선미를 통괄하는 권력적 속성을 지닌 색상이 된다. 이제 귀족은 피까지도 파란색(sang bleu)이다. 그렇다면 붉은색에 대한 의미론적인 구분이 어떻게 이어갈지 상상이 갈 것이다.

이 사실은 여성의 드레스 색깔을 프랑스 혁명 전후로 살펴보면 명확하게 드러난다. 1785년과 1789년 중반, 이후 1793년까지 출간된 의상잡지인 《패션공방》(Cabinet des Modes)의 도색 판화에 나타난 카라코, 피에로 치마, 상의의 색채조합의 결과를 보자. 구체제를 뒤엎은 프랑스 민중의 색채 심리는 혁명 초기부터 드러난다. 왕실을 대표했던 하얀색 혹은 청/백의 조합은 민중들이 점거한 파리 시를 상징하는 적/청의 조합과 대비된다. 프랑스 민중은 결국 청/백/적의 화합적인 색을 선택했지만 일상복은 그렇지 않았다. 프랑스의 도시 대중은 여전히 파란색과 하얀색 옷을 선택했고 새 국가의 상징인 청/백/적의 화합은 단지 옷의 악세서리로 붉은색을 썼을 경우에만 허용되었다. 붉은색은 프랑스 혁명 당시 가장 극적인 전투가 벌어졌을 때에만 민중의 피를 상징했다. 즉, 붉은색은 '표시'(proscription)를 위한 것이지 입장을 '표명'(inscription)하기 위한 것이 아니다. 혁명 당시에도 민중은 붉은색 리본이나 모자로 민중을 상징했을 뿐, 옷 자체를 붉은색으로 입지는 않았다. 1793년 공포정치가 강렬하게 프랑스를 스쳐가던 시기에 의상의 붉은색은 갈색이나 분홍색으로 "유화"되고 있다. 파리의 적/청은 오래 전부터 잊혀진 파리시의 색감[57]이었으며, 오로지 백/청의 감수성만이 지속적으로 상징적인 권력을 행사하고 있었다.

◻ 《패션공방》(1788)의 도판

58. 19세기부터 삼색은 프랑스의 상
징이다. 들라크로와(Eugène Dela-
croix)가 그린 대다수의 회화가 보여
주듯이 이슬람 사회를 표현했음에도
불구하고 삼색은 프랑스의 민족적 자
부심을 드러낸다.

59. M. Pastoureau, 2002, ibid, p.74.

구체제에서는 갈색이나 분홍색이 별로 사용되지 않았던 색깔임을 감안하면 실제로 프랑스 민중들은 무의식 깊숙이 붉은색을 받아드리지 않았으며, 일할 때 즐겨 입었던 파란색(군청색 이외의 퇴색한 파란색)과 왕실의 하얀색이 혼합되는 것을 선호했다고 볼 수 있다. 그 결과 1848년 붉은색을 휘날렸던 2월 혁명을 폭력으로 잠재운 삼색기의 프랑스 군대는 결정적으로 삼색을 국가적인 질서를 표현하는 상징[58]으로 확고히 한다.

붉은색이 지녀왔던 검은색과의 대립관계는 이미 14세기 후반부터 변하기 시작하여 서서히 파란색과 대립적[59]으로 만난다. 백/흑, 백/적으로 의미를 긍정적으로 구분해 온 전통적인 서구에서 붉은색은 검은색과 대립됨으로써 기호학적인 의미를 달리해 왔다. 매우 보수적인 기호를 사용하는 동화를 살펴보

〈1789년부터 1793년까지 "Cabinet des Modes"에 나타난 의상의 색채 비교〉

상의 \ 치마	검은색	갈색	노란색	오렌지	보라색	붉은색	초록색	파란색	분홍색	회색	흰색
검은색	1		1		1				2		
갈색		1 5			1			1	1		1
노란색			2				1				1
오렌지			1	1			1				2
보라색			1		2 4		2				4 4
붉은색	2	1									1
초록색							2 3	7	1 1		
파란색	2	1	1					1	1		1 8
분홍색		1					2		4		2 2
회색										4	
흰색			1		2			2	1		5 22

(왼편의 숫자는 1785년부터 1789년 7월까지, 오른편의 숫자는 1789년 7월부터 1793년 까지)

자. 하얀 옷을 입은 옛날의 백설공주는 검은 옷을 입은 마녀에게 붉은 사과를 건네받는다. 오늘날의 백설공주의 버전은 이전과 다르다. 검은 옷을 입은 마녀가 파란 옷을 입은 백설공주에게 붉은색 사과를 건네준다. 진보적인 회화의 텍스트를 보면 르네상스 전후로 붉은색과 파란색의 대비가 붉은색과 검은색의 대립을 누르고 있다. 디즈니의 만화는 거의 일관된 유형을 지닌다. 여기서 우리가 알 수 있는 것은 붉은색과 파란색의 대립이 물리적이 아니라 역사적으로 구성된다는 사실이다. 역사적으로 구성되는 것이기 때문에 파란색과 붉은색의 대립 구조는 회화, 종교벽화, 가구, 실내 디자인, 의상 등 사회의 모든 분야에서 총체적으로 벌어진다. 도자기를 예로 들면 르네상스 이탈리아의 대표적인 도자기는 파란색과 노란색 그리고 붉은색을 유효적절하게 사용했던 데에 비해 왕정이 강화되는 16~17세기 프랑스의 대표적인 도자기[60]는 파란색을 중심으로 만들어진다. 당시 유럽의 상류문화가 민족적 갈래와 큰 연관이 없다는 점을 이해한다면 유럽의 색채는 르네상스 이래로 파란색을 중심으로 붉은색이 자기조정을 하는 것으로 파악할 수 있다. 물론 다른 색은 파란색과 붉은색을 중심으로 자기 조정한다.

　　부르주아 시민이 구성한 민족주의의 세계는 공화정을 중심으로 만들어진 남자들의 세계이다. 하얀색이 지닌 왕정의 이미지에서 느슨하게 떨어져 나온 현대 시민 민주주의 공화정이나 중립적 정권은 항상 파란색을 이용하고 있다. 스페인의 팔랑헤黨은 예외적으로 파란색을 이용하면서도 파시즘으로 나아갔지만 그들의 최초의 이념은 자유민주주의 공화정[61]에 있었다. 파란색의 논리보다 더 확고한 논리를 가진 정치적 색깔은 붉은색이다. 공산주의의 색이 붉은색인 이유 또한 그것이 파란색과 대비되는 색이며 이를 더욱 다이나믹하게 대립시키기 때문이다. 수정 사회주의자들은 공산주의를 수정했기 때문에 분홍색을 선호한다. 사회적 자본주의를 지향하는 이들은 파란색이라기보다 하늘색으로 자신을 표현한다. 최근에 새로운 상징화에 도전하는 색은 초록색으로 환경주의자가 이를 대표하지만 파란색이 지닌 공화성의 의미는 확고하며 사회주의성을 가미하느냐에 따라 하늘색을 선호하는 경향으로 나아가고 있다.

60. 여기서 비교해 볼 도자기는 이탈리아의 가장 대표적인 데루타(Deruta), 우르비노(Urbino), 구비오(Gubbio)산 제품과 프랑스의 리모쥬(Limoges)산 제품이다.

61. 디즈니와 헐리우드의 매체가 보여주는 기계적인 표현과는 매우 다르게 미국의 정치계는 유럽의 전통과 그리 가까이 있지 않다. 정치적 성격에 따라 색채가 상응한다기보다 단지 시대와 상황에 따라 바뀌는 듯이 보인다.

128

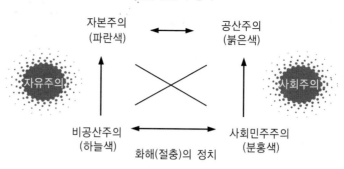

정통(대립)의 정치

자본주의
(파란색)

공산주의
(붉은색)

자유주의

사회주의

비공산주의
(하늘색)

사회민주주의
(분홍색)

화해(절충)의 정치

62. 옥스퍼드 사전에는 아군이 아군을 실수로 공격했을 때 쓰는 용어가 "blue-on-blue"이다.

자유주의를 지향하지만 사회민주주의를 따르거나 사회민주주의를 지향하지만 자유주의를 따르려는 정치체제는 파란색 바탕에 분홍색 상징을 가미하는 편이다. 붉은색 계통의 바탕에 파란색 계통의 상징을 사용하는 경우가 흔하지 않은 것을 보면 오늘날의 정치는 조형적으로는 확실히 우파의 경향을 지닌다고 볼 수 있다.

앞서 언급한 선호도 조사에 따르면 서구인의 50% 이상이 파란색을 선호한다. 유럽의 국가대표 축구복은 많은 수가 파란색(프랑스, 스코틀랜드, 이탈리아)을 선호한다. 서구에서 파란색은 전혀 불쾌한 색이 아니다. 더 나아가 아군의 색[62]이다. 유엔과 같은 국제기구가 파란색을 사용하는 것을 보면 이는 서구 중심의 조형적 이데올로기에 근거하여 세계와 화해를 청하고 있다는 사실을 재삼확인할 수 있다. 이와 같이 파란색이 확대해 온 왕실과 귀족성, 공화성 그리고 국제성의 의미는 오늘날 파란색의 세계화를 이루어 내고 있다.

근대에 만들어진 파란색 개념은 생리적으로 침착한 색이며 휴식을 의미한다. 수면제와 병원의 색은 파란색이다. 침착함과 휴식은 차가운 것이다. 역사적 의미로서 "차가움"은 자연스럽게 하얀색의 표현을 굴복시킨다. 드라이 아이스는 흰색이지만 파란색으로 표현된다. 박하 사탕도 흰색이지만 파란색으로 표현된다. 냉동고를 파란색으로 표현하려는 디자이너들이 많이 있다. 하지만 냉

129

장고는 흰색이다. 그러므로 파란색은 하얀색보다 더 강화된 차가움이다. 이와 같이 파란색은 흰색 옆에서 흰색이 지닌 여러 가지 의미작용을 굴복시키기도 하고 긍정적으로 도와주기도 한다. 파란색과 흰색의 조화는 '침착함'과 '멋짐' 혹은 '깨끗함' 등의 영상으로 합성되어 "도시성", "깨끗함" 등을 강조한다. 여성용 생리대, 기초 화장품, 새로 입은 남성복 등이 그러한 의미를 표현하고 있다. 이런 측면에서 보면 파란색은 검은색과 함께 합리주의적 미를 표현한다고 할 것이다.

파란색의 합리성은 다른 종류의 비합리적 색채와 대비된다. 예를 들어 슬픔이라는 감성을 표현할 경우 검은색의 슬픔은 늙은 슬픔 혹은 누구도 거역할 수는 없는 나쁜 슬픔이다. 그러나 파란색의 슬픔은 그렇지 않다. 젊은 베르테르의 슬픔은 파란색이다. 독일 낭만주의 시대에 파란색의 유행은 괴테의 《젊은 베르테르의 슬픔》의 덕택을 보았지만 그 유행이 유럽 전역으로 퍼져 나간 것은 파란색에 대한 선호도가 벌써 일반화되었다는 사실을 보여준다. 파란색의 슬픔은 자신이 원할 수 있는 낭만적인 슬픔이다. 초록빛 바닷물은 중세적인 불신의 표현이지만 파란색 바닷물은 근대의 긍정적인 표현이다. 하늘, 공기, 바다의 무한대적 감수성은 노스탈지어의 개념과 슬픔의 표현과 맞물린다. 낭만주의 독일에서 파란색의 표현은 모호한 정신상태를 지칭하지만 그것은 젊음의 감수성을 표현하는 것이지 노란색이 지니는 광기와 같은 의미를 취하지는 않는다. 파란색의 광기는 합리적인 광기 혹은 치유될 수 있는 젊은 광기다.

이 점에서 술과 파란색은 상응한다. 독일과 영국 바의 파란색 표현은 아직도 독일적 낭만주의를 담지하고 있는 것으로 볼 수 있다. 이러한 의미에서 〈OB맥주〉의 새로운 마크인 파란색 OB맥주병은 한국에서는 새로운 시도라고 볼 수 있다. 그러나 앞서 〈빨개면〉의 예에서 보듯 색채는 술=파란색의 방식으로 직접 적용할 만한 것은 아니다. 색채는 감수성으로 작용하는 것이지 아날로그적인 지각으로 작용하는 것이 아니기 때문이다.

▣ 유엔

9) 붉은색과 죄악

원래 붉은색은 하얀색과 검은색과 대비되어 옛 서구의 색채미를 구성하는 핵심적인 색깔이었다. 로마제국 시대에 '붉은색'(rubber)은 의미상 '컬러'(coloratus)와 동일하게 여겨졌을 만큼 익숙했다. 현재에도 스페인어의 '색깔'(colorado)은 흔히 붉은색을 지칭한다. 앞에서 보았듯 하얀색과 검은색은 색으로 파악하기에 너무 상징성이 짙었기에 차라리 색이라기보다는 배경, 결합, 무(zero)로 취급되었다. 따라서 서양의 전통에서 백/흑의 조화는 명암과 형상의 존재 유무를 표현하는 반면, 백/적, 흑/적의 조화는 형상을 부각시키거나 사라지게 하는 형상적 표현을 위해 존재한다. 따라서 형상적인 표현 의지를 지닌 붉은색은 광범위하게 사용될 수밖에 없었다. 귀족은 고귀하고 장엄하게, 민중은 필요에 따라 다양하게 붉은색을 이용한다. "드러남"의 모든 것은 붉은색이다. 염료를 얻기도 쉽고, 인간의 삶에 친숙한 붉은색은 마치 빵과 같다. 귀족들이 빵과 다른 음식을 찾는 것처럼 붉은색을 이용했다면, 민중에게 붉은색은 한정된 색이었다. 민중들이 빵을 먹긴 하지만 실컷 먹지 못하듯이 붉은색은 민중이 지속적으로 선호하는 색이었다. 오늘날 호텔, 미술관, 영화제의 붉은 카펫과 붉은색 의자가 보여 주듯이 산업과 민주적 이념이 확산되면 확산될수록 붉은색의 대중적 귀족화 작업은 지속적으로 확대된다.

붉은색의 지배적인 역사는 문화적이고 실증적인 상징을 모두 포괄한다. 붉은색은 심리적으로 다이나믹하며 흥분과 열정을 표현한다. 몸이 열리면 피가 나오며 피는 붉은색이다. 임상적이고 실용적인 붉은색은 권투선수의 글러브, 공산당의 붉은색, 미국축구의 라커룸, 스페인 투우사, 붉은옷을 입은 여자만을 죽이는 연쇄 살인범 영화를 통해 구현된다. 종교적 텍스트에서 붉은색은 예수의 피와 연관된다. 성경의 붉은색 글자나 테두리가 아직도 상징하듯이 12세기의 중세 교회는 붉은색으로 예수와 순교자, 희생과 성스러운 사랑을 표현한다. 실생활의 텍스트는 주로 붉은색이 지녔던 종교적 의미에 근거하지만 붉은색도 다른 색채와의 관계 속에서 새로운 의미를 탄생시킨다. 실생활에서 예수의 피가 아니라 민중의 피가 문제가 된다면 예수와 같은 수준에서 붉은색을 이용할 수 없다. 감추어야 하는 피나 악인의 피라면 고대와 중근동의 사회에서처럼 그 피를 땅에 흘려 천상과 관계를 맺지 못하게 한다. 따라서 붉은색은 중세부터 실생활의 죄악을 표시했고 금지를 표현했지만 당시는 오직 민중의 실생활을 관리하려는 목적에서 적용된 예외라고 보는 것이 옳다. 실생활의 불결함을 비실생활의 장치로 씻어 내기 위해서는 불과 물이 필요하다. 중세교회가 보았을 때, 노아의 방주 시대에 이미 물은 사용되었지만 불은 아직 사용하지 않은 하느님의 벌이다. 실제로 물로서는 통하지 않는 불결을 제거하기 위해서는 불이 필요하며 불은 붉은색으로 나타난다. 망나니는 육체의 종말을 고하는 이이지만 창녀는 정신의 종말을 고하는 이이다. 따라서 이들에게는 붉은색이 어울린다. 이런 의미에서 다음 세계는 물이 아니라 불로 망할 것이라고 말하는 성경은 중세의 텍스트적 의미를 그대로 답습하고 있다.

　　붉은색이 反기독교의 표시로 일반화된 것은 매우 근대적인 사실이다. 검은색과 하얀색이 빛의 형상이라면 붉은색은 빛이 아니라 색채이다. 색채는 외부세계로 자신을 표현하는 외향적인 것이므로 反퓨리탄적이다. 제례의식의 외향을 치장하는 것은 진지한 신앙을 모독하는 일이다. 게다가 흥분과 열정을 표현한다는 사실은 극적으로 反퓨리탄적이다. 예수가 부활했다고 믿었던 사람들로부터 출발했던 기독교는 부활의 믿음을 근거로 모든 종류의 교리를 꾸며 놓았다. 따라서 기독교의 가장 큰 죄악은 불신이다. 불신자는 악마와 같기 때문에 검은색이며, 유태인이나 이단자는 노랑이다. 그러나 신앙인의 가장 큰 죄악은 불륜(adultery)이고, 이것이 붉은색[63]이다. 하얀색 장미를 자신의 피로 붉게 물들였던 비너스 신화는 붉은색 장미에서 어떤 육체성을 해석하게 한다. 호오도온의 소설《주홍글씨》(The Scarlet letter)가 이를 대변한다. 따라서 아내 이외의 여인과 관계를 맺는 장소를 홍등가라고 하며 그러한 행동은 위험한 것이다.

　　한편, 단 하나의 색채만으로는 표현하고자 하는 의미를 명확하게 드러내지 못하는 경우가 많다. 따라서 사람들은 색채를 조합해서 일정한 의미론적 일

63. 붉은색으로 대변되는 표시(marking)의 기능 또한 장기적인 연구를 요한다. 도장의 인주, 중세 편지의 봉인뿐 아니라 현대의 빨간색 볼펜, 일요일과 휴일의 표시 등 표시의 논리에 붉은색이 사용되는 문맥이 그렇다.

64. 한편으로 붉은색이 지닌 동양의 미학적 평가도 무시할 수 없다. 러시아의 '붉은 광장'은 아름다운 광장이라는 뜻이다. 중국의 예는 더 이상 거론할 필요도 없다. 중국의 색으로 치부되는 붉은색은 수 천년의 미적, 실용적 역사를 지닌다. 중국의 문맥에서 붉은색은 상기한 바와 매우 다른 범위한 상징성을 가질 수 있다.

관성을 얻어내려고 한다. 잠재적인 노란색과 결과적인 붉은색의 조화는 '비밀', '잠재성', '다이나믹'의 합성이며 이는 곧 제품의 "잠재적 폭발성"을 강조할 수 있다. 성냥, 휘발유, 깡통 생선과 육류의 제품 및 포장 디자인이 그러한 사례를 보여준다. 그러나 이렇게 조합된 의미는 경험적인 수준에서만 확인 가능하며 대체로 항상 문맥의 상황에 종속[64]된다.

10) 초록색과 불명확성

초록색은 오랫동안 적/백/흑의 변이들 사이에서 대용으로 쓸 수 있는 하나의 작은 변이형 색채로 취급되었다. 중세에 초록색과 붉은색의 대비는 오늘날 우리가 알고 있는 것처럼 대비되지 않았다. 더구나 파란색과 노란색의 배합으로 초록색이 나온다는 사실은 뉴튼 이전의 사람들에게는 허무맹랑한 사실이었다. 앞서 말했듯 붉은색은 초록색이 아니라 파란색과 검은색 옆에서 조망되는 빛의 대비(명암)의 산물이었다. 초록이 가지는 역사적 논리는 인상주의 시절에 기호표현의 영역을 넓혀왔다. 아연 튜브의 발명으로 야외에서 채색이 가능해지면서 풍경화가 득세한다. 풍경을 본다는 것과 풍경화를 본다는 것은 다른 것이다. 하나는 자연을 보지만 하나는 인공물을 보는 것이며 이는 자연을 극복한 상태의 초록 기호를 보는 것이다. 바로 이러한 방식으로 초록색의 새로운 시각이 계속 확대할 수 있다. 그러나 초록색 기호는 어떤 도상적 재현의 상태, 생물학적 자연(biological nature)의 의미를 유지한다. 인간이 자연의 색채를 따라가는 도상적 문명을 가진 이들이 있다. 아프리카의 국기와 운동선수의 유니폼은 초록색 일색이며, 인도 승려들의 복장은 땅의 색을 모방한다. 그 이유는 이들의 수동적 세계관에 있다. 이것이 도상적 재현물로서의 초록색 기호이다. 초록색은 자연 속에서 뛰어놀 만한 코트를 집안에 옮겨 놓고 싶을 때에 표현된다. 거실의 바닥, 17세기의 당구대, 15세기의 포커판 등이 그것이다. 스타벅스(Starbucks) 커피점의 로고나 환경주의 정당 마크가 보여주듯 환경주의의 초록

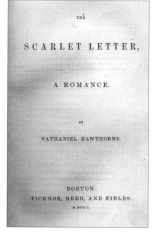

▣ 호오도온(Nathaniel Hawthorne 1804~1864), 《주홍글씨》 (1850년 초판)

▣ 홍루몽 12금채 병풍 (홍루몽에 등장하는 12명의 여인)

색은 모두 자연에 대한 도상적 재현이다.

중세부터 초록은 자연에 널려있는 색이다. 자연을 그대로 인용하는 방식 이외의 기호를 구성하는 것이 비교적 어려운 색으로 이해할 수 있다. 이런 이유로 초록색은 자연의 모습을 상징화하려 할 때 부수적으로 이용될 수 있었다. 예를 들어 초록색 이외의 색으로 양탄자를 만들려고 할 때 양탄자 그림의 배경으로 이용하는 것[65]이 그렇다. 회화 또한 자연의 느낌을 주기 위해 배경이나 테두리를 초록색으로 구성한다거나 회화에서 예수의 일상을 표현하려고 할 때 초록색 배경을 부수적으로 사용하는 것도 그렇다. 그러나 환경주의의 영향으로 사용되는 초록색의 도상적 사고방식을 벗어나 문화로 이해되는 초록색은 오히려 환경주의와는 거리가 멀다. 단지 자연 속에 너무나 극명하게 존재하기 때문에 문화적으로는 오히려 反자연의 표현을 얻는다. 그것이 바로 자연이 만든 삶의 반대편에 위치한 죽음의 매개물로서의 독약(arsenic) 혹은 괴물(diabolic)[66]이다. 독약은 초록빛을 띠어 숲과 같은 자연과 구분되지 않는 비밀스런 것이다. 마녀의 독약이 초록빛을 띠듯 "자연으로부터 파생된" 괴물의 색채도 초록빛을 띤다. 자연의 것이지만 사람과 친하기 어려운 파충류의 색이 초록색이다. 영화《헐크》,《슈렉》,《마스크》의 인물이 초록색이며 미국 SF 드라마《V》에 나오는 외계인도 초록색이다. 그러므로 초록색은 자연 속에 존재할 수도 있다는 상상을 부를 뿐, 인간이 진정 그 존재를 알 수 없는 색이라 할 것이다. 괴력을 지니든 순수함을 지니든 알 수 없지만 어쨌든 실증적(positive)으로 이해할 만한 사물의 색이다.

초록색은 파란색만큼 안정의 의미를 명확하게 지닌 표현이 아니다. 적당한 수준에서만 그렇다. 즉, 불안정하지는 않은 안정이다. 어둡지는 않은 밝음이고, 절망적이지만은 않은 희망이다. 화학적으로나 상징적으로 불안정한 색이다. 이러한 의미에서 초록색은 노란색의 상관물이 된다. 서양의 문화사에서 초록색은 검은색과 파란색의 중간이라면, 노란색은 하얀색과 빨간색의 중간이다. 따라서 불명확성은 이 두 색채의 핵심적인 의미구조를 이룬다. 옛 유럽의 신용 불량자가 썼던 초록색 모자, 체류는 하되 불법적인 체류를 말하는 미국의 그린

65. 대중사회에서 쓰이는 양탄자의 색채는 이런 방식으로 이해하기 어렵다. 대중사회는 대량생산을 위한 기호적 차별성에 집중하기 때문에 흔히 색채가 지닌 고유의 상징성이 무시되기 때문이다. 그러나 무시된다고 존재하지 않는 것이 아니다. 대중사회를 벗어나 상류사회나 전통사회 그리고 인텔리 사회의 감수성을 들여다보면 색채의 상징성이 지배적임을 알 수 있다. 실증적인 연구에 집착하는 이들은 흔히 대중사회의 트랜드를 대중사회의 본질과 혼동한다. 그러나 대체로 대중의 선호도는 리더급 사회의 트랜드에 종속적이다. 따라서 대중이 특정한 색채를 선호한다고 선호된 색의 상징성에 전통적이고 위계적인 역사가 담겨있지 않은 것은 아니다. 이를테면 19세기 나폴레옹 3세의 왕실에서 쓴 양탄자 테두리의 초록색은 파란색이나 붉은색 형상의 배경으로 질서화되어 있다. 황제의 침실이 파란색이면 배경이 되는 양탄자는 붉은색이며, 가구나 도자기의 형상이 금색 등의 다른 색으로 표현되면 배경은 파란색이다. 붉은색은 그 아래이며 초록색은 그보다 더 아래에 있는 색으로 이해된다.

66. 정신적 세계를 표현하는 종교 벽화의 망나니에게도 초록색이 사용될 수 있다. 죽음의 전령이라고나 할까, 성 드니(Saint Denis), 뤼스틱(Rustique), 엘로이테르(Eleutere) 등 3명의 성인을 죽음으로 몰아넣는 괴물적 표현이다. 루브르에 있는 성드니의 병풍벽화(Le Retable de St Denis 1415~1416)가 보여주는 파란색과 초록색의 대립은 의미심장하다.

67. 북구 화가인 반 레이메르스발레 (Marinus van Reymerswale)의 《세금 징수원》(Collecteur d'Impôts 1542)은 초록색의 의미를 명확하게 이해할 수 있게 한다. 세금 징수는 국가적 업무이다. 따라서 법과 관련되는데 반하여 세금은 돈과 관련된다. 이 그림에서 세금 징수원(가운데)의 옷은 검은색이지만 빚 보증을 서는 대금업자(왼쪽)의 모자는 초록색이며 이들이 마주한 책상도 초록색이다. 동시대에 그려진 메시스(Quentin Metsys)의 《대금업자와 그의 아내》(Prêteur et sa femme 1514)에 등장하는 책상도 초록색이다.

카드가 그렇다. 중세의 음악가, 무용가, 미치광이는 초록과 노란색의 조합으로 표현된다. 이것은 현대에 돈과 관련을 맺는다. 15세기의 노름판은 초록색으로 상징되었으며 은행의 창구[67] 또한 그러하였다. 대체로 은행가는 유태인이었고 유태인의 또 다른 상징은 초록색이었다. 옛날부터 돈의 상징인 은빛 색채의 기호를 대체해버린 금빛의 노란색과 달러의 초록색 사이에는 어떤 실증적인 연관성이 있을까.

11) 차이의 철학을 담지한 현대의 색채

근대 이후 색채는 본격적으로 빛과 대비에 의해 상징화된다. 즉, 빛으로 인해 발생되며, 차이에 의해 의미를 부여받는다. 자연 염료에서 화학 염료로 색을 얻어내기 시작하면서 색채의 대량생산이 가능했고 색채에 대한 가치부여도 대량생산의 논리를 따른다. 특히, 1950년대 이후 상품에 색을 자유롭게 사용하면서부터 이미 상품의 색은 사물과 거의 완벽하게 거리를 취하는, 즉 자의적인 성격을 지니게 된다. 이제부터 색은 기호로 활용된다.

상품의 중량감, 질감, 거리감, 속도감들은 원칙적으로는 어떤 자연적인 제약 없이 독립적으로 존재할 수 있다. 붉은색이 불을 상징한다는 식의 도상적 도그마는 사라진다. 코카콜라의 색이 붉다면 붉음의 논리와는 아무 연관이 없어도 상품전략을 위해 붉은색은 소통한다. 산타클로스도 코카콜라의 전속모델이 되면 붉은색 옷을 입는다. 짧은 치마를 입었던 여성이 유행에 밀려 긴 치마를 입는 것처럼 실내장식을 하얀색으로 유행시키는 유명 백화점이나 광고 전략가들의 상품전략은 곧 모방될 것이고 그들은 다른 색으로 이동되도록 유도된다. 의복과 가구 등의 색채는 상업적 주기가 짧고, 건축 등의 환경색채는 비교

▣ 메시스, 《대금업자와 그의 아내》(1514)

▣ 반 레이베르스발레, 《세금징수원》(1542)

적 주기가 길다. 그러나 산업시대의 운명은 결국 모든 색채의 코드화를 지향한다. 우리 시대의 지배적인 이데올로기로서 산업 지상주의가 색채를 지배하게 되면 다음과 같은 주장은 진실이 될 것이다.

> "재료에서 색깔과 통일된 면을 분리시키면서 산업사회는 일상의 공간을 순수한 톤으로 병렬시킨다. 산업사회는 시각을 산업화했던 것이다…세계에 인공적인 색채를 입히는 일은 곧 재료에 인간적 삶의 모양을 만들어 주는 것이다."[68]

68. P. Thévenaz, "Les couleurs de Benetton", in *Esprit*, n° 213, 1995, p.59.

산업시대와 인간의 삶 사이에는 언제나 고민이 있다. 인간의 삶을 산업 이데올로기로 녹여버릴 것인지 아니면 이를 경제이념에 한정시키고 또 다른 인간의 패러다임을 지향할 것인지 사이에 벌어지는 고민이다. 산업과 인간의 삶이 벌이는 상호작용이 과연 가능한 지를 확증할 수 없는 우리 시대에 이러한 고민은 차라리 고민이라기보다 현대인의 존재론적 조건이라 할 것이다.

"재료에 인간적 삶의 모양을 만들어 주는 것"에 대해 논의해 보자. 창조적 집단이 어떤 색채 유도를 행할 때 색채의 유행이 발생한다. 환경색채 전문가, 제품 디자이너, 의상디자이너, 영상디자이너 등의 전문가들이 새로운 감동을 줄 수 있는 아이디어를 창출하고 일반인들은 그 영향을 받는다. 현대에 들어와서 색채유도는 색채관리와 색채조절이라는 두 가지 측면에서 접근되고 있다. 색채관리란 색채의 통합적인 관리를 말하며, 대상은 상품을 주로 한다. 이 경우 상품의 의장색은 물론 포장이나 선전에 이르기까지 색채관리를 하여 소비자가 구매 충동을 일으키게 하는데 목적이 있다. 이와 같이 문제는 구매의 근거를 색채의 역사적인 감수성에 두는 것이 아니라 단지 대량생산과 소비의 마케팅 전략에 두고 있다는 사실이다. 앞서 색채의 임상실험이 실은 색채의 역사적 상징성을 재확인하는 작업인데 반하여 대량생산제품에서 사용하는 색채의 패러다임은 그렇지 않다. 그것은 문화적 내용을 가진 전략적 마케팅에 근거한다기보다 거의 문화와 상관없는 상품의 자체순환적 대량생산의 이데올로기에 근거한

69. 프랑스 일간지 Le Monde, 1995년 2월 17일자. 베네통 광고는 가장 대표적인 색채의 광고이다. 옷에 대한 질도, 멋도 아니며 더 나아가 옷에 대한 아무런 언급이 없다. 베네통은 광고 전체를 색채화 시키고 있으며 그가 주장하는 언어 메시지 "United Colors of Benetton"은 곧 영상의 수사와 상동성을 유지하고 있다. 베네통의 수사는 수사를 제거한 수사이다. 단박에 눈에 들어오는 수사적 메시지 속에서 자질구래한 부가적인 수사는 볼 수 없다. 사진의 주제에 바로 눈을 부딪치게 하는 방법, 단색 배경, 정면성, 직접적인 메시지, 객관적 시각, 컨텍스트 부재, 정밀성을 통하여 기호에 오감을 노출시키는 방법을 베네통은 알고 있다. "물품은 상관하지 않는다"는 베네통 카피라이터 토스카니 (Oliviero Toscani)의 말은 우리가 베네통 광고를 어떻게 보아야 하는가를 말해 주고 있다.

70. G, McCracken, 《문화와 소비》, 문예출판사, 1996, p.199.

다. 내용물에 손대지 않은 채 포장만 바꾸어도 구매상승의 효과를 얻을 수 있는 시대[69]이다.

　　현대사회의 대다수의 기호처럼 색채는 이제 단지 이전 것과 틀린 색채라는 "차이"의 철학에 이끌려 간다. 기호 혼동의 시대에 색채 혼동이 없을 리 없다. 그럼에도 불구하고 색채는 특정 제품 이외의 공간에서 충분한 역사적 상징성을 유지하고 있으며 이러한 상징성은 그리 쉽게 변하지 않는다. 제품과 포장 디자인을 비롯한 모든 영상기호의 생산에 어떠한 문화적인 가치를 부여하고자 한다면 산업디자이너들의 사회적인 위치가 상승되어야 할뿐만 아니라 창작가로서 디자이너 스스로의 자각이 절실하다.

3 :: 상품의 상징적 구조

　　물품에 인간이 부여한 가치가 들어가 있다는 사실은 당연한 것이다. 가치는 그 성질이 상징적이든 실용적이든, 비교우위적이든 동등하든 사물에 투여된 사람들의 욕구와 의미를 말한다. 따라서 어떠한 물품에 가치가 부여된다는 것은 물품 자체의 문제만이 아니라 물품을 대하는 인간의 욕구와 의미, 아울러 상상력까지 함께 논하게 만든다.

　　미국의 소비자학자 맥크래켄은 "재화를 통한 자아 및 세계 구성과정의 논리, 규칙 및 세부적인 사실들은 상당히 불충분하게 연구되었으며 이제 겨우 엄밀한 검토를 하고 있을 뿐이다… 또한 우리(미국)의 문화는 철저함과 열의를 갖고 물질적 소유를 가장 강력한 관심사 중의 하나로 만들었다. 따라서 자아와 세계의 구성에서의 재화의 이용에 대한 연구가 이처럼 오랫동안, 더구나 상당히 무시되었다는 것은 이중적으로 이상하고 불행한 일이다"[70]라고 말하고 있다. 재화는 정신구조의 재현적 텍스트임을 새삼스레 인정한 것이다. 미술작품,

▣ Oliviero Toscani (1942~)

문학, 영화가 그렇듯이 재화의 기능도 사회의 의미구조가 발현된 것으로 파악될 수 있을 것이라고 그토록 주장해왔던 구대륙의 20세기가 미국에서 다시 시작되는 것인가. 이는 정말 이상한 일이다. 위의 언급에서 우리는 수적으로 계산될 수 없는 가치는 주관적 가치일 뿐이며 주관적 가치는 실증적으로 연구하기 어렵다는 미국식 실증주의의 기본 자세를 읽을 수 있다.

고대 이래로 인간은 실용적인 가치를 넘어 사회적인 관계를 표현하기 위한 방법으로 재화를 이용했고 거기에 상징적인 가치를 부여해 왔다. 사물에 가치를 부여하는 만큼 사물이 위계화 되듯이 공장제품도 재화의 하나인 이상 위계화 과정이 개입되지 않을 리 없다. 따라서 자연의 사물이든 인공적 물품이든 대상의 상징가치는 인간에게 내성적인 가치라고 이해[71]할 수 있다.

1) 물품의 사용가치와 교환가치

물품(product)이라는 단순한 사실을 논한다면 우리는 의식주 개념이라든가 배분이라든가 쓰임새라든가 하는 원시 공동체적인 잣대를 들어 물품과 삶을 동시에 말할 수 있다. 그러나 물품은 즉물적인 쓰임새로부터 벗어나 또 다른 기능과 가치를 지닌다. 내가 당장 쓰려는 물건으로서의 가치 이외에도 그것을 다른 물품과 바꿀 수 있다는 교환물로서의 가치가 있다. 화폐의 존재는 물품이 대량으로 교환된다는 사실을 반증한다. 교환의 장소는 시장이 되며, 교환의 복잡성을 대리적으로 표현하는 것이 화폐이다. 이러한 물품을 상품(marchandise)이라고 한다.

물품의 사용가치(쓸 것으로 표현)와 교환가치(화폐로 표현)는 서로에게 녹아 들어가 있는 동시에 서로 대립한다. 즉 서로에게 자의적인 동시에 필연적이다. 개인 A는 물건 a가 필요한 반면, 개인 B에게는 물건 b가 필요하다. 두 물건이 교환되려면 서로 등가의 가치를 가져야 한다. 그런데 등가의 가치는 두 사람만의 주관적인 필요에서 유발된다기보다 다른 종류의 쓰임새를 가진 물건의 가

71. 논의를 조금 더 확대하면 상징가치가 독자적으로 구현된 것으로 문화, 예술, 정치, 성 등을 들 수 있다. 이러한 것들은 예전 같으면 경제의 하부구조에 대한 반영적 상부구조로 이해할 수 있을 것이다. 그러나 하부구조와 상부구조는 서로 위계적이라기보다 융합적이다. 우리는 이에 대한 극적인 주장을 보드리야르에서 발견한다(J. Baudrillard, 1976, ibid., pp.17~21). 실물의 모든 것에서 상징의 조작을 발견하는 보드리야르의 안목은 높이 살 만하지만 상징의 조작을 통해 실물세계를 이해하려는 점에는 문제가 있다 할 것이다. 특히 같은 책의 pp.110-117을 보라. 여기서는 실물세계에 들어가 있는 상징적 가치의 존재를 지적하는데서 그치고자 한다.

치와 비례적으로 가늠되어 유발된다. 즉 단순히 서로 교환함으로써 사용가치가 교환가치로 덮어 씌워지는 것이 아니다. 물품이 교환된다는 뜻은 시장이 만들어 놓은 객관적인 비교우위의 기준에 따라 주관적인 사용가치가 바뀐다는 뜻을 내포[72]하고 있다. 화폐는 여기서 교환의 도구일 뿐만 아니라 상품의 비교우위를 측정하는 기호체계로서 존재한다. 이것이 상품의 커뮤니케이션이 지닌 자본주의의 특성이며 아울러 화폐가 그 자체로 상징가치를 지니는 이유[73]가 된다.

　　시장경제라고 이름 붙은 자본주의의 경제구조 속에서 물품의 사용가치가 교환가치보다 하위의 가치로 여겨지는 이유는 물품을 수요보다 더 많이 공급하기 때문이다. 그렇다면 왜 대량생산을 할까. 소비자의 관점에 한정시켜 이를 바라본다면 ① 소비의 영역이 의식주의 사용가치에서 벗어나 다른 욕구를 지향하고 있기 때문이며 ② 화폐의 중요성이 물품의 중요성보다 비정상적으로 커졌기 때문이다. 일단 불이 붙은 대량생산의 동기는 심층화되고 확대되어 간다. 욕구가 확대된 이상, 욕구실현의 수단인 화폐는 지속적으로 요구되기 마련이다. 이러한 이유로 일반 제품뿐만 아니라 한정된 소비자층을 대상으로 하는 사치품이나 신상품 또한 언제나 대량의 소비자를 기대할 수밖에 없다. 화폐가 그렇듯이 제품도 원자료가 허락하는 한 한정 없는 축적의 길로 달려갈 수밖에 없다. 이는 곧 "잉여성"의 문제가 드러난 것이며 잉여성의 문제는 식민주의는 물론 광고의 탄생 조건이다. 모든 자본의 역사는 화폐에 대한 맹신으로부터 시작된다. 화폐에 근거한 교환가치가 사용가치의 영역을 폭력적으로 장악한다. 교환가치는 생산가의 이익을 대변하며 교환가치만이 생산자에게 필요한 것이기 때문이다. 더욱 중요한 사실은 "교환가치가 사용가치를 종속화"[74] 하는 이상, 소비자 또한 생산자에게 종속되어야 한다는 사실이다. 이를 위하여 식민주의는 물리적 폭력을 행사했으며, 광고는 부드러운 폭력을 행사한다. 그렇다면 두 가지 모두 강요의 철학을 근거로 하고 있는 셈이다. 왜냐하면 사용가치는 소비자의 권리를 형성함에도 불구하고 소비자의 권리는 소비자에게 있는 것이 아니라 생산자에게 있다는 것을 확증 받아야 하기 때문이다. 확증 받고자 하는 생산자의 욕구는 광고를 필두로 백화점, 박람회 등으로 대변된다. 바로 여기서 생

72. 필연적인 현상이겠지만 문제는 이 양자의 가치가 서로 불균형을 이룰 때이다. 사용가치와 교환가치는 항상 중계가 필요하다. 교환가치가 사용가치와 동등하지 못하고 위계화 되었을 때 물품의 가치는 복잡한 경제학적, 아니 더 나아가 사회학적인 사실이 되어 버린다. 디플레이션과 인플레이션이 그 간단한 예다. 중계의 모습은 매체가 덜 발달된 시대에는 시장으로서의 식민지 확대나 전쟁으로 나타났으며 민주주의와 매체가 발달하자 광고와 홍보로 바뀌었다. 물론 광고가 통하지 않으면 다시금 시장을 확대하거나 전쟁이 일어날 수도 있다. 거꾸로 舊社회주의의 경제학이 그리도 단순하고 초라했던 이유도 물품을 상품으로 인정하고 싶지 않았던 만큼 중계할 기구가 초라했기 때문이다.

73. G. Simmel, 《돈의 철학》, 한길사, 1983, pp.261~360. 짐멜은 화폐를 단순한 교환의 도구가 아니라 자본주의적 인간이 가장 대표적으로 축적하고 교환하는 상징가치로 이해한다.

74. W. Haug, 《상품미학과 문화이론》, 눈빛, 1995, p.80.

산의 역사가 아니라 생산자에 의해 구성되는 "소비의 역사"가 탄생한다.

2) 물품의 상징가치와 의미적 전통

물품의 소비문화에만 한정한다면 역사의 각 시대에는 한정된 물품을 지배적으로 이용하는 집단이 존재한다. 그리고 동일한 물품의 분배를 위해 이들을 따르는 집단도 있다. 물품의 실질적인 분배를 원하든 상징적인 분배를 원하든 사람들이 따르는 물품의 지배적인 소비자를 준거집단이라고 부른다. 준거집단의 물품은 물품 그 자체가 아니라 물품에 투여된 준거집단의 상징성이다. 엘리자베스 시대의 가족이 은기(銀器)를 이용해 지위를 주장했다면 은수저는 은수저 자체가 아니라 일정한 상위 집단이 자신의 지위를 상징화시킨 것이다. 이 상징화에 모방이 이어지지 않으면 물품의 준거집단이라는 단어는 존재하지 않는다. 대부분의 학자들은 서구 사회의 18세기부터 이러한 모방이 횡행하기 시작했다고 증언한다.

매켄드릭(Neil McKendrick)은 18세기의 소비재는 어떤 오래된 것, 즉 전통이 담겨져 있는 물품으로부터 새로운 것, 즉 전통이 없는 물품으로 계속 변화했다고 기술한다. 전통이 사라지면 유행이 불어와서 전통의 자리를 대신한다. 제도로서의 패션[75]이 이 시절에 탄생한 것은 우연이 아니다. 물품은 새로워[76]진다. 패션의 탄생은 물품 사용의 익명성을 근거로 하면서 동시에 익명성[77]을 확대시킨다. 18세기의 유행 현상은 복잡하고 무질서하였다. 익명 그 자체였다. 사치 금지법은 통하지 않았으며, 누구나 아무 것이나 모방할 수 있었다. 평민이든 노비든 상관없이 귀족의 패션 따라잡기[78]에 열중했던 18세기 영국과 프랑스의 대도시가 예가 될 것이다. 그러나 전통에 의미가 있고 전통이 없음에 의미가 없는 것이 아니다. 의복 속에만 의미가 있고 유행 속에는 어떤 의미도 없는 것은 아니다.

귀족 따라잡기의 거시적인 방향은 단순한 모방이 아닌 모방의 방향성에

75. 제도로서의 패션이란 ① 패션 디자이너의 조직 ② 패션 커뮤니케이션의 확립 ③ 패션 제작의 독립성이라는 세 가지 사회적 사실로 구성된 현상을 말한다.

76. Grant McCraken, 1996, ibid, p. 86. 맥켄드릭스는 엘리자베스 시대부터 물품이 드러내는 지배력을 이용해 왔던 실증적 사실들을 설명하고 있다. "전에는 남자들과 여자들이 그들의 부모로부터 물려받기를 원했지만 이제 그들은 스스로 살 생각을 했다. 전에는 필요에 따라 샀지만 이제 유행에 따라 샀다. 전에는 평생 쓰기 위해 샀지만 이제 여러 번 살 수 있다. 전에는 시장, 박람회(견본시), 행상인의 중계로 축제일과 휴일에만 구입할 수 있었지만 이제는 계속 늘어 나는 가게와 가게 주인의 네트워크라는 추가된 매체를 통해 일요일을 제외하고는 매일 구입할 수 있는 기회가 늘어났다. 그 결과 사치품은 그저 버젓한 것(보통 살림에 필요한 것)으로 여겨지게 되었고 버젓한 것은 필수품으로 여겨지게 되다. 필수품조차도 스타일, 다양성, 구입 가능성에서 극단적인 변화를 겪었다"(Ibid, p. 57). 더 앞선 시대라고 해서 이런 사실이 없는 것은 아니다. 단지 서구의 경우 15세기 이탈리아의 피렌체 시대, 영국의 엘리자베스 시대, 프랑스의 18세기, 독일의 19세기가 물품의 상징적 지배력이 강하게 부각된 시대였을 뿐이다(Ibid, pp.29~82).

77. G. McCraken, 1996, ibid, p.66. 이 사실을 벤야민의 "아우라의 상실"과 비교하여 이해해도 될 것이다. 교환이 가능하도록 가치가 일률화되면 아우라는 당연히 사라진다.

78. 맥크라켄은 영국적 가족의 붕괴가 개인의 존엄성을 낳았고 따라서 개인적인 소비는 '고색적'인 것으로부터 '유행적'인 것으로 전환되었음을 말하고 있다. 그리고 유행은 상층계급에서 하층계급으로 흘러 내려가는 것으로

파악된다. "준거집단에 관한 것으로는 계급제도가 잘 확립된 유럽에서는 언제나 의복의 유행은 궁정에서 시작했고, 그것은 하위자의 모방과 상위자의 차별화라는 이중의 엔진에 의해 가차없이 이끌려 귀족, 신사계급, 중간계급, 하층계급으로 이동했다"(Ibid., p.58).

79. G. McCraken, 1996, ibid. p.68.

80. Ibid, pp.83~109.

근거하여 이루어진다는 것(X X')을 잊어서는 안된다. 만약 어떤 부르주아가 귀족의 의복을 그대로 모방했다면 그것은 치졸한 형태의 모방(X X)이다. 그리고 이러한 모방은 부르주아의 자존심을 상하게 할 뿐이다. 영국과 프랑스의 부르주아는 귀족적 상징성을 지닌 물품을 모방했지 물품 그 자체를 모방하지 않았다. 부르주아는 '귀족성'을 드러내는 표현의 형식을 모방하고자 한다. 이를테면 內상의인 조끼, 긴 외투, 바지로 이루어진 귀족적 의복의 형식 구조, 빛을 담지한 귀금속과 단추, 칼의 상징인 권위 등을 모방했지 귀족들 사이에 유행하고 있었던 복장을 모방하지 않았다. 의복을 모방한 것이 아니라 귀족 의복의 상징적 형태를 모방했다. 현대에 이르러 부르주아의 상징이 된 "갖춘 外상의"(정장복, 조끼, 외투), 반짝이는 단추, 지팡이의 중요성을 생각하면 된다.

　　매크래켄은 프랑스 혁명 이후에 벌어진 부르주아 소비행태 유형이 옛 귀족의 그것이나 궁정모델(courtly model)과 유사하다는 사실[79]에 놀라고 있다. 이 또한 참으로 놀라운 일이다. 사회변화가 심했다고 해서 소비 유형이 갑자기 자신의 패러다임을 바꾼다는 것은 오히려 이상한 일이기 때문이다. 실제로 맥크래켄이 서술하고 있는 영국과 프랑스의 모든 종류의 귀족적 차별화 전략[80]은 부르주아에 의해 그대로 인용되었다. 부르주아는 귀족을 모방한 것이 아니라 귀족성을 모방했기 때문이다. 이를 기호적으로 이해하면 부르주아는 귀족의 기표를 모방한 것이 아니라 기의를 모방했기 때문에 부르주아의 기표와 귀족의 기표는 서로 달라 보일 수 있다. 그러나 기의는 같은 종류의 수준에서 이해될 수 있는 의미의 전통을 포함하고 있다.

　　물품의 의미적 전통을 모방하면 그 성질을 품고 있을 물품의 기표적 종류는 오히려 더욱 확대된다. 뜻만 알면 표현은 상황에 따라 가지각색으로 나오기 마련이다. 부르주아 산업사회의 표현적 상황은 귀족시대의 상황보다 더욱 확대되었다. 실제로 19세기 내내 프랑스 부르주아가 차별화 전략을 위해 배출한 물질적 표현은 귀족의 준거집단적 특징을 모두 소화하면서 귀족 시대의 그것을 뛰어넘는 것이었다. 물질표현의 패러다임이 확대되어 있었을 뿐 아니라 귀족만큼의 상징적 지위가 허락되지 않았던 부르주아에게 차별화는 삶의 중요한 모토였기 때문이다. 보이는 차별과 보이지 않는 차별, 그리고 어렴풋이 보이는 차별화 전략에 이르기까지 옷만 벗으면 자신들과 농민-노동자와의 구분이 불가능했던 사회에서 이는 부르주아에게 더욱 핵심적인 사항이었다. 이처럼 부르주아의 차별화 전략은 20세기 중반 이후 대중에게로 유입된다. 물품의 상징 가치는 새로이 만들어진 것이 아니다. 단지 가치의 향유자가 확대되어 있을 뿐이다. 반면 상징의 의미적 가치는 변하지 않고 단지 상징의 기표와 기의만 서로 교환될 뿐이다. 이것을 상징가치라 부른다. 따라서 상징가치의 다양한 표현은 오히려 옛 귀족시대의 의미적 가치를 더욱 강화하는 역할[81]을 한다. 즉, 동일한 의미를 강화시킨다.

3) 상징적 교환가치의 기호적 구조

인간은 인간만을 꿈꾸는 것이 아니다. 재화에 대하여도 꿈을 꾼다. 윌리 암스에 따르면 "상상 속의 소비, 상상의 소비와 실제의 소비는 서로 구분되는 경계선이 없다. 굳이 말한다면 끊임없이 침범되는 움직이는 경계선만이 있을 뿐이다. 분석적으로만 그 수준을 구분"[82]한다. 그러한 의미에서 우리가 언급한 사용가치는 물질적 가치이며 상징가치는 사용가치가 지닌 정신적 가치라고 표현하는 것이 옳을 것이다. 예를 들면 의류업에서 오랫동안 근무한 사람들은 옷에 대한 물질적 가치를 앞세우지 정신적 가치를 잘 내세우려 하지 않는다. 광고는 이들에게 꿈을 팔 수 없다. 물품의 물질적 가치를 충분하게 알고 있는 이들은 물품이 주는 상징의 가치의 경계선도 잘 알고 있기 때문이다. 반대로, 막 멋을 부릴 사춘기 여고생들이나 쁘띠 부르주아들에게 상징적인 꿈은 물질보다 중요한 것이며 광고는 이들에게 물품의 물질성을 감추고 상징을 심어 준다. 이제 "시장의 설득목적이 바뀌었다. 이제는 단지 특정 물품의 즉각적인 구매가 아니라 자유롭게 떠도는 욕망을 자극"[83]하는데 바쳐진다. 그러나 자유롭게 떠도는 욕망은 과연 자유로운가.

81. "상징적 기능의 핵심은 다른 기호로 사물을 지시하는 것이 아니라… 다른 기호 속에서 같은 종류의 기호를 인정하고 찾고 확인하는 것이다"(J.-J. Goux, *Ecomonie et symbolique*, Seuil, Paris, 1968, p.22).

82. H. Lefebvre, 1995, ibid, p.139 ; Raymond Williams, *Dream World : Mass Consumption in Late Nineteenth Century France*, Berkeley-UCLA Press, California, 1982.

83. G. McCraken, 1996, ibid, p.74.

142

84. 소비 이론의 논의 중에서 가장 흥미로운 것은 문화의 조작가로서 물품의 존재를 읽고 있는 것이다. "우리는 여기서 일종의 역사와 문화의 조작자(operator)로서의 재화의 사용을 본다. 조작자란 새로운 역사의 우발적인 사건이 현존하는 문화질서에 편입될 수 있게끔 전체적인 구조의 문화적 의미를 재조직하는 데 도움을 주는 물질적인 상징이다"(G. McCraken, 1996, ibid, p.76).

85. Ibid, p.64.

상품은 물품이 지닌 개인의 고립된 욕구를 표현하는 것이 아니다. 상품은 이러한 욕구를 쉽게 뛰어넘어 집단적 욕구와 접목한다. 산업사회의 인간은 내성적인 욕구를 지니지만 자본에 의해 구성된 상품의 교환가치 체계가 이끄는 사회적 방향성을 지향하기 때문이다. 인간의 상징가치 또한 교환가치의 체계를 넘어서기 어렵다. 상품의 사용가치가 교환가치에 종속되는 이상 교환될 아이템은 상품에 한정되지 않고 상품이 지니는 상징가치로까지 확대된다. 상품에 대한 욕구는 이처럼 어떤 방향성을 지닌 사회적 욕구이며 더 나아가 오로지 상징적 가치만을 지닌 사회적 욕구마저 존재하게 된다. 즉 상품의 상징만 얻으면 물건은 쓰레기통에 버릴 수 있다.

예전에는 상징적으로만 존재했던 세계화의 이상이 실제로 실현되고 있다. 이에 맞추어 기존의 쁘띠 부르주아가 준거집단으로 숭배했던 부르주아의 흔적도 서서히 사라져 가고 있다. 한국사회와 같이 급격하게 만들어 진 대중사회에는 뚜렷한 부르주아가 없다. 단지 준거집단으로서 서구라든가 대중적인 빅 모델 그리고 소문(rumors)만을 지니고 있다. 이것은 대부분 대중매체에 의해 만들어 질 수밖에 없다. 따라서 한국적 준거집단의 대다수는 실재가 아니라 상상의 수준에서 존재한다. 즉, "누구 혹은 무엇의 성질"이 아니라 "누구 혹은 무엇일 것 같은 성질"이다. 그리고 대다수가 미디어를 통해 생성되거나 미디어적 기억 속에서 유출되는 것이다. 가상적인 성질을 상품에서 찾고자 하며 그 성질만 찾아 놓으면 상품의 질은 그리 문제가 되지 않는다. 질이 왜 문제가 되지 않는가 하면 미디어에 의하여 "인증" 받은 수준의 질이기 때문이다. 한국적 대중사회에서 상품의 질 또한 포장만큼이나 다분히 기호학적인 구성체이다. 이러한 기호학적 구성체를 판매하는 매장도 기호학적 구성체임은 말할 것도 없다. 이 기호학적 구성체는 거꾸로 인간의 실존을 구획[84]짓고 있다.

매크래켄은 "소비자는 태어나는 것이 아니라 그에게 원하는 것을 원하게 하도록 가르치는 과정에서 만들어지는 것이다"[85]라고 말한다. 이 말을 공시태적으로만 해석하지 말고 통시태화시켜 보자. 현대의 소비자는 원하는 것이 무엇인지 모른다. '그들이 원하는 것을 원하게 하는 것'을 가르치는 것이 아니라 '원하는 것 자체'를 가르쳐야 한다. 무엇을 먼저 가르쳐야 비로소 어떻게를 가르칠 수 있기 때문이다. 이런 의미에서 부티크, 백화점, 카탈로그는 소비자가 원하는 것이 무엇인지를 가르치는 동시에 원하는 것을 방향지우는 조작적인 상징의 매장으로 존재한다. 또한 "조작은 그것이 어떻게 조작되든 조작되는 사람의 객관적 이익들에 달라붙게 될 때에만 작용될 수 있다"[86]는 하우크의 주장이 있다. 대중은 그들의 이익을 추구하면서 조작되는 것이지 상품이나 매체에 의해 무작정 수동적으로 자신의 정체성을 맡기지는 않는다는 것이다. 이 말은 옳다. 그러나 소비자의 "객관적 이익"이란 무엇인가. 현대 소비사회의 객관적 이익은 자신이 가진 상징적 욕구의 성취이다. 이 욕구는 만들어 진 욕구이지 내성적인 욕구가 아니다. 따라서 소비자 대중의 객관적 이익은 창조된 사용가치 혹은 상징적 가치에 의해 조종당하는 소비자들의 욕구[87]를 의미한다. 당연하게도 이 두 가치는 동일할 수도 다를 수도 있지만 모두 "교환가치 하에 종속"된 것임은 두말할 나위가 없다.

물질적 사용가치가 교환가치에 의하여 종속되었다면 정신적 사용가치로서의 상징가치 또한 교환가치에 종속된다. 교환에는 규칙이 있다. 따라서 유혹에 의해 만들어진 욕구의 가치 또한 인공적이며 규칙적인 사실[88]이다. 루이 뷔통 가방을 산다하더라도 소비자는 계산기를 두드리게 되어 있다. 과연 계산기는 무엇과 무엇이 교환되는 도구로 쓰이는가. 물품과 화폐인가. 그렇지 않다. 그는 현재 구매하려는 물품의 상징가치와 예전에 자신 혹은 남들이 구매한 물품의 상징가치를 서로 교환하기 위해 계산기를 두드린다. 자신의 상징적 가치가 제대로 교환되고 있는지 혹은 교환될 것인지 지나온 자신의 구매 경험과 남들의 구매경험에 비추어 고민하는 것이다. 상징가치의 구매욕은 순수한 물질과의 상호작용에 의해 프로그래밍되는 것이 아니라 물질에 덧붙여진 혹은 물질을 구성하는 상징적 질서에 따라 프로그래밍되며 이를 근거로 물품의 상징가치가 교환된다.[89] 이를 상징적 교환가치라 한다.

물질적, 상징적 사용가치가 물질적, 상징적 교환가치에 종속된다는 사실은 "쓸모 있다는 사실"이 "판매된다는 사실"에 의해 그 본질이 결정된다는 뜻이

86. Wolfgang Haug, 1995, ibid, p.14.

87. 마르쿠제(Herbert Marcuse)는 "현대사회에 있어서 개인의 일상생활을 지배하고 있는 것은 허위의 욕구"라고 간파한다(A. Swingewood, 1987, pp.52~53). 기호의 조작에 의하여 욕구의 본질을 만드는 사실은 자본주의의 꽃이라는 광고가 대표한다.

88. "유혹은 본능으로부터 나오는 것이 아니라 인공적으로 만들어 진 것이다. 에너지의 산물이 아니라 기호와 규칙의 산물이다"(J. Baudrillard, De la séduction, Galilée, Paris, 1979, p.10). 섹스의 인공적인 유혹에 대한 매우 탁월한 설명은 같은 책 pp.13-73 참조.

89. J. Baudrillard, Pour une critique de l'economie politique du signe, Gallimard, Paris, 1972.

90. "재화의 이용에 대해서 인상적인 것은 전이작업(의미전달)없이 재화가 (소비자에게로) 접근을 확립하는 능력이다… 재화는 전이된 의미를 현실세계의 쇠약해지는 빛 속으로 실제로 가져가지 않고서 이 기호적인 기적을 달성한다"(G. McCracken, 1996, ibid, p.236).

다. 베스트 셀러가 베스트 북이 되는 경우이다. 만약 상징과 물질이 모두 사용가치에 종속된다면 즉, 사용가치와 상징가치가 한 명의 소비자의 머릿속에서 일종의 정합성을 지녀 더 이상 교환될 필요가 없다면 이를 안정된 소비자라 불러도 좋다. 또 사회 전체가 그렇다면 이 사회는 안정된 사회이다. 아무거나 원하는 대로 사서 욕구를 충족하는 황태자라든가, 많이 팔린 책이 대다수의 사람들을 감동시키는 사회가 진정 안정된 사회이다. 그러나 이는 꿈같은 소비자와 꿈같은 소비사회일 뿐이다. 반면 상징적으로도 교환하고 물질의 교환가치에도 종속된 소비자는 미친 사람일뿐이다. 이른바 "쇼핑"이 쓸모 있는 것을 사러 가는 행위(구매)가 아니라 판매되는 것을 사러 가는 행위이다. 베스트 셀러가 슈퍼마켓에서 팔리는 이유가 여기에 있다. 쇼핑은 필요한 것을 얻는 행위가 아니라 필요할 것으로 상정되는 욕구를 얻는 행위이다. 사용가치와 상징가치의 거리가 가까운 숙고된 물품은 그에 걸맞은 의미를 지닌다. 그러나 교환의 물품과 욕구는 숙고하지 않는다. 단지 유혹할 뿐이다. 쇼핑은 가상적으로 프로그래밍화된 유혹의 생활 유형 중에서 가장 대표적인 것이다. 쇼핑광은 판매의 물질적, 정신적 이데올로기에 욕구가 무의식적으로 굴종하는 정신병이다. 광기는 가상적인 생활을 실제의 생활로 착각하는 상태이기 때문이다. 쇼핑을 통해 얻으려는 욕구는 순간적 상징을 교환하고자 하는 욕구이고, 그렇기 때문에 광기인 것[90]이다. 따라서 사용가치로서만의 물품과 상징 혹은 교환가치로서만의 상징과 물품은 가치체계의 변이형이다. 변이형은 불변형에 따라 가늠하면 되는 것이다.

물품의 본질적인 부분은 현상적으로 "제품의 질"과 "표현"이라는 두 가지 사실로 드러난다. 사용가치로서 질과 표현은 모두 상징가치를 얻고 있다. 제품이 지닌 질적인 상징가치를 "브랜드"라고 하며 표현의 상징가치를 "디자인과 광고"라고 한다. 그러나 어느 하나도 다른 하나로부터 분리되지 않는다. 물품의 질이 떨어짐에도 양질의 제품과 동일한 효과를 얻으려는 것이 디자인/광고 위주의 일반제품이다. 일반제품의 포장은 전략적으로 만들어지지만 그 전략은 기본적으로 소비자의 눈에 맞추어 진 것이기 때문에 포장 그 자체의 모습은 소비자의 감수성에 따라 디자인 변화의 속도와 범위를 규정짓는다. 그 속도와

범위를 조정하는 것은 광고이다. 광고를 통하여 제품은 단기적인 명성을 획득한다.

　　여기서 가치의 조합유형을 브랜드, 디자인/광고, 일반제품, 품질의 관계 속에서 이해할 수 있다. 물품의 질을 양질의 상태로 유지하려는 것이 브랜드 중심의 제품이다. 공장제품은 질보다 포장에, 이름보다 유통에 집중한다. 브랜드는 포장보다 질에, 유통보다 이름에 집중한다. 영국의 찰스 황태자는 기본적인 품질을 지니고 있으며 설령 포장이 바뀌었다고 해도 사람들은 오히려 거기서 어떠한 비규칙의 미학마저도 발견하고자 한다. 브랜드 제품과 디자인 그리고 일반제품과 디자인의 변증법적인 관계는 이와 같이 존재의 상징적 인식의 역사와 같이 한다. 이 사실을 잊는 마케터는 마치 무조건 선만 보는 개성 없는 총각과 같다. 유통만 잘 트면 장가를 갈 것이라 믿는다. 그러나 자신이 공장제품과 같이 무개성의 품질을 지닌 이에 불과하다는 사실을 안 이후부터 브랜딩 작업을 시작한다. 일반제품 디자인의 카멜레온식 변화는 제품이 명품으로 자리잡을 때까지 지속된다. 브랜드와 디자인/광고, 일반제품, 품질의 관계는 이런 것이다. 이렇게 본다면 가치의 유형을 다음과 같이 구분해 볼 수 있을 것이다.

　　1) 상징적 교환과 상징적 사용가치 : 브랜드와 디자인/광고의 영역. 브랜드명을 통해 제품의 질을 자연스레 인정하기 때문에 제품의 질적 고려는 없다. 물품을 통해 자신의 꿈이 얼마만큼 실현되고 있는가, 그리고 그것이 남들에게 얼마나 인정되고 있는가의 소비유형을 근간으로 제품의 디자인과 스타일을 통해 개성을 유지한다. 디자인과 스타일이 독특한 명품이 이를 대표한다.

　　2) 상징적 교환과 물질적 사용가치 : 브랜드와 품질의 영역. 대중시대에 가장 많이 드러나는 현상이다. 제품의 질에 대한 고려가 존재하지만 소비의 개성은 특이하지 않다. 스타일이 빠져 있기 때문이다. 따라서 남들에게 인정되는 즉시 그것이 자신의 개성으로 치부된다. 남들이 인정하지 않으면 곧바로 개성을 갈아치울 수 있다. 그러나 그것의 실질적인 사용은 계속된다. 디자인과 스타일이 소비자의 라이프 스타일과 어긋나는 명품이 이를 대표한다.

　　3) 물질적 교환가치와 상징적 사용가치 : 일반제품과 디자인/광고의 영

146

91. W. Haug, 1995, ibid, p.64.

역. 저관여 제품군 중 경쟁사로부터 자신을 차별화 하고자 하는 물품과 소비의 영역이다. 상품의 질이 아니라 포장에 의해 구매가 실현된다. 공장제품 포장의 참신함과 차별성은 제품의 질과 독립적으로 존재한다. 대량생산, 수퍼마켓의 물품포장이 바로 그것이다. "수퍼마켓에서는...판매를 위한 어떠한 면담도 이루어지지 않는다. 오직 상품들, 포장, 배열의 사물적인 형식에서 모든 판매기능들 자체가 충족"[91]된다. 바로 이러한 이유로 포장의 존재가 질의 존재에 앞선다. 역사적으로 보면 귀족적 소비자만이 쓰던 물품을 대중적인 소비자에게로 확대하고자 하는 시도는 "물품의 쁘띠 부르주아적 위상"을 만들어 낸다. 샴페인에서 탄산 와인으로, 비단 냅킨에서 문양이 들어간 종이 냅킨으로, 생과일 주스에서 인공감미 주스로의 전이가 벌어진다. 이 전이에서 가장 중요한 것은 디자인과 스타일이다. 이러한 역사 속에서 제품 및 포장디자인의 역할은 상징적 사용에 깊숙하게 연관된 것이다. 남들이 인정하든 그렇지 않든 소비자의 선호가 강조된다. 당장 물질적 사용가치와는 거리가 있지만 집안에 가져다두면 언젠가 쓸 것이라는 막연한 기대 속에서 상징을 선택하는 소비의 유형이다. "깜찍하다" 거나 "특이한 디자인" 의 경우가 그렇다.

4) 물질적 교환가치와 사용가치 : 일반 제품과 품질의 영역으로서 전통적인 소비유형에 관련한다. 라면처럼 사용과 소비의 축이 일목요연하게 물질적인 축에서 이동하는 제품과 소비유형을 말한다. 농산물, 저관여 공장제품 등이 그 예가 될 것이다.

위와 같은 가치의 조합은 물품의 사용과 소비유형을 결정하며 어느 가치를 지향하느냐에 따라 소비군을 잠재적으로 구분해 볼 수 있을 것이다. 소비자의 분포도를 도표로 이해해보면 다음과 같다.

도표의 네 귀퉁이는 물품의 기호적 표현과 의미 범주를 이룬다. 수직의 축은 사용가치의 표현과 의미, 수평은 교환가치의 표현과 의미의 축을 이룬다. 교환가치는 브랜드(이름)와 제품 자체로 표현되며, 왼쪽 수평의 축으로 갈수록 제품의 교환가치로부터 상징적 교환가치에로의 이동을 표시한다. 반면, 사용가치는 디자인과 제품의 속성으로 표현되는데 수직의 아래에 있는 제품의 물질적 사용가치로부터 수직의 위에 있는 제품의 상징적 사용가치로의 이동을 표시한다. 위에 표시된 라이프 스타일의 분포는 실증적 연구를 통해 확인해 나갈 연역적인 것이다.

92. 여기서 제품의 "가치의 계약" (value contract)이 중요해 진다. 모든 제품은 "소비자의 라이프스타일과 사회 구조 내의 위치에 따라 개성을 지니며 그 개성을 가지고 소비자와 계약"하게 된다(J.-F. Variot, *La marque post publicitaire*, Village mondial, Paris, 2001, p.171).

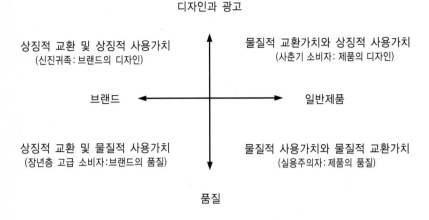

디자인과 광고

상징적 교환 및 상징적 사용가치
(신진귀족 : 브랜드의 디자인)

물질적 교환가치와 상징적 사용가치
(사춘기 소비자 : 제품의 디자인)

브랜드 ← → 일반제품

상징적 교환 및 물질적 사용가치
(장년층 고급 소비자 : 브랜드의 품질)

물질적 사용가치와 물질적 교환가치
(실용주의자 : 제품의 품질)

품질

  자본주의적 소비문화의 전통으로 보았을 때, 상품의 문화적 구조는 한편으로는 품질로부터 디자인에게로, 다른 한편으로는 일반제품으로부터 브랜드형으로 흘러간다. 그 만큼 다양한 제품의 질을 확증할 수 있는 시대에 들어섰기 때문이다. 다양한 제품과 품질이 확인되었다면 중요한 것은 디자인과 브랜드일 수밖에 없다. 19-20세기 내내 품질과 제품이 실질적으로 다양하게 드러나 변형되어 왔던 만큼 이제 21세기는 실질적으로 디자인과 브랜드가 다양하게 드러나 변형되어 갈 것이다. 여기서 중요하게 지적할 것은 제품뿐만 아니라 소비자 또한 변한다는 사실이다. 품질과 제품에 대하여 수동적으로 반응하는 소비자로부터 자신의 라이프 스타일을 주장하는 능동적인 소비자[92]로 변하고 있다. 기업이 아무리 감언이설을 늘어놓아도 자신의 라이프 스타일에 맞지 않는 제품은 찾지 않는다. 따라서 21세기의 상품의 논리는 기존의 소비자 분석과 같이 소비자의 무작위적인 반응에 제품의 운을 거는 수동적인 마케팅이 아니라, 제품의

93. B. Cathelat, *Publicité et Soci-été*, Payot, Paris, 1976, p.155.

94. J. N. Kapferer, *Les Marques*, Ed. d'Organisation, Paris, 1998, p.45.

개성을 주장하고 이를 소비자에게 보여주고 선택받는 능동적인 자기 주장의 마케팅으로부터 구성된다 하겠다.

4 :: 브랜드의 논리(Brand-logic)

1) 브랜드와 상징

브랜드의 정의는 "사람들이 상업마크나 제품에 투여하는 의미의 아우라로서 비교적 고정적이며 일관적이나 다소 형식적인 마크이며, 이 마크에는 태도와 감성적인 반응이 비교적 고정적으로 섞여 있는" 혹은 "비교적 의식적이고 심도 있는 이념과 감정, 태도, 믿음의 표상적 아우라"[93]를 표현하는 것이라고 조심스럽게 말할 수 있다. 제품과 기업의 지속성을 염두에 두지 않고 아주 간단하게 말한다면 "차별화를 창조하는 것"[94]이라고 할 수도 있다. 차별화란 오리지날리티라고 할만한 것으로 아우라라고 볼 수 있다. 브랜드에서 아우라를 제거해버리면 곧바로 보통 제품 혹은 보통 기업이 된다. 브랜드는 위에서 말한 명품의 속성을 지니며 지속적인 피드백이 필요하지 않은 것으로 파악되지만 실은 매우 실용적인 의미에서 변화의 가능성을 내포하는 것으로 이해하는 것이 옳다. 브랜드는 스스로의 속성을 지니지만 실은 소비자의 정신적 속성과 상응하는 것이기 때문이다. 소비자의 정신적 속성이 변하면 브랜드 또한 자기 변화를 꾀할 수밖에 없다.

역사적으로 보았을 때 인공적으로 욕구를 유발시켜 온 초콜릿이나 차와 담배, 커피와 패션 등은 중독성의 가치 이외에 상징가치로 밖에는 자신의 존재 이유를 갖지 못한다. 내용이 자연스러운 것이 아니거나 인간에게 불행한 종류의 것을 지니고 있기 때문에 자신의 본질을 숨긴다. 이러한 물품은 물품 그 자체를 파는 것이 아니라 그 "아우라"를 판다. 즉 브랜드와 디자인을 판다. 그러므로 이러한 물품의 광고가 왜 "본능성", "자연성" 등 거짓의 주제에 집착하는가를 알 수 있다. 제품은 거짓을 말하지 못하지만 제품의 광고는 거짓을 말할 수 있다. 말보로 광고는 육체를 강조한다. 남성적 본능이라는 것이 마치 제품에 현존하는 것처럼 담배와 남성적 육체의 가능성을 실험한다. 커피 광고는 가족성 혹은 관능성을 강조한다. 패션은 더 이상 말할 것이 없다. 태생적인 원죄를 지닌 제품은 소비자들로 하여금 제품의 속성을 소비자들로 잊도록 해야 하며 그래야 팔릴 수 있다.

　　현대적 상품은 태생적으로 이런 것들과 다른 종류의 역사, 다른 종류의 원죄를 가지고 있다. 그것은 상품의 질이 유사한 경쟁 제품이 너무 많다는 것이다. 소비자로부터 선택받아야 하는 죄인 이 원죄는 기호품이나 사치품과 같이 제품의 속성에 있는 것이 아니라 속성의 외부에 있다. 바로 이런 이유로 현대적 상품은 상징가치를 강조할 수밖에 없다. 상징가치의 지나친 강조는 간혹 광고와 홍보의 사회적 역기능을 유발[95]하기도 한다. 그러나 이런 역기능성은 제품의 질을 근본으로 하는 현대적 상품이 일으키는 것이 아니다. 여기서 말하는 브랜드의 상징가치는 제품의 질적가치를 포함한 상태의 가치를 의미한다. 상징은 마케팅의 게릴라적 사고로부터 존재하는 것이 아니라 제품의 질에 충실한 상태로부터 만들어지는 것이며, 질적으로 경쟁 제품과 심하게 차이가 나면 제품의 상징가치는 지속될 수는 없기 때문이다. 이와 같이 제품의 질에 대한 자존심이 존재하는 상징가치의 강조는 현대 광고의 존재근거이기 때문에 광고의 상징적 소통 즉, 기호학적 커뮤니케이션은 불가피한 일이다.

　　현대적 상품의 속성이 상품 내부보다 외부에 있다면 상품이 생산되기 위해 외부로부터 브랜드화시켜야 한다. 이것이 상품의 질적, 표현적 상징이다. 여기서 미리 지적해야 할 사실은 제품의 브랜드와 기업의 브랜드는 다르다. 일반적으로 제품명은 상품을 재생산하기 위한 변이형으로 취급할 수 있고 기업은 재생산할 상품을 지지하는 불변항[96]으로 여겨진다. 맥도날드의 다양한 상품(예를 들면 빅맥)이 맥도날드의 기업명을 통해 퍼져 나가는 것과 같다.

95. R. W. Pollay, 《광고와 사회》, 나남, 1994, p.523. 제품의 질을 생각하지 않는 제품은 현대 소비사회에서 도태될 수밖에 없으며 그러한 상품에 대하여서는 거짓 이외에 어떠한 마케팅 이론도 필요하지 않다.

96. J. N. Kapferer, 1998, ibid., p.154.

2) 브랜드의 질적 상징

전통적인 브랜드로서 명품의 원칙적인 예를 들어보도록 하자. 명품은 질적인 수준이 변할 수 없다. 대량 생산제품과 달리 포장도 그렇다. 명품은 언제나 공급을 조절한다. 〈루이 비통〉의 경우가 대표적인 경우이다. 오래된 부자(old money)와 신흥부자(new money)의 간격은 명품에 의해서 처음으로 갈라진다. 부자들의 선호도에 따라 명품의 색채가 퇴색되는 경우는 별로 없다. 명품은 소비자의 층과 상관없이 자신의 이름과 성격을 지니기 때문이다. 이와 같이 명품은 옛 예술이 지녔던 아우라를 지닌다. 유일한 물품은 아니지만 유일한 마크와 질을 보장한다. 바로 이런 이유로 명품의 짝퉁마저 비싼 값으로 팔린다. 오리지날리티가 유일한 무엇이기 때문에 사는 것이 아니라 아우라마저 제품과 같이 팔릴 수 있는 만큼의 상징가치를 주기 때문에 소비자는 짝퉁을 사는 것이다. 어차피 이들은 이름을 사는 것이기 때문에. 그렇다. 브랜드는 이름이다. 이것을 유사-아우라라고 부를 만하다. 그러나 현대의 아우라는 과연 어디에 있는가. 아우라는 사물이 지닌 속성이 아니라 사물을 바라보는 사람이 지니는 속성이기 때문에 아우라든 유사-아우라든 그것은 결국 밀도의 차이일 뿐이다.

명품은 이런 의미에서 소비자를 관장하는 주체이다. 명품이 있고 나서 소비자가 있기 때문이다. 소비자가 명품을 관장하는 경우는 매우 특별한 경우를 제외하고는 발견하기 어렵다. 따라서 명품 자신의 변화가 소비자의 변화보다 더 중요하다. 이러한 근거에 따라 명품의 지위는 준거집단 자체의 명예를 획득할 수 있다. 소비자가 따라갈 준거집단이 없으면 따라갈 이름이 있을 것이다. 그러나 앞서 언급했듯이 준거집단은 실체적인 존재로서 소비를 유발시키는 것이 아니라 준거집단의 성질로서 소비를 유발한다. 명품이 이른바 준거집단으로 존재한다면 그것은 명품의 이름보다는 "성질"로서 존재한다. 예를 들어 명품 미소니(Missoni)와 페라가모(Ferragamo)가 제품의 장인적, 수공업적 아우라의 성질을 통해 자신을 주장한다면 그것은 장인적, 수공업적 이미지를 지닌 소비자가 그것을 준거집단으로 삼는다. 즉, 대중스타의 준거집단적 성질을 갖는다.

또 다른 유형의 명품 아르마니(Armani)와 페레(Ferré)는 바우하우스적 미술(건축)개념의 성질을 갖는다. 그에 적응될 만한 소비자로서 뉴욕커의 이미지를 지닌다. 이 두 가지 성질(물품과 소비) 사이의 관계는 물품의 직접적 소비자의 유형에 따라 구분될 수 있을 것이다. 즉, 소비자의 사회학적 위치는 이제 더 이상 실재하는 준거집단이나 물품과 독립적인 연관을 맺는 것이 아니라 이 두 가지의 교차적인 "성질"과 연관을 맺는 것이다. "미디어 스타의 장인적 차별성", "뉴욕의 예술성"이 그런 것이다.

3) 브랜드의 표현적 상징

브랜드 로고타이프의 예를 들어 이를 설명해보자. 브랜드 로고타이프는 회사의 슬로건이 문자와 시각사이를 오가며 표현된 감수성이다. 감수성 표현의 목적은 ① 시각적 고정과 기억 ② 의미표현을 위한 것이다. 브랜드 표현은 회사의 가치관에 따라 양식을 달리한다. 회사의 가치와 이름이 어떠한 성격을 지녔는가에 따라 각각 표현이 다르다. 로고를 마크형으로 표현할 수도 있으며 로고타이프의 형태로 제시할 수도 있고 양자를 혼합할 수도 있다. 회사의 가치와 이름 그리고 제품과 서비스 유형 등의 성격을 규정하고 나서 로고의 조형과 형상을 구성[97]한다. 예를 들면 "Mac Donald"의 로고는 두 가지이다. 곡선형으로 형상화된 M과 로고타이프 자체이다. 로고타이프 Mac Donald는 설립자의 성으로 귀족 계통으로 알려진 이상 그것을 재사용하지 않을 이유가 없었을 것이다. 잡다하다 싶을 정도로 실물적이든 상징적이든 계층을 구별코자 하는 미국 사회에서 Fitzgerald, Goldblatt, Finkelstein 등의 성을 가진 이들은 한번이라도 더 보게 된다. 돈 많고 전통 있는 유명성이기 때문이다. 마찬가지로 Mac Donald와 같은 성은 권위의 호소력[98]을 지닐 수 있다. 귀족은 권위이며 신뢰이다. 만약 창립자의 성이 "Christopherson"이라든가 "Stuart" 혹은 "Buch"였다면 로고타입을 쓸까 다시 생각해 볼 것이다. 아니면 "Marks & Spencer"처

◻ 미소니

◻ 페라가모   ◻ 아르마니

97. 소비자에게 의견을 물어보고 회사나 제품의 로고를 구성하는 마크는 브랜드형 마크가 아니다. 생산자의 것이든 제품의 것이든 브랜드의 가장 중요한 철학적 구성요소로서의 상징가치가 없기 때문이다.

98. Duc de Bedford, *Le livre des Snobs*, Stock, Paris, 1965, pp.65-66.

럼 절반 정도의 권위와 절반 정도의 대중성을 취할 수도 있다. 슈퍼마켓이 지닌 고가물품을 싸게 파는 대량생산의 이념과 이름이 주는 대중성과 권위가 서로 접목하지 않았다면 그렇게 상표를 만들지 않았을 것이다. 한국어의 성에는 전통적인 의미가 많이 사라져 있다. 단지 특정한 성이 많다 적다의 문제가 크게 부각되어 있다. 즉, 일반 사람에게 김氏 성은 흔하기 때문에 대중적일 뿐이다. "킴스 클럽"의 경우 슈퍼마켓에 김씨의 대중성을 접목한 것이라고 볼 수 있다. 만약 고급 백화점에 킴스클럽 같은 상호를 제시할 경우 일단 의미적으로는 어긋난다. 그렇다고 해서 "부씨"라든가 "이씨"를 이용할 수도 없다. 이러한 성들은 최소한 대중이 알고 있는 채널속에서는 '희귀성', '대중성' 이외의 특별한 의미가 없기 때문이다. "이씨 종가네"라는 식당이 있다고 해서 대중은 이씨 조선이나 조선시대의 궁중음식을 떠올리지는 않을 것이다. 신뢰라든가 권위 혹은 고가의 이미지를 이용하고자 한다면 다른 방식으로 이를 이용해야 할 것이다. 물론 "최가네"와 같이 전통 이미지에 맞추어 어떤 고집스러움을 강조할 수도 있다.

153

　　브랜드명이 가지는 이미지는 상상외로 거대한 효과를 준다. 이름의 효과가 기업과 제품의 미래를 결정하는 경우를 우리는 많이 알고 있다. 현대자동차 "포니"의 경우 서구인들에게는 경차이며 저렴한 이미지에 조랑말과 같은 안전성을 기대할 수 있었을 것이다. 기업 "럭키금성"이 "LG"로 이름을 바꾸었을 때 사람들은 럭키 "치약"과 금성 "TV"의 고정된 이미지를 벗어 날 수 있었다. "엘지"의 [l], [j]는 서구어의 부드러운 음성 이미지를 만들어 내었으며, 인간의 형상을 구성함으로써 특정 국가의 이미지에서 세계의 이미지로 변신할 수 있었다. 브랜드의 힘이 이름에서 온다는 사실은 우리 사회가 지독히 계산적이고 실질적인 만큼, 기호적이며 낭만적인 개인성의 심도가 깊다는 것을 뜻한다.

▣ 맥도널드

4) 브랜드 논리의 구조

제품의 표현으로서 현대광고는 상품의 육체적 가치로서 사용가치 그리고 화폐로 변형되는 부가가치를 지닌 것으로서 교환가치를 모두 상징적 가치로 변형시키는 도구가 되었다. 상품의 잉여성은 광고를 통해 해소되지만 광고가 만들어 놓은 소비자 정신의 잉여성은 해소되지 못한다. 즉 서로가 서로를 부르게 되어 있다. 거기서 자신을 새로이 창조하는 자는 오로지 광고일 뿐이다. 왜냐하면 커뮤니케이션의 과정상 광고가 제품의 소유자이기 때문이다. 앞서 말했듯이 대량생산 사회(혹은 소비사회)의 소비자는 창조의 대열에 낀다기보다 선택의 대열에 낀다. 광고와 제품은 소비자보다 더 많은 양의 상징 리스트를 소지하고 있기 때문이다. 따라서 대량생산사회의 소비는 선택적인 소비일 뿐 창조적인 소비가 아니다. 소비자의 욕구는 자생적인 것이 아니라 이전에 만들어 진 상품의 이미지를 새로운 상품을 통해 갱신하려는 욕구일 뿐이다. 즉, 현대의 소비자는 광고 커뮤니케이션이 제품을 중심으로 만들어 놓은 상징성에 자신의 욕구를 투여한다. 제품이 상징가치를 가진다는 뜻은 이런 것이며 이것이 현대 광고 커뮤니케이션의 핵심이다. 광고는 사용가치에 따라붙은 상징의 가치를 전면에 내세우기도, 아니면 아직 알려지지 않은 인공적 사용가치를 제 편에 서서 주장하기도 한다. 앞서 말했듯이 넓게 보아서 상징가치 또한 사용가치의 일부분일 수 있다. 소비자의 욕구는 상품에 의하여 소비되며 상품은 다시금 욕구를 부추긴다. 욕구는 변하며 변하는 방향은 꿈과 상징이다. 꿈이 자족적인 상징적 사용가치라면 상징은 교환가치를 지닌 것으로서 꿈이 된다. 사람들은 꿈을 소비하지만 그 꿈이 안하무인의 꿈이 아니라는 사실을 인정받고자 한다. 이런 이유로 꿈을 교환하고자 한다. 이것이 상징의 교환이며 사회적 커뮤니케이션을 구성한다. 사회적 커뮤니케이션 위에서 꿈, 상징과 제품, 광고는 서로 구별할 수 없다. 소비자, 제품, 광고는 서로가 서로를 규정하기 때문에 제품의 유형을 연구한다는 뜻은 곧 소비자의 유형을 연구한다는 것이고 그 반대의 경우도 마찬가지 결과를 가져온다. 제품, 광고와 소비자 자신의 이미지는 서로 교차하며 스스로의

▣ 막스 & 스펜서

▣ 킴스 클럽

99. "이렇게 다양한 상품 중에서 대중은 어떻게 선택을 결정하는가? 이 문화적 만남의 장에서는 자신의 이미지(왜곡, 변형된 버전으로 하나 이상일 수 있다) 이외의 다른 상품은 없다. 여론조사는 물론 여론을 측정하여 그 결과를 공개한다. 결과는 이미 대중의 생각과 일치한다. 이는 정치에서도 마찬가지인데 예를 들어 한 후보가 어떤 진실에 입각해서 선출되었다고 하면 그가 처음에 표방한 이 메시지와 계속 순응해야 하고, 다른 어떤 새로움이 개입할 여지는 거의 없다"(T. A. Sebeok, "Messages in the marketplace", in Maketing and Semiotics(J. U. Sebeok ed), Mouton de Gruyter, Berlin-New York-Amsterdam, 1987, p.26). 상품의 선택은 실제로 이념의 선택과 같은 종류의 일이다.

100. 정체성은 소비자와 제품 혹은 기업이 서로 맺는 "계약"이다(J. N. Kapferer, 1998, ibid., p.59).

101. 여기서는 브랜드 매니지먼트(brand management)라든가 브랜드 마케팅(brand marketing)의 용어를 쓰지 않는다. 제품과 기업의 가치 없이 정체성 없는 차별화 전술만을 지향할 때 이런 용어를 쓰기도 하기 때문이다. 브랜딩은 매니지먼트와 개별 마케팅을 용어 속에 스스로 포함하는 기업의 커다란 의미작용이다.

102. ①이름. 본질적인 브랜드 삼성카드도 삼성전자도 아닌 〈삼성〉을 통해 소비자에게 각인될 목적 ②육체 경쟁사와 비교할 목적 ③성격 내수연관, 경험적 수치에 근거하기 때문에 친근감 목적 ④스타일- 단순한 영상조작이기 때문에 목적이 없음 ⑤정신-브랜드의 가치와 관점을 강조할 목적(J. Segala, La Publicité, Ed. Milan, Toulouse, France, 1997, pp.20~21).

집단을 구성[99]한다.

앞서 말했던 실물의 세계와 상징의 세계가 서로 교차하고 더 나아가 융합하는 21세기의 소비사회에서 광고의 역기능성(거짓 미화된 표현, 진부, 저질, 소비조장, 강제와 불합리, 도덕 등)을 제어할 수 있는 길은 광고주나 광고제작가의 개인적인 윤리에 있지 않다. 광고의 도덕은 말하고 나면 만사가 끝이 되어 버리는 기업가와 광고주의 윤리적 언술에 있는 것이 아니다. 21세기의 기업윤리는 제품과 기업 그리고 그것의 사회적 소통채널로서의 광고 사이에 정체성을 형성함으로써 성취[100]된다. 정체성은 제품과 기업이 그들의 경제논리와 성격을 소비자와 지속적으로 유지하는 과정 중에 형성되는 상징가치이다. 정체성이 형성되면 제품, 기업, 광고는 시장으로부터 일률적으로 인정받아 소비자로부터 선택된다. 물론 시장과 소비자로부터 거부될 수도 있다. 그러나 거부되기를 바라는 기업은 아무도 없다. "우리 제품은 아무렇게나 만든 것입니다" 혹은 "우리 기업은 소비자의 돈만을 생각합니다"라는 식으로 기업의 정체성을 형성하지는 않을 것이다. 제품, 기업, 광고의 정체성이 형성되면 기업은 기업의 가치와 제품의 상징 그리고 광고의 일목요연한 진실을 추구하게 될 것이다. 이것이 브랜딩(Branding)의 사회학적 정의[101]이다. 가치의 종합적인 고리 속에서 이동하는 "현대적 상품"과 소비의 커뮤니케이션은 브랜드의 움직임 속에서 비로소 문법적인 논리(logic)를 가지고 있다고 가정할 수 있다.

전통적으로 보아 브랜드에 필요한 필수적인 몇 가지 개념을 살펴보면 그것은 하나의 인물을 규정하는데 쓰일 만한 개념들과 똑같은 의미를 지니고 있음을 알 수 있다. 그것은 ①이름 ②육체 ③성격 ④스타일 ⑤정신으로 구성된다.[102]

이름은 브랜드명이다. 정신은 브랜드의 정치적 믿음과 관점 그리고 사회에서 브랜드가 행하는 역할 등이다. 리바이스(Levi's) 청바지의 폭풍노도, 파커(Parker) 만년필의 귀족성, 종근당의 인간주의 등이 그렇다. 이렇듯 이름과 정신은 불변항이다. 이에 반해 육체와 성격 그리고 스타일은 시대에 따라 변해가는 변이항이다. 육체는 브랜드가 가지는 객관적 실체이다. 기업의 종류라든가 제품의 종류가 그것이다. 성격은 육체에 곁들여진 부가가치로서 사람들이 좋아할 만한 심리적인 무엇이다. 역동적, 인간적, 냉정함 등 브랜드의 정신을 양태적으로 규정한다. 성격은 장기간의 역사를 통하여 불변하게 되면 일종의 브랜드 정신으로 변하기도 할 것이다. 스타일은 브랜드의 표현양식을 말한다. 이름과 육체는 본질이며, 나머지는 실존이다. 따라서 이름과 육체의 스타일은 자신들의 성격과 정신을 드러내주는 표현 방법이다. 브랜드명을 중심으로 나머지 4가지 특징이 서로 견고하게 결합되어야 하지만 브랜딩 커뮤니케이션에 들어가서 어디에 전략 효과를 강조하느냐에 따라 달라진다. 기업정신이나 기업이념이 불변하다면 성격은 광고의 내러티브를 통해 자유자재로 표현될 수 있다. 그러나 정체성은 유지되도록 해야 할 것이다. 이름과 정신이 "엘리트주의"라면 제품의 육체, 성격, 스타일은 非엘리트주의의 일상성으로부터 벗어나게 되어 있다. 다음의 도표는 사회적 커뮤니케이션을 위한 브랜드의 포지셔닝을 구분한 것이다.

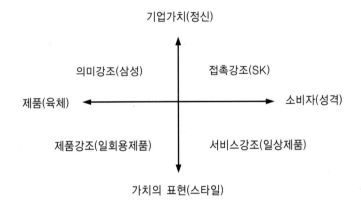

매니지먼트에 관해 고려해 본다면 앞서 불렀던 브랜딩으로서 불변항에 집중하는 브랜드 매니지먼트가 있다면 변이항에 집중하는 매니지먼트가 있을 것이다. 매니지먼트의 방향은 브랜드의 자존심을 생산자가 얼마만큼 확증하느냐에 따라 달라질 수 있다. 브랜드의 자존심을 확증하는 경우 이를 구조적 브랜

103. "브랜드의 논리는 내부적인 동시에 외부적인 마케팅을 가정한다. 브랜드는 스스로 자존심을 확증하고 스스로 변형하지만… 외부와 커뮤니케이션을 해야 한다. 이는 차별화와 절대성을 획득하려는 고독한 시도다"(J. N. Kapferer, 1998, ibid., p.58). 고독한 시도라는 것은 소비자에게 무조건 기대는 것이 아니라 생산자의 자존심을 소비자에게 각인받아야 하기 때문이다.

104. 전략적 차원을 외부로 드러낼 때 이를 ①상징적 뿌리 ②스타일의 코드 ③주제별 변이항으로 구분해서 파악할 수도 있다. 상징적 뿌리는 제품과 기업의 정체성이며, 스타일의 코드는 제품과 기업을 치장하는 방법이며, 주제별 변이항은 소비자의 타킷에 맞춘 내용의 다양한 스펙트럼을 말한다(J.-F. Variot, 2001, ibid., pp.100~101).

드 매니지먼트라 할 것이고 브랜드의 자존심에 확증이 없거나 새로운 스타일의 제품을 런칭할 경우 화용론적 매니지먼트를 지향할 것[103]이다. 전자는 제품과 기업의 정체성을 강조하고 후자는 소비자의 반응을 강조한다. 그러나 이 방향은 서로 침투하며 서로를 확인하게 되어 있다. 이 양자의 차원을 학자들은 흔히 역삼각형 모델로 제시한다.

　　본서에서는 이 역삼각형 모델을 이용해 브랜드의 커뮤니케이션과 정체

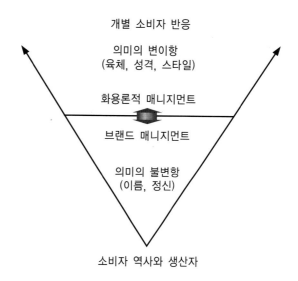

개별 소비자 반응

의미의 변이항
(육체, 성격, 스타일)

화용론적 매니지먼트

브랜드 매니지먼트

의미의 불변항
(이름, 정신)

소비자 역사와 생산자

성을 교차적으로 이해해 본다. 역삼각형의 꼭지점은 기업과 제품의 브랜드적 가치다. 이 가치가 구조적 브랜딩을 이끌며 화용론적 매니지먼트를 움직이게 하는 것이 바로 브랜딩이다. 브랜딩 혹은 브랜드 매니지먼트의 본질은 변이항을 조절하는 전술의 차원에 있는 것이 아니라 불변항과 변이항 사이의 정체성을 유지하려는 전략적 차원[104]에 있기 때문이다. 소비자의 반응은 매니지먼트 전술 중에서도 가장 마지막 전술적 차원에 위치한다. 제품과 기업이 지닌 불변항에 따라 변이항이 구성되는데 이 변이항은 불변항의 의미론적 하위단계에서 이해되는 것이 아니기 때문에 소비자의 반응에 따라 함부로 변하는 것이 아니

다. 소비자의 반응은 공장제품에서나 힘을 발휘하는 종류의 것이며 브랜드에 있어서는 기업의 거대한 전략 속에서 일종의 참고사항으로 존재한다. 브랜드는 불변항을 통하여 소비자가 지닐만한 "긴장"을 해소한다. 불변항은 곧 의미의 고정체이기 때문에 상품 커뮤니케이션의 강력한 코드로서 존재한다. 기업의 정신 혹은 브랜드는 일종의 신화적인 가치를 지니게 된다. 신화적인 가치는 불변하는 것이며 변한다 하더라도 그것은 소비자와 함께 중·장기적으로 변하는 것이다. 따라서 브랜드 충성도(Brand Loyalty)는 기업의 이념과 브랜드가 지닌 불변항이 구성한다. 현재 많은 기업들이 이름과 이러한 정신을 혼동하거나 이름만 내세우고 정신을 무시하며 스타일이나 육체의 변형에만 관심을 쏟으려는 경우가 있다. 단기성에 목숨을 걸려고 한다. 이 경우 광고는 특정한 주제를 과도하게 부각시켜 임팩트성을 강조한다. 그러나 광고의 임팩트 혹은 최면효과만을 소중히 여기는 광고주는 비용대비 효과를 노린다든가 주목률을 높인다는 전술적인 목적을 가져서라기보다 광고주가 자사의 이념과 브랜드에 대한 자존심이 없기 때문이다. 이념과 브랜드의 자존심이 없는 천민적 경제논리[105]가 바로 광고의 순간성을 지상의 과제로 여기게 하는 것이다.

　　기업의 정체성을 위한 大전략적인 차원에서 보면 생산자와 소비자의 층은 서로 동일한 공주체적인 존재다. 역설적인 표현을 쓴다면 전략은 전략이되 기업 스스로에게 벌이는 전략이라 할 것이다. 구조적 브랜딩을 지향하는 생산자에게 소비자는 더 이상 소비자가 아니라 생산자와 같은 상징적 인간이기 때문이다.

　　한편 불변항은 변이항을 통해 자신을 인코딩하지만 불변항 자체가 디코딩되는 것이 아니라 변이항이 디코딩될 뿐이다. 소비자가 변이항을 디코딩하는 방향은 제멋대로가 아니라 브랜드의 불변항이 하나의 강력한 구조로 자리하기 때문에 정해지는 것이다. 즉, 이름과 정신 그리고 성격마저도 미리 규정된 것이기 때문에 이 규정된 사항에 근거해서 제품과 광고가 제시하는 육체와 스타일을 이해하는 것이다. 따라서 변이항은 불변항의 구조에 종속되어 있지만 매우 자유로운 의미의 영역을 지니고 있다고 할 것이다. 기업의 업무 분담 차원에서

105. 지금까지 마케팅 전략은 항상 어떻게 하면 소비자를 휘둘러 볼 수 있을까 하는 게릴라적 사고와 악마적 감수성 속에서 만들어져 왔다. 소비자와 함께하려 하지 않고 소비자의 분기별 선호도를 이용해 구매를 조작적으로 구성했다. 즉 생산자에게 소비자는 적이었다. 과연 이런 정신상태를 가지고 브랜드 매니지먼트가 가능할 것인가.

생각해 본다면 이 자유로운 영역의 매니지먼트는 소비자 분석이 맡아 진행할 수 있을 것이며 불변항의 영역은 기획부서에서 맡을 수 있다. 예를 들어 타이어 회사의 가치가 "끊임없는 기술개발"이라고 할 때 기술개발과 기업명은 브랜드 정신을 지닌다. 따라서 기술개발은 기업의 변하지 않는 불변항이 된다. 이제 브랜드의 제품을 다양화시킬 수 있다. 즉, 자동차용 타이어의 "저렴함", 중장기 트랙터 타이어의 "견실함", 경주용 타이어의 "속도"와 같이 의미의 변이항이 가능하다. 이 경우 "끊임없는 기술개발"의 브랜드 정신은 저렴함, 견실함, 속도와 같은 개별 제품의 의미 속에 가장 중요한 가치로 남는다. 기계적으로 적용해서 본다면 "끊임없는 기술개발"에 의해 저렴해진 타이어 가격에는 기업정신에 대한 소비자의 신뢰가 그대로 남아 있다. "끊임없는 기술개발"에 의한 견실함 속에는 기술에 의해서 앞으로 그 강도가 더 심화될 것이라는 브랜드의 자존심이 있으며, "끊임없는 기술개발"이 있는 한 타이어의 속도성에 대한 소비자의 신뢰를 저버리지 않는다는 어떤 확증이 있다.

이와 같이 브랜딩의 작업이 효과 측정보다 기업이념과 브랜드의 정체성에 먼저 관심을 집중하는 이유는 중·장기적인 기업의 프로젝트에 관심을 갖기 때문이다. 우리가 기업활동과 광고행위의 역기능(경쟁, 미화, 소비조장, 정신분열 등)을 완전하게 타파하지 못한다면 최소한 기업활동과 제품의 정체성을 유지시킴으로써 자존심을 지닌 기업과 제품으로서 소비자에게 당당하게 선택받아야 한다. 정체성 유지만이 기업과 광고의 역기능을 최소화하는 길이며 아울러 기업과 제품의 브랜드화를 강화할 수 있는 윈윈 전략이다.

106. Aristotle, 《니코마코스 윤리학》, 서광사, 1990.

5 :: 놀이, 게임, 산업

자본주의 사회체제를 거부하지 않는 한 상품화(Marchandisation)는 우리 시대의 존재이유로 자리한다. 팔리지 않으면 존재하지 못한다. 상품의 브랜드는 지속적인 판매를 위한 자본의 장치인 동시에 자본에 휘둘리지 않고 스스로를 보존하려는 존재의 선비적 자존심이다. 그러나 이것으로 전부인가. 그렇지 않다. 상품은 인간에게 재미를 주어야 한다. 인간은 필요에 따라 살고 정체성을 지니려 하지만 그만큼 즐기고 싶어한다. 유희의 욕구는 생물학적이고 상징적인 욕구와 구별되기 어렵다. 또한 인간은 노는 동물이다.

1) 놀이 / 유희의 사회학적 전제

"논다" 혹은 "놀이"(play)라는 단어의 앞뒤에 웬만한 단어들을 가져다가 붙여 보자. 세상의 모든 것이 놀이가 될 수 있을 듯한 의미론적 환상을 준다. "즐겁다", "재미있다"의 단어도 마찬가지이다. 삶과 노동의 현실과 재미있게 논다는 현실의 합일이 실제로 존재한다는 느낌을 준다. 옛 시절의 철학자들은 이러한 느낌을 믿어왔으며 실제로 그러한 상태를 그리워했다.[106] 철학자들은 종교에 귀의한 사람들이나 예술가들과 마찬가지로 부정적인 삶과 노동의 문제로부터 긍정적인 놀이의 문제를 부각시켜 마음의 안정을 취하고자 한다.

예술과 미의 개념을 "유희의 충동"에 의해 설명하고자 했던 낭만주의자 쉴러는 즐겁다는 것을 이성이나 감성의 일방적인 강요를 받지 않는 동시에 이 둘 사이의 자유로운 충돌과 조화의 독립적인 상태로 파악한다. 그러나 대상에 대한 선호, 이성적인 생각, 감정이입 등이 과연 서로 독립적인 것인가 ? 디자인이 맘에 들어(충동) 사 온 스카프가 실은 바가지 쓴 것임을 알았을 때(이성) 스카

107. 고창범, 《쉴러의 예술과 사상》, 일신사, 1975, p.276.

108. K. Marx, F. Engels, 《맑스-엥겔스 저작 선집》, 박종철출판사, 1992.

109. G. Lukács, 《소설의 이론》, 심설당, 1988.

110. H. Lefebvre, 《현대사회의 일상성》, 주류일념, 1995, p.170.

프에 대한 열정은 감소되지만(감성), 디자인이 그것 하나밖에 존재하지 않는 것을 다시 알았을 때(이성) 그 스카프가 다시 좋아진다(감성). 혹은 다른 여인들도 똑같이 바가지를 썼다면(조건) 어느 정도 안심(감성)이 된다. 인간이 사물로부터 이성적인 의미를 획득하는 이상 감성이 따라오며, 감성이 충족되면 사물에 대한 형식화가 이루어진다. 그 형식화 중의 하나가 예술과 미다. 쉴러는 감성을 충동과 분리해서 생각하지만 그렇다 하더라도 유희가 충동의 방향성을 지정하는 이상 충동은 쉴러 자신이 거부하고자 했던 인간 감성의 생물학적, 사회적 조건에 영향받지 않을 수 없는 것이다. 이를 무시하면 "인간은 가장 완전한 의미에서의 인간일 때에만 유희하며, 그가 유희할 때에만 완전한 인간"[107]이라는 낭만적이고 결과론적인 주장을 내어놓게 되어 있다. 이는 말을 하나마나 별 의미 없는 형이상학이다.

한편 유물론자 마르크스는 그의 유명한 《정치경제학 비판 서문》에서 그리스 예술은 "영원한 매력"을 지니고 있다고 말한다. 그리고 그 매력을 다시는 돌아올 수 없는 그리스의 "미숙한 사회적 조건"과 연관[108]시키고 있다. 그러나 그리스 예술이 과연 영원한 매력이 있는가. 누가 그리스 사회를 미숙하다고 판단하며 누가 그 매력을 느끼는가. 결국 마르크스와 비슷한 소비 경향을 지닌 자들이 아닌가. 같은 경향의 미학 이론가 루카치[109]도 이 흐름에서 그리 벗어나 있지 않다. 쉴러, 마르크스, 루카치 모두 계급과 지역, 연령과 성을 무시하고 자신들만의 미적, 유희적 느낌을 보편화하고 있는 듯이 보인다. 현재의 삶을 고통으로 바라보는 낭만주의자들의 주장은 그렇다고 하더라도 계급, 노동, 상품에 대해 거침없이 현실적인 논리를 구사하는 유물론적 사실주의자들이 왜 예술과 유희의 실재에 대하여서는 그들이 항상 극복하고자 했던 관념의 미학으로 되돌아가는지 알 수 없다. 게다가 이들은 놀이에 대한 전문가적 소양이 없기 때문에 놀이의 기능에 대해서는 별 말이 없다. 이런 방식의 덧없는 철학적 단편들은 르페브르의 지적과 같이 "일상성을 참고 대상으로 삼는 순간 참을 수 없는 것"[110]이 된다.

중요한 문제는 놀고 재미있다는 사실(재미있는, 쾌락적인, 아름다운, 감동적인 등)이 자신의 머릿속에서만이 아니라 사회 속에서 어떻게 시간, 공간적으로 범주화(예술, 스펙터클, 축제, 섹스, 도박 등)하고 있으며, 그 유형들이 어떤 특성을 지니고 있기에 우리들의 문화 속에서 기능(문화형성, 인간관계 형성, 교육관계, 여가형성 등)하는가를 살펴보는 일이다. 놀이의 사회학적 유형과 특성을 과학적으로 규정짓기는 어렵더라도 그런 시도는 해 보아야 한다. 사회적 사실의 개념적인 정의를 여타의 다른 유사한 개념들과의 연관 속에서 따져보는 것은 흔히 동어반복적이거나 아니면 곧바로 형이상학적 논의로 빠져버리기 때문이다. 우리가 천착할 것은 놀이와 유희의 철학적 개념이 아니라 사회적 의미이다.

놀이/유희의 사회적 유형과 의미를 찾기 위해 몇 가지 사항을 지적할 필요가 있다. 첫째, 현실 속의 실재로서 놀이/유희를 산업적으로 이해할 필요가 있다는 점이다. 유희와 놀이에 대한 경험적 관찰과 전반적인 문헌을 종합할 때 놀이/유희가 우선적으로 위치할 곳은 산업적 범주이다. 감성을 유발시키는 전략은 인간의 감수성을 조작하는 예술의 조작과 그 정의를 같이한다. 무작정 쓴 소설이나 회화라도 그것이 팔렸다면 이는 어떤 방식으로든 소비자의 감수성을 건드렸기 때문이다. 이 자극은 곧바로 화폐와 연결된다. 사회적 놀이의 경제적인 개념으로서 놀이/유희는 문화적 구성물인 동시에 노동행위의 위상을 획득한다. 물론 놀이/유희의 경제적 개념은 놀이/유희의 생산물을 파악하는 충분조건은 아니다. 단지 필요조건이며 따라서 생산물을 판단, 비평하는 데에 부분적인 역할을 하게 될 것이다. 둘째, 놀이/유희는 예술과 같이 사회적 범주로서 인간적 삶이 상상을 통해 재현된 것이라는 사실을 지적한다. 이 사실에 근거하지 않으면 놀이/유희의 사회적 유형은 존재근거가 없기 때문이다. 우리가 유희한다는 것은 결국 실제의 삶 속에서도 유희가 가능한 사실(상상이든 실제이든)을 시간, 공간적으로 범주화 시켜 놓고 하는 것이다. 이것이 놀이/유희의 상징적 위상이다. 셋째, 실제적 삶 속에서 상상 가능한 커뮤니케이션의 규칙이 놀이 속에서 적용되어 있다는 사실을 지적할 것이다. 실제적 삶의 규칙을 직접적으로 모사하지는 않는다고 해도 놀이의 규칙은 유희를 위한 전제조건이라는 사실을 명시하는 것이다. 이와 같이 삶의 표상성과 규칙성을 시공간적으로 묶는 일은

111. G. Bammel 외, 《여가와 인간행동》, 백산출판, 1993, p.106.

"가상공간으로서의 삶"(hyper reality)에 관한 문제이다. 놀이/유희의 기호적 체계는 여기서 존재한다. 넷째, 유희의 원칙은 위에서 말한 표상성, 커뮤니케이션의 규칙성을 이끌어 가는 가장 중요한 모토가 된다는 점을 지적한다. 즐거움을 목적으로 하지 않는 놀이는 없기 때문이다. 유희는 놀이/유희의 내적 구조 중 가장 중요한 특성이며 다른 종류의 특성을 조정하는 핵심 요소이다. 앞선 두 특성은 단지 유희를 위한 수단일 뿐이다.

이렇게 함으로써 우리는 경제적 개념인 놀이/유희를 자본주의 시대의 산물로서 실제적으로 규정할 수 있으며 규정이 가능한 만큼 앞으로 놀이/유희적 텍스트를 창작하고 분석하는데 전략적 일관성을 유지할 수 있다. 더 나아가 여기서 놀이/유희의 사회적 책임을 논할 수 있을 것이다.

2) 자본주의와 시간

사회의 생산관계는 노동하는 시간과 노동하지 않는 시간을 구별하여 만들어 놓는다. 농촌사회 속에서 노동하지 않는 시간은 당연히 자연조건과 관습에 매달려 있다. 결혼이나 경축일, 노동의 결과에 따른 축제, 휴농기 등 자연의 조건과 관습이 주어왔던 非노동의 시간을 통하여 사람들은 놀이와 유희를 문화화[111] 시킨다. 이런 사회에서는 비노동시간을 즐기는 문화가 독특한 특성을 지닐 뿐만 아니라 비노동시간이라는 개념 자체도 다르게 정의될 수 있다. 그러나 자본주의와 같이 사회조직을 일률화시키는 인공 친화적인 특성을 지닌 이념과 생산관계가 자연 친화적인 사회에 심각하게 자리잡기 시작하면 놀이/유희의 문화가 지닌 공동체적 특성이 점차 사라져 간다.

19세기 중반 이래로 단 몇 십 년 사이에 벌어진 자본주의적 생산 혁명은 놀라운 것이다. 개인이 어찌할 수 없을 만큼 증가한 생산력의 발전이 2천년 동안 이어온 인간의 조용한 생활을 가차없이 뒤흔든다. 서구 산업시대의 자본가는 자기 자신에게 그러하듯 노동자들이 지닌 시간과 공간을 노동의 가치에 따라 배분한다. 자연과 관습에 맞추어진 비노동시간을 자본주의적 산업조직이 제시하는 노동시간에 맞추어 재계획 하는 것이다. 예를 들어 이들은 잠이 와서가 아니라 시간에 맞추어 잠을 잔다. 배가 고파서가 아니라 시간이 되었기 때문에 **112** 밥을 먹는다. 르 코르뷔지에의 건축을 비롯한 현대 건축이 드러내듯 노동의 공간을 계획하는 것도 노동의 시간화와 같은 길[113]을 밟게 된다. 이제 대량의 노동자들의 시간과 공간은 노동의 삶, 노동이 아닌 종류의 삶으로 구획된다. 그러나 디킨즈를 비롯한 문인들이 잘 묘사하고 있듯이 근대 자본가들의 비노동시간이라는 것은 미래의 새로운 노동시간을 위한 레크리에이션 시간에 불과했다. 예술감상도 마찬가지였다. 반면, 엥겔스의 실증 연구인《1884년 영국 노동자의 상태》에서 잘 드러나듯 자본가들에게 노동자들의 비노동시간은 아무 의미도 없는 것이었던 만큼 노동자들의 비노동시간은 술과 여자를 통해 노동의 보상심리를 실현[114]하는 것 이상이 아니었다. 19세기 후반의 산업시대에 태어난 직장 클럽 스포츠는 그러한 보상심리로부터 벗어나려는 예이다. 그러나 그것 또한 노동자들의 여가가 얼마나 노동의 시간과 공간에 얽매어 있었던지를 단적으로 보여준다. 그와 거의 동시대에 태어난 공공 미술관과 공공 도서관 그리고 우후죽순처럼 만들어 진 콘서트 홀과 극장 등 자본가 중심의 여가기관도 마찬가지이다. 그리고 그러한 구분은 지금까지도 계속[115]되고 있다.

놀이/유희는 이제 농촌사회적 노동의 일반조건(노동과 비노동시간)이 아니라 자본주의적 노동시간의 일반 조건(노동과 여가) 속에서 자신의 위상을 결정한다. 즉 합리적으로 한계 지워진 비노동시간도 여가이다. 근대자본주의 사회는 여가를 노동의 양적 가치의 논리(화폐교환, 노동축적) 속에서 재구성했으며 여가는 노동시간에 대립하여 측정 가능한 비노동시간으로 자리잡는다. 노동의 수량화만큼 여가의 수량화는 법적으로 보증된다. 그리고 자본가와 노동자들은 점진적으로 노동에 대한 보상심리를 벗어난다. 노동과 비노동은 동시에 신성한 것이 된다. 단지 몸과 정신을 움직이는 시간과 공간이 구획되어 질뿐이다. 이런 방식으로 "공과 사의 구분"이라는 산업 이데올로기가 생겨난다. 노동과 비노동을 모두 신성하게 여기지 않았다면 그러한 이데올로기는 생겨나지 않았을 것이

112. G.J. Whitraw, 《시간의 문화사》, 영림카디널, 1998, pp.259~272.

113. P. Francastel, *Art et technique*, Gallimard, Paris, 1956, pp.27~40.

114. K. Marx, F. Engels, 1992~2001, ibid.

115. G. Bammel, 1993, ibid., p.114, 148.

116. J.-M. Domenach, *Enquête sur les idées contemporaines*, Seuil, Paris, 1981, p.25. 노동과 여가의 대립이 점진적이지 않고 재빨리 수입되어 재빨리 정착된 경우도 있다. 예를 들어 아프리카와 라틴 아메리카의 현대 자본주의 문화에서 노동이란 비노동시간을 얻기 위한 수단으로 생각하는 이들이 대다수이며, 노동의 개념이 삶의 개념과 동떨어져 있는 경우를 흔히 본다. 이들은 노동은 신성하지 않은 것, 비노동은 신성한 것으로 바라본다(C. Castoriadis, 《사회의 상상적 제도》, 1994, pp.45-45). 이들은 노동에 어느 정도 신성함의 성격을 부여했던 일본이나 한국 사회와 매우 다르다.

117. C. Castoriadis, 1994, ibid, pp. 15-123.

다. 자본가와 노동자들의 여가시간은 레크리에션, 술, 여자로부터 가족, 자신, 친구들과의 모임으로 대체된다. 여가산업이 시간적으로는 휴가와 주말을, 공간적으로는 여행과 취미활동을 통해 직장 스포츠와 카드놀이를 이어간 것은 의미심장한 일이다. 바로 이런 이유로 자본주의 사회에서는 노동자와 자본가들이 서로 대립해 온 것이라기보다 노동과 여가가 계속적으로 서로 대립[116]되어 왔다. 자본주의 사회는 산업조직 뿐만 아니라 산업조직이 만들어 놓은 개인의 시간과 공간의 영역을 이렇게 공고하게 만들어 놓았다. 자본가와 노동자 모두가 이 사실에 공감하지 않았다면 여가는 존재하지도 않았을 것이다. 이런 의미에서 여가에 관한 한 노동자와 자본가는 서로가 서로를 승인한 것이다. 특히 노동자들은 임금인상뿐만 아니라 자본가들이 미처 깨닫지 못한 인간적 삶의 질적인 보호를 원했고 이를 위하여 건강, 소비, 자기계발과 같은 자본가적 삶의 수준을 그 준거가치로 삼았다. 여기서 마르크스가 주장했던 "생산관계의 모순은 작용하지 않는다"[117]는 수정 마르크스주의자들의 주장이 이해된다. 자본주의 사회는 결코 자본과 노동 혹은 기술만으로 구성된 것이 아니다. 마치 암 선고를 받은 이가 인생을 다시 돌아보듯 자본가와 노동자들은 열심히 노동만 한다고 해서 삶이 풍요로와 지지 않다는 것을 앞다투어 깨닫는다. 20세기 들어 맞은 몇 번의 경제위기가 재삼 확인 시켜준 것은 "더욱 열심히 일하자"는 생각보다는 "일도 좋지만 그것을 극복해서 통해 삶의 질을 높이자"는 생각이었다. 20세기 자본주의 산업조직에는 개인의 시간과 공간이라는 질적가치가 경제적 욕구만큼이나 중요한 요소로 자리 잡는 것이다. 노동과 여가의 "자본주의적 시간의 텍스트"를 기호 사각형에 따라 구분해 보자.

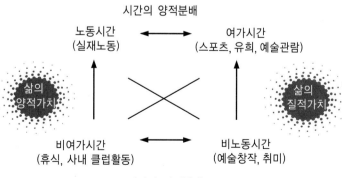

시간의 양적분배에 따른 활동은 리즈먼이 외부지향적 문화[118]라고 불렀던 것을 떠올릴 수 있고, 반면 질적분배에 따른 활동은 내부지향적 문화라고 불렀던 것을 떠올릴 수 있을 것이다. 즉, 타인 혹은 산업사회 조직과의 직접적인 관계 속에서 노동과 여가가 구성되는 외부 지향적인 시간에 맞서 홀로 구성하는 자기만의 시간이 있는 것이다. 그러나 여가의 양적시간과 비노동의 질적시간 사이에는 상호작용이 있음을 알 수 있다. 이것이 바로 시간을 조절하려는 인간들의 자발성이다. 주말이 아니라도 여행이 취미일 수 있으며, 정해진 시간이 아니라 광적으로 시간을 만들어 골프에 참가할 수도 있다. 여가시간과 상관없이 유희에 빠지는 이도 있으며, 직업이 부업인 양 노동과 여가에 상관없이 자기만의 예술활동을 가진 사람도 있다. 여가 시간의 개념은 비노동이라는 시간의 질적 혹은 자발적 구성에 따라 개인의 계발에 참여할 수 있다. 바로 이 자발성에 의해 레크리에이션과 놀이/유희 산업이 개념적으로 구분된다. 레크리에이션은 여가시간을 노동시간의 규칙에 투여한 활동이고, 따라서 시간을 질적으로 파악하지 않는다. 반면 놀이/유희는 여가 속의 모든 유희와 놀이의 실재뿐만 아니라 레크리에이션에서 배제된 비노동시간의 질적활동을 포함한다.[119] 이렇듯 놀이/유희는 인간의 양적 시간을 질적시간으로 대체한다.[120] 이런 의미에서 보면 근대적 의미의 예술창조는 노동과 양적인 연관성이 없고 단지 질적인 연관성만 있을 뿐이다. 그것은 일반적으로 노동의 양적 시간과 공간에 의해 좌지우지되지 않는다. 이것은 산업시대의 모든 철학자들이 다른 모든 분야보다 예술창작에 보다 후한 점수를 주어온 이유 중의 하나이다. 그들은 노동의 양적가치를 벗어난 예술에서 인간의 질적인 모습을 찾을 수 있다고 생각했기 때문이다. 시간의 질적가치는 자본주의적 시간이 인간의 자발성에 투여된 바의 가치이므로 이 시간동안 인간은 그 가치 속에서 자신을 고양시킬 수도 또는 파괴시킬 수도 있다. 따라서 놀이/유희는 레크리에이션이 아니라 레크리에이션을 극복하는 예술과 이웃한다.

166

118. D. Riesman, 《고독한 군중》, 정암사, 1990.

119. G. Bammel, 1993, ibid., p.19, 42-47.

120. 양적가치를 중심으로 생각하는 실증주의자와 마르크시스트는 인간의 정신이 질적으로 얼마나 변화무쌍한지에 대해 주목하지 않는다. 따라서 노동자, 학생, 지식인, 자본가 등 모든 계급이 실제로 서로 계급을 넘나들며 그들을 유린하고 있다는 생각을 하지 못한다.

121. W. Baumol & W. Bowen, *Performing Arts : The Economic dilemma*, Cambridge-MIT, 1966.

122. J. Murphy, *Concept of Leisure : Philosophical Implication*, Englewoodcliffs Prentice Hall, 1981.

3) 문화와 예술의 경제학

양적인 가치에서 본다면 예술을 포함한 어떤 종류의 생산이든 제화의 가격은 시장의 수요와 공급에 의하여 결정된다. 소비를 위한 생산의 경제학은 소비대상이 물질적 효용가치에 근거하느냐 아니면 정신적 효용가치에 근거하느냐에 따라 다르다. 제품의 생산은 생산성과 효용성에 따라 가격과 가치가 판단된다. 그러나 후자는 실재 제품이 아니라 기호의 경제물이기 때문에 기호의 흡인력과 효용가치의 지속성에 따라 가격과 가치가 결정된다. 이것이 문화와 예술의 경제학이라고 불러온 것이다.[121] 문화와 예술의 경제는 크게 보아 두 가지로 나누어 볼 수 있다. 이름을 중요시 여기는 엘리트의 예술과 대중 중심의 놀이/유희의 경제가 그것이다. 예술의 경제적 조건은 작가 개인의 평가에 따른 이윤에 근거하기 때문에 "보이지 않는 손"과 균형을 이루지 않는다. 예술가는 큰 돈을 벌지는 못해도 지속적으로 벌거나 사후에도 벌 가능성이 있다. 즉, 원칙적으로 예술품은 당장 소비와 상관없기 때문에 예술가에게는 스폰서, 공공의 원조, 부업이 절실하다. 반면 놀이/유희는 제화와 같이 효용성에 자신의 존재 근거를 갖는다. 지금 소비되지 못하면 존재하기 어렵다. 시장을 통해 단번에 큰돈을 벌 수는 있으나 지속성이 없으므로 후대에까지 돈을 벌 가능성도 없다. 놀이/유희 산업이 예술품은 물론 교회활동이나 정치인과 틀린 점이 여기에 있다. 미래에 대한 정신적 보증이 없기 때문에 효용가치의 지속성이 보장되지 못한다. 이 정신적인 보증이 실재화된다면 놀이/유희 산업은 유희성을 벗어나더라도 수요 가능한 분야가 될 수 있다. 따라서 상징적 가치(일례로 브랜드화)나 교육적 가치와 같은 일종의 기대가치가 유희 가치와 함께 개발되어야 할 것이다.[122]이것은 놀이/유희가 추구해야 할 내부적 가치라 할 수 있다. 이를 위해서는 유희적 자본의 축적이 필요하며, 이 자본의 축적과 개발에 있어서 놀이/유희 비평과 이론은 큰 역할을 하게 될 것이다. 문학과 예술이 그래왔듯이 유희적 자본(작품, 작가, 자료)은 비평과 이론(작품론, 작가론, 역사, 경제학, 사회학 등)에 의해 분류되고 의미를 얻을 것이기 때문이다. 한편 오늘날의 연극, 영화, 공연예술 등의 분야에서는 기대가치를 사상시키면서까지 유희성을 수입하고 있다. 미술과 문학도 예외가 아니다. 이 문제는 놀이/유희 산업과 연계하여 연구해야 할 중요한 주제가 될 것이다.

123. C.Bromberger, *Le Match de football*, MSH, Paris, 1995, p.320.

4) 게임, 표상과 규칙

기존의 실천적 인류학과 사회학적 연구는 '논다'는 특성과 '재미있다'는 특성을 지닌 모든 종류의 놀이에 대하여 그 사회적 유형을 밝혀 왔다. 철학자들과 달리 놀이/유희의 사회적 유형으로부터 다시금 개념으로 접근했고, 이로써 그들의 연구방향은 거꾸로 되어 있다. 이와 마찬가지로 호이징하(Johan Huizinga)와 카이유와(Roger Caillois)의 놀이개념은 형이상학적 철학과 거리를 두고 있었기 때문에 보다 실제적인 놀이/유희의 분석이 가능했다. 본서에서 놀이/유희의 실제적인 기능성을 지적하는 목적은 "공동체적 삶"이 놀이/유희에 있어서 거의 유일한 재료임을 주장하기 위함이다.

놀이/유희 산업은 놀이의 표상성을 현실 속에서 범주화시키는 모든 종류의 행위를 말한다. 쉴러는 이를 예술이라고 표현했지만 그것은 "표상"의 하위 범주일 뿐이다. 스트립쇼는 삶의 에로티즘의 표상일 뿐 예술은 아니다. 스포츠의 상징적, 의식적 감정이입은 지역과 구단 그리고 서포터를 통해 삶의 연극성이나 가상성을 실현한다. 승리와 패배의 극단적 개념 사이에서 이른바 고통과 기쁨, 복수와 긴장이 양 구단과 서포터들을 통해 교환된다. 서포터는 경기가 시작되기 전부터 응원의 의식을 준비한다. 양 구단의 구단주는 구단의 상징적 권력으로 등장한다. 필드는 "성지"[123]이다. 엠블렘과 바디 페인팅은 선수 유니폼과처럼 자신을 표현함과 동시에 파트너의 존재를 인정하는 상징적 자아이다. 골 세레모니는 연극적 표현의 축제를 나타내며 선수들의 육체적 수사는 게임의 흥미를 배가한다. 여기서 우리는 삶을 잠시 잊을 수 있다. 삶 속에서 이루지 못한 것을 표상을 통해 얻는다. 그것이 바로 표상이 지닌 스트레스 해소 효과이

124. J. Huizinga, 《호모 루덴스》, 까치, 1993 pp.9-10. 밑줄친 표현은 "놀고 있는"이라는 한국어 번역을 문맥에 맞게 고친 것임.

125. Ibid., p.14.

126. M. McLuhan, *Pour comprendre les média*, Seuil, Paris, 1966, p.275.

다. 만약 우리가 표상을 삶으로 착각한다면, 그래서 모든 삶이 실재효과에 머문다면, 그래서 놀이의 표상성이 제시하는 상징적 환상효과가 사라진다면, 그래서 말이 주는 상처가 실재의 칼이 주는 상처와 동등하다면 그것은 인간으로서는 "죽음"이다. 즉, 표상은 언제나 삶과 매일 교차하지만 이들은 서로 분리된 것이다. 그렇지 않다면 스트레스 해소 효과는 없다. 삶과 똑같이 고통스럽거나 욕구에 좌우될 뿐이다. 호이징하에 따르면,

> "놀이 속에는 생활의 직접적인 욕구를 초월하고 동시에 생활행위에 의미를 부여하는 '기능 중에 있는'(at play) 어떤 것이 있다. 놀이의 본질을 이루는 역동적인 원칙을 단지 본능(instinct)이라고 말한다면 아무 설명도 되지 못한다. 반면 이것을 정신(mind)이나 의지(will)라고 하는 것 역시 지나친 일이다. 어쨌든 놀이에 의미가 있다는 사실은 곧 놀이가 그 자체의 본질 속에 어떤 비물질적인 성질을 가졌음을 함축하는 것이다." [124]

169

호이징하가 《호모 루덴스》 첫 장에서 제시한 놀이는 물질과 확연히 구분되는 상상력의 무엇[125]으로 정의된다. 표상은 실재가 아니라 실재에 대한 사람들의 상상이다. 큰 눈을 가진 이는 겁이 많다든가 어두운 곳에서는 귀신이 나올 수 있다든가 하는 것이 그렇다. 어린이는 목적 없는 학습으로서 놀이라는 표상의 세계로 들어가 실재에 대한 사람들의 생각을 경험한다. 표상에 의해 교육받으며 표상의 상징성을 통하여 공동체의 실재를 경험한다. 우리는 이러한 표상의 체계를 오래 전부터 신화, 제례의식, 이야기 등을 가지고 분석해 왔으며, 최근에는 광고, 만화, 영화, 사진, 탐정소설 등 현대의 문화적 산물 대다수를 이러한 표상이 실현된 것으로 취급해 왔다. 그것은 일종의 "시뮬레이션의 세계"로, 표상은 모방 혹은 반영을 포함하는 넓은 개념이다. 야구가 미국사회의 반영[126]이라면 스타크래프트는 사회의 반영이라기보다 사회에 대한 상상력의 반영이라고나 할까. 표상은 상상을 통해 모방된 사실을 조작한 것이다. 표상의 이데올

로기성은 일종의 연극성이기 때문에 경제적인 현실이 지닐 수 있는 물질적 이익분배와 불특정한 욕구를 해소하고자 한다. 시간과 공간을 정해 가면을 쓴다. 탈, 아바타, 팀 그리고 역할 등이 그렇다. 그러므로 놀이 규칙은 놀이일 뿐만 아니라 놀이 자체의 상징화(symbolisation)와 의례화(ritualisation)를 담고 있다. 옆집의 철천지원수도 경기장에서만은 파트너의 역할을 한다. 이것은 놀이라는 정해진 시·공간 속에서만 가능한 일이다. 물론 실재와 가상을 혼동하는 사실을 지적할 수 있다. 경기에서 지고 돌아와 옆집 이웃을 두들겨 패든 말든 그것은 놀이의 표상적 개념과는 상관없는 일이다. 노름에서 진 빚은 놀이로서의 놀음과 관계없다. 그것은 놀이의 표상성이 실재적 사실과 맺은 연관일 뿐이다. 지역 축구클럽은 그 지역 출신 선수만을 뽑지 않는다. 선수는 단지 놀이의 참여자이기 때문에 지역 대표의 역할을 표상적으로 맡을 뿐이다. 지역별 구단이라는 실재성은 놀이의 가상성 속에서 안정적으로 용해된다. 이것이 실재로부터 유리된 표상기호로서의 놀이이다.

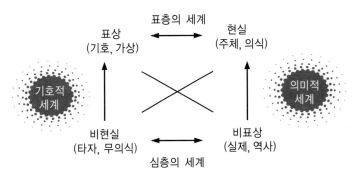

한편 놀이는 규칙으로 존재한다. 알면서도 눈감아 주는 "척하기"가 현실이라고 주장하는 성인들은 현실을 놀이로 파악한다. 기호에 의해 매개된 상상적 존재는 가상적 놀이의 세계 속에서 실재의 존재를 대변한다. 그것의 가장 전통적인 범주가 출생, 결혼, 장례의 놀이이다. "백일잔치", "예식"이 그러하며, 존재하지 않는 죽은 인간에 대한 기호적 체계인 장례식은 특히 그 정도가

127. M. Segalen, *Rites et Rituels contemporains*, Nathan, Paris, 2000, p.42 ; J. H. Dechaux, *Souvenir des morts*, PUF, Paris, 1997, p.49.

128. J. Baudrillard, *Les stratégies fatales*, Grasset, Paris, 1983.

129. J. Huizinga, 1993, ibid., p.149.

130. M. Mauss, *Essai sur le don*, PUF, Paris, 1966, p.272.

심하다.[127] 이를테면 "곡"이 그렇다. 곡하는 여인이나 곡을 부추기거나 제지하는 여인 모두 죽음의 진실 위에서 표상적 연극을 한다. 이는 기호의 작용으로 인해 붕 떠있는 세계이다. 거기에는 상징적 교환의 규칙이 존재하며, 인공적으로 조작된 욕구와 고통이 존재한다. 그것이 이 규칙이 놀이의 하부구조를 결정한다.

표상은 실재가 중심일 때 쓰는 용어이며, 기호는 만들어 진 규칙이 중심일 때 쓰는 용어이지만 표상과 기호는 종이의 양면일 뿐이다. 드라마가 보여주듯 남녀의 역할이라는 구별된 표상들은 실재 남녀들간의 히스테리적인 관계(싸움, 연예, 행복, 유혹, 섹스 등)를 보여주든 또는 히스테리의 사라짐(무관심, 동성연애, 화려한 싱글, 마스터베이션 등)을 보여주든 이 모두를 "규칙적으로" 보여준다는 점에서 기호학적[128]이다. 그러나 기호적인 규칙은 언제라도 다시 삶 속에 녹아 들어가기 마련이다. 바로 이 점에서 놀이의 규칙은 인간적 삶이 아닌 삶의 의미작용이 형식화된 것으로 파악할 수 있다. 이런 의미에서 문화와 놀이를 연관지어 바라본 호이징하의 놀이 개념은 反경제적이고 反반영적이다. 이를테면 그는 결투를 "불필요한 유혈 방지 수단"으로 파악하는 기독교인들의 경제적, 공리주의적 주장에 반박한다. 그에 따르면 결투는 "본질적으로 놀이의 형식이기 때문에 상징적이다…결투가 행해지는 장소는 놀이 장소의 모든 특징을 구비하고 있다. 시작과 끝을 알리는 신호가 있고 발사될 탄환의 수도 지정된다. 피가 흐르면 명예는 옹호되고 회복된다."[129] 더 나아가 그는 비밀음모, 책략, 정치, 학적 논쟁, 전쟁까지도 모두 놀이의 개념 속에 포함시키고 있다. 이 점에서 그의 주장은 "경제적 인간형은 우리 뒷면에 있는 것이 아니라 우리 앞에 있다. 도덕과 의무의 인간형 혹은 과학과 이성적 인간형처럼 말이다"[130]라고 마르크스적 인간상을 비꼬았던 모스를 연상시킨다. 또한 그것은 구조주의 사회학의 주장처럼, 개인이나 집단의 경제적 이익의 욕구는 항상 사회적 관계형성에 앞서 존재하기를 원하지만 이러한 경제주의-공리주의는 사회를 형성하고 변화시키는 원인의 하나일지언정 사회의 기능과는 그리 연관성이 없다는 의견과 맥을 같이한다. 결론적으로 놀이는 실재의 단순한 표상이 아니라 실재가 다른 실재와 서로 맺는 관계를 표상하는 것이다.

　　　현실과 그것의 의미는 그들의 기능적 규칙을 곧바로 보여주지 않는다. 표상만이 이들의 규칙을 대변한다. 의미적인 세계는 언제나 통일을 원하는데 그것은 기호를 통해 그럴 수 있을 뿐이며, 기호의 통일성은 이런 방식으로 의미적 통일성을 지향한다. 이것이 "의미작용"의 사회학적 개념이다. 그러나 기호와 의미의 통일성은 언제나 "허구적인 통일성"[131]으로서 존재한다. 따라서 허구적 통일성으로서 기호와 주체의식은 언제나 갱신되는 것이다. 타자, 무의식, 실재의 역사는 이 갱신의 주요한 요인이 된다. 즉, 기호와 현상만의 변형으로는 사회적 의미를 갱신할 수 없다. 의미는 타인과 자기 자신의 무의식의 심층 그리고 실제 사실의 변화에 의해 갱신되는 것이다.

　　　이처럼 놀이를 하나의 자족적인 규칙관계로 정의하게 되면 놀이는 하나의 기호적 체계로 이해된다. 놀이 공동체는 커뮤니케이션의 공동체와 유사하며, 호이징하가 놀이 파괴자라고 불렀던 사람들, 즉 배신자, 이단자, 양심적 참전 거부자, 범법자, 개혁자, 밀고자[132] 등은 의미론적 속(屬)은 다양하지만 궁극적으로 기호파괴자(semioclast)들로 이해된다. 이러한 의식적인 기호파괴자들 옆에는 당연히 무의식적인 기호파괴자도 있을 수 있다. 말 그대로 "홧김"에 놀이의 규칙을 깨는 사람이 있을 수 있다. 놀이의 규칙은 분노나 고통에 대한 제어장치이기도 하기 때문에 홧김의 의미는 이러한 제어장치(서양의 결투)가 삶 속에 조건화되지 않았다는 것이다. 그러므로 놀이 규칙의 조건화나 놀이의 정신이 없을 때 "문명은 존재할 수 없다"[133]는 논리는 마치 문화의 역사는 어떤 방식으로든 규칙적이라는 구조주의의 개념과 일치한다. 놀이의 규칙이 인간에게 심층적인 것이라면 이는 인간의 정서적, 본능적 상황에 대한 제어장치로 파악되고, 제어 장치 혹은 경계선으로서 놀이는 민족적 문화를 구성하는 핵심이 된다. 그렇다면 호이징하의 놀이 개념은 차라리 실재에 대한 표상으로서 "문화의 규칙 혹은 구조"라고 불려 마땅할 것이다. 문화는 "홧김에 만들어지지 않거나" 혹은 그 "홧김도 규칙적"일 수 있다는 결론을 함축한다. 호이징하에게 있어서 참여자의 조건은 규칙 속으로 용해된다. 그러나 나는 놀이와 문화에 대한 그의

131. H. Lefebvre, 1995, ibid., p.59.

132. J. Huizinga, 1993, ibid., p.25

133. Ibid., p.157.

비경제주의적 일반화를 지지하지도 않고, 놀이와 문화를 동일시하려는 그의 시도도 달갑지 않다. 더구나 놀이의 규칙에 기사도나 국제법 같은 도덕, 윤리의 실재를 은근하게 삽입하려는 호이징하의 시도는 독자를 혼동스럽게 만든다. 그는 놀이의 개념을 목적론적으로 바라보기 때문이다. 그럼에도 불구하고 놀이적 규칙이 역사적으로 구성된 의미론적 체계에 의해 문화를 재현하며 기능한다는 사실을 밝힌 것은 독보적인 것이다.

경제학이 경제적 실재보다는 경제적 게임의 규칙에 근거하고 이를 재현한다면 경제학은 실증성을 벗어나 문화와 접목한다. 이를테면 선물증시와 외국인 구매에 대한 반응은 한국 증권시장의 문화적 게임이다. 주가의 가치를 기업의 실재로부터 멀어지게 만드는 것은 문화다. 국회의원은 그 사람의 민주적 대표성에 맞추어 뽑아야 한다는 것은 국회제도의 이념적 실재이다. 하지만 국회의원은 돈과 인기에 따라 뽑힌다고 말한다면 그것은 정치라는 문화적 게임의 규칙을 설명하는 것이 된다. 문화의 의미론적인 규칙은 지시체라 할만한 것들, 즉 진실, 이데아, 도덕과는 떨어져 자의적으로 형성된 것이다. 진실과 가상이 서로 독립적이듯이 도덕과 게임은 서로 독립적이다. 놀이/유희 분야에는 이렇듯 형식화된 규칙 체계가 그나마 순진한 모습을 띠고 존재하고 있음을 본다. 순진한 모습을 띠고 있다는 뜻은 개인과 집단의 물질적 이익과 그에 따른 물질적 교환의 규칙 그리고 그로부터 유발되는 모든 종류의 자연적 욕구와 고통으로부터 유리되어 있다는 뜻이다. 이 점에서 "가상성"(virtuality)의 문제가 핵심적으로 논의된다. 바로 이 가상성 속에서 놀이의 형태가 부각되며, 재미의 원칙이 획득되는 것이다.

5) 삶과 놀이의 공리, 의미의 심층구조

옐름슬레우의 구분에 따라 삶이 내용의 실질이라면 놀이는 내용의 형식이다. 내용의 형식은 내용의 실질에 따라 구성되며 동시에 실질을 구성하는 非

물질적인 규칙의 체계이다. 규칙의 자율성이 지켜지기 위해서는 규칙의 비물질적인 근거로서 "놀이의 공리"(Axiom of the Game)라고 할만한 것이 있어야 한다. 공리는 규칙이 기능하도록 요소를 붙잡아 주는 자족적인 의미의 범주인 동시에 삶의 이념적인 재현이다. 공리는 수리적 혹은 자연과학적 이해에 근거한 자연스러운 보편명제이기도 하지만 승패, 보수, 진보, 휴머니즘, 자연주의, 장유유서 등의 인간적인 명제 즉, 시대적 이념을 포함한다. 심약한 인간은 이들 놀이의 공리를 통해서 삶의 모범을 찾으려 한다. 어린이의 경우가 대표적으로 그들은 놀이에는 최소한 자신을 포함한 "행동자"(subject, participant)[134]들이 행동의 규칙을 지닌 채 자신의 선택을 규정해 줄 힘이 있다고 믿는다. 심약한 인간은 진실이나 도덕을 따른다기보다 놀이의 공리가 제시하는 진실 같은 것, 도덕 같은 것을 따른다. 이것이 바로 의미의 심층구조이다. 예를 들어 죽어 가는 사람에게 수혈하는 것은 자신의 선택이 공리에 맞기 때문이지, 보편적 혹은 본능적 도덕률이 원하기 때문이 아니다. 국가를 위해 희생하는 것도, 결혼하는 것도 그렇다. 차가 없는 차도에서 청색 신호등을 기다리는 사람들도 그렇고, 에스컬레이터에 서있는 사람들도 그렇다. 기호의 제국에서는 의미의 패러다임에 대한 복종만이 있고 선택의 주체성은 사라진다. 바로 이 점에서 개인의 정체성과 타자성의 상호교환이 시작된다. 이것이 삶의 통사적 규칙이다. 정체성은 타자의 언어와 역할을 통해 자신의 정체성을 파악하며 타자에게 자신의 정체성을 인정받음으로써 타자의 정체성을 인지한다. 게임에서 독불장군은 없다.

규칙으로서의 놀이는 선악의 실재적인 판단과 무관한 "선"과 "악"의 기능에 따라 이를 체계적으로 파악한다. 체계적인 무엇은 자기만의 고유한 논리와 관성을 지니며 자체적으로 진실을 만들어 내기 때문이다. 선과 악은 실재하는 도덕 규준이 아닌 의미구조적, 통사적 규칙에 따라 기능하고 그것은 고대에 "승패의 심층의미 관계" 속에서 선과 악의 내용으로 구분되었다. 선과 악의 실재적 느낌은 이러한 메타언어 속에서 얻어진다. 고대에는 승리가 진리와 정의의 증명이었기 때문이다. 이는 근대에 들어와 결투의 형태에서도 발견되는 놀이의 기본내용이다. 성공한 쿠테타는 무죄라는 것도 선과 악의 구분을 벗어난

134. 불어에는 "acteur"라는 행동자의 단어가 있다. 영미에서는 이 용어를 연극무대에서나 쓰는 반면 불어에서는 영어의 "subject"나 "participant"와 달리 주체를 객관화시켜 이해하려 할 때 쓴다. 인생과 사회를 객관화시켜 볼 때 모든 주체는 "acteur"가 된다. 주체에 대한 영어의 실증적인 표현과 달리 사람 하나 하나로 볼 때 주객이 명확한 데카르트적 인간상을 표현한다. 프로이트의 자아(ego)와 나(I)의 구분도 그렇다. 프로이트의 자아는 '나를 객관적으로 보는 나'이다. 자아와 나의 관계 설정이 미약한 영미권 국가에서 프로이트는 심리학자라기보다 이해하기 힘든 철학자이다.

135. C. Castoriadis, 1994, ibid., p.253.

136. J. Baudrillard, *Simulacre et Simulation*, Galilée, Paris, 1981.

권력이나 승리의 심층 의미구조를 보여준다. 만약 놀이의 공리가 "휴머니즘"과 "反휴머니즘"의 관계 속에서 구성되었더라면 쿠테타는 다른 방식의 규칙 속에서 내용을 얻을 것이다. 호이징하가 주장하듯 현대의 법정 변론이나 소송도 실은 언어 기호의 놀이에 근거한다. 경·검찰의 조서는 기술되는 것이 아니라 "꾸며지며", 변호사와 검사는 진실을 밝히는 것이 아니라 "변호"하거나 "죄를 지운다". 이런 방식으로 생각해 본다면 현대법 집행의 발전은 단지 범죄수사와 그 유추의 과정이 세련되었을 뿐 고대 이래로 법은 어떤 방식으로든 하나의 놀이였으며 그 놀이의 근간에는 승리와 패배, 자비와 참회라는 관계함수가 존재한다. 법이 이렇게 선과 악의 구분을 넘어 존재하는 한 권력을 가진 자들의 시녀로서 기능해 올 수밖에 없거나 거꾸로 권력을 함정에 빠뜨릴 수도 있다는 사실을 가늠할 수 있다. 승리와 패배의 기호적 모습들이 무수하게 존재한다면 "개평", "한 수 무름", "집행유예" 모두가 자비와 참회의 재현적 모습이다. 정치는 가장 대표적인 기호의 게임이다. 인간으로서는 오직 한번 죽는 정치인들이 정치에서는 여러 번 죽는 이유가 여기에 있다. 정치인들에게 있어서 거짓말은 곧 게임이며, 음모는 곧 커뮤니케이션이며, 핑계는 커뮤니케이션의 실재다. 실재 지시대상의 존재는 게임과 핑계 속에서 무시된다. 정치인들의 이합집산과 배신도 기호의 가상성 속에서 그렇다. 정치인은 이들 기호의 제국 속에서 행동하며 대중들 또한 이 제국 속에서 정치인을 비난하고 옹호하며 살아간다. 대중들에게 있어서 정치적 비난과 옹호는 게임이며, 권력을 향한 믿음은 실재이다. 따라서 대중들에게도 정치의 이데아, 즉 지시대상은 없다. 알면서도 눈감아 주는 것이다. 대중과 정치인은 이런 식으로 공모한다. 이런 가상성의 사회에서는 제스처와 이미지가 본질을 구속한다. 정치 스타가 탄생하는 순간, 정치 기호가 지시대상과 완전하게 결별을 선언하는 것이다. 정치는 놀이/유희 산업이 가장 흥미롭게 참고할 삶의 기호적 체계 중의 하나이다.

　　이와 같이 삶 속에 존재하는 상징적 체계의 자율성[135]과 기호의 체계를 살펴보았다. 한편 이들 자율적인 체계가 실재를 대변한다는 극단적인 견해를 피력하는 이들이 있을 수[136] 있다. 다시 말해 우정을 드러내기 위해 우정의 상징을 이용하는 것까지는 좋아도 그 상징에 따라서만 우정의 존재를 가늠하는[137] 경우가 있다. 실제로 결혼식만 안 올렸으면 동거를 하거나 십 수년을 남과 같이 살아도 계속 총각, 처녀라는 핑계를 느끼는 남녀들이 있다. 이 경우는 상징이 자율성을 획득하여 기호로 변해 버린 경우로, 나는 우리 사회를 그러한 방식으로 규정하고 싶지는 않다. 이러한 극단화를 따라가고 싶지 않다면 현실은 기호에 대해 무엇을 차별적으로 가지고 있는가를 밝혀야 할 것이다. 즉, 오랫동안 우정의 상징을 보여준 바 없더라도 간혹 만나면 여전히 친구가 되는 경우, 총각과 처녀의 개념을 결혼이라는 기호의 규칙에 얽매여 파악하지 않는 경우는 많이 있을 것이다. 이 모두를 종합적으로 파악하기는 매우 어려운 문제이지만 우리는 현실이 진실과 도덕, 이데올로기와 우연, 그리고 상상력이 만든 언제나 흔들거리는 상호주관성의 규칙으로 만들어진 장임을 언제나 알아 볼 수 있다. 현실의 삶은 만들어진 것으로서가 아니라 자연스럽게 관계가 형성되는 곳, 육체적 고통이 실제로 느껴지는 곳, 갑작스레 도덕이 오르는 곳, 갑작스레 진실이 자신의 규칙의 기호를 깨뜨리는 순간이 존재하는 곳이다. 놀이의 규칙은 삶의 규칙과 유사해 보이지만 실은 충분하게 다르다는 것을 인정해야 한다. 따라서 게임의 법칙은 함부로 실재에 적용할 것이 아니다.

6) 놀이 / 유희의 사회적 유형

호이징하의 놀이의 개념을 확대해 보자. 라포포트의 놀이와 놀이자의 원칙[138]에 근거하면 놀이의 규칙은 결국 사회 유지의 근본적인 조건과 유사하다는 것을 알 수 있다. ①놀이자(者)는 파트너와 협조의 의지를 지닌다. ②놀이자는 파트너의 입장을 인정해야 한다. ③놀이자는 파트너가 자신과 공통된 가치를 가지고 있다는 사실을 인정해야 한다. 그렇지 않다면 놀이는 파괴되기 때문이다. 협조, 수용성, 공동체성은 우리가 이제까지 지적해왔던 놀이의 反경제주의적 정신성과 합치한다. 그러나 놀이의 규칙이 절대적이라면 참여자의 자율

137. M. Douglas, *De la souillure*, Maspéro, Paris, 1971, p.81.

138. H. Parett, 《대기호학의 흐름》, 이론과 실천, 1993.

적인 행위는 존재하지 않을 것이다. 절대적 규칙을 강요하는 놀이는 학습의 목적이 아닌 이상 즐기기 어렵다. 카이유와의 놀이 개념에 목적론적 규칙은 없다. 따라서 참여자가 지니는 '자유'의 개념이 중요하다. 카이유와(1994 참조)는 규칙에 참여하는 자유가 있는가 없는가의 두 축에 따라 네 가지로 유형을 구분한다. 아곤(Agon 경쟁), 알레아(Alea 운), 미미크리(Mimicry 흉내) 그리고 일링크스(Illinx 현기증)가 그것이다. 아곤은 의지에 따라 규칙을 스스로 적용하는 질서의 놀이이다. 결과는 불확정적이다. 체스, 바둑, 경주, 가위바위보, 스포츠가 그렇다. 알레아는 의지에 상관없이 불확정적인 결과를 기다리는 긴장의 놀이이다. 화투, 복권 등이 그렇다. 미미크리는 모래성 쌓기, 레고 등 의지를 가지고 상상에 맞추어 규칙을 만들어 가는 것이다. 그리고 일링크스는 규칙도 의지도 없는 본능을 자극하는 놀이로 번지점프처럼 단지 현기증을 즐기는 유형이다. 기호 사각형이 제시하는 카이유와의 놀이 개념과 비교하면 호이징하는 문화와 자연, 의지와 본능, 능동과 수동의 구분 하에 전자쪽으로 놀이의 문화적 유형을 구분하고 있음을 알 수 있다.

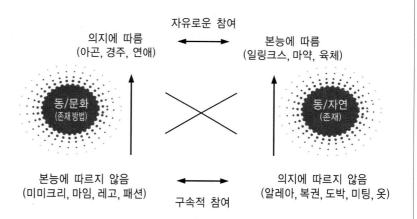

호이징하의 문화적 놀이에는 알레아(운)와 일링크스(현기증)의 놀이가 배제되어 있다. 그것은 호이징하에게 있어서 타락한 놀이, 의미 없는 놀이이다. 이것은 그가 보기에 올바른 문화가 아니다. 그렇다면 문명의 역사는 단지 기호

학적 규칙의 유지로부터 탄생한 플라톤적인 것인가. 인간은 단지 규칙에 따라 프로그래밍되는 것인가. 그렇다면 참여자의 개별적 공간이나 유희 개념은 어떻게 되는가. 호이징하의 놀이는 문화의 한 요소가 되었다가 이내 문화에 앞선 어떤 것[139]으로 이해되기도 한다. 전반적으로 후자인 것으로 이해되지만 기본적으로 호이징하는 놀이의 규칙성을 문화 혹은 문명과 혼동한다. 이 때문에 호이징하와 카이유와 등 놀이를 대하는 사회학자들의 의견 속에 "표상성"과 "규칙"의 개념은 있되 이상하게도 "유희"에 대한 규정이 없는 이유가 여기에 있다. 이들 모두는 놀이의 개념을 유희의 개념과 동일시하는 것 같다. 그러나 놀이의 표상성과 규칙이 놀이의 문화적 혹은 의미론적 구조라면, 유희는 놀이가 참여자들에게 제시하는 감정적 필요 조건이다. 놀이는 무조건 유희를 동반하지 않는다. 놀이에는 유희가 있을 수도 없을 수도 있다. 그렇다면 유희 없는 놀이는 규칙과 표상만 남은 놀이의 껍데기일 뿐이다. 유희라는 정념적인 본능과의 관계가 단절되어 있기 때문이다. 장례식의 "곡"이 그러하듯이 "곡"을 하는 이들은 대부분 진지하다. 장례의 표상성과 규칙성 속에 들어가 있기 때문이다. 그러나 "곡"을 노는 것으로 생각하는 이들에게는 재미있는 사실이다. 유희의 원칙은 표상과 규칙과의 관계보다는 정열의 실재와의 관계를 지향한다. 규칙은 참여자에게 외재하지만 유희는 내재적이기 때문이다. 그렇기 때문에 표상적 규칙으로서의 놀이의 개념을 공고히 할 수도 흐트러뜨릴 수 있는 것이 바로 유희의 원칙이다. 의지는 없어도 좋지만 감정이입이 없는 놀이는 놀이가 아니다. 생각 없이 참여했지만 감수성이 동하면 그것은 놀이가 되는 것이다. 바로 그때부터 우리는 의지를 말하는 것이지 유희를 느끼기 전에는 의지를 말할 수 없다.

7) 인터액티브 시대의 놀이 / 유희 : 참여의 축제

    하나의 "유희" 형태로서의 축제는 물론 놀이의 공리 속에서 벌어진다. 이른바 현대 언어학의 개념을 빌어 설명한다면 놀이의 공리는 랑그이며, 축제

139. J. Huizinga, 1993, ibid., pp.14-15.

140. F.-A. Isambert, *Le sens du sacre*, Ed. de Minuit, Paris, 1982, p.161.

는 사회 언어이다. 놀이는 인류학적으로 규칙을 분류할 수 있고, 그 근간은 커뮤니케이션이며, 커뮤니케이션에 쓰이는 제반 기호들의 규칙은 곧 국어와 같은 수준의 민족성을 획득하기 때문이다. 랑그는 민족언어이며 민족 언어에 근거한 여러 종류의 사회언어가 존재한다. 전자와 같이 사회 공동체 구성원들이 서로 인정한 상태에서의 규칙이 철저하게 공동체적 의식의 상징적 내용과 연결되면 "종교적 의식"과 같은 것이 되며, 이는 전산언어, 제례의식과 같이 일종의 민족적 보편성을 띠는 코드 혹은 전적으로 커뮤니케이션적 코드가 된다. 여기에는 헌신과 복종의 개념만이 있기 때문에 사회 구성원은 이를 받아들이거나 아니면 거부만 할 수 있다. 이 점에서 인간은 기능적이 되며 또한 인간 자체가 기호가 된다. 여기에 창조와 유희의 개념은 없다. 우리는 종교적 의식이 커뮤니케이션 코드로서 개인에게 부과된 시대로 중세와 조선시대를 떠올리는데 당시는 규칙이 위로부터 아래로 일괄적으로 부가되었다고 볼 수 있다. 제도의 코드(나이, 성, 자격)만이 개인을 규정했지 개인들간의 자동조정적인 감수성(상호성), 의례(계약), 전략적 규칙(조정)은 미미했다. 그러므로 멍석을 깔아 놓아도 제대로 놀 수 없었을 것이다. 멍석은 놀이의 단순한 틀이 아니라 놀이를 공식화시키는 제도이다.

놀고 싶은 사람, 놀고 싶은 때만 노는 자유로운 활동, 예측불허의 상황 속에서 하나의 표상적 역할을 맡는 것이 규칙으로서의 놀이 건너편에 있는 축제의 자유이다. 축제는 멍석이 필요 없다. 그저 땅바닥이 있다. 축제는 위로부터 부가된 규칙이라 하더라도 이를 개인이 "알아서 처리"할 수 있도록 제시된 놀이의 공간이 된다. 즉, 축제는 인터랙티브한 것이다. 축제는 규칙의 개별적인 그러나 사회적인 표현이며, 그 개별성은 규칙에 의해 인준된다. 규칙과 축제는 정신성과 그것의 물질적 실행, 보수와 혁명, 집단과 개혁이라는 극단적인 긴장 속에서 존재한다. 따라서 참여자의 의지는 이러한 축제적 놀이에서 핵심적인 사항이 된다. 참여자는 개인의 심리적 자연상태에서 나온 개인의 능력과 사회적 자연으로서 존재하는 규칙 사이에 있는 사회적 존재이다. 축제는 규칙을 내재화한 자발적인 유희의 놀이이기 때문에 "규칙을 넘어서는"[140] 놀이의 모습을

179

보여준다. 언어적이든 非언어적이든 모든 종류의 축제적 상징화는 규칙을 수용함과 동시에 변형하게 된다. 규칙은 이해되기 때문에 극복이 가능하다. 축제는 참여자의 주체를 근거로 규칙을 바라보는 놀이의 형태이기 때문에 언제나 놀이 그 자체보다 창조적이며 본능적이다. 규칙과 유희는 서로를 부르지만 서로를 배제한다. 춤의 시간과 공간, 그리고 규칙을 아는 이들은 더욱 춤에 빠지듯이, 규칙이 내재화되면 될수록 유희는 배가되고 규칙이 외재화 할수록 유희의 밀도는 미미하다. 따라서 전통적인 구분에 따르면 민족적 축제보다는 지역 축제가, 지역 축제보다는 마을 축제가, 마을 축제보다는 가족의 축제가, 마지막으로 가족 축제보다는 "나"만의 축제가 즐기기 쉽다. 규칙은 "나"의 인터랙티브에 의해 변형되고 극복되기 때문이다. 그리고 극복이 가능한 것에는 더 이상 중요한 의미를 주지 않는다. 극복된 규칙은 축제적 행위의 배경이 될 뿐이다. 평소에는 정상적인 젊은이가 마을 축제에 참여해 길거리에서 맥주를 뿌리고 소리를 지르는 것은 그가 축제의 규칙을 몰라서가 아니라 그 규칙을 내재화시켰기 때문이다. 붉은 악마의 축제적 행위는 "요즘 청소년들의 사회의식"과 연관 지어 바라보기에는 상당히 무리가 따른다. 많은 사회학자들이 이런 방식으로 이들의 행위를 현실 "반영적"으로 생각하는데 이는 잘못된 판단이다. 규칙은 동일한 방식으로 반복되지만, 유희는 그렇지 않다. 항상 다른 방식으로 반복되는 것이기 때문에 일회성을 근거로 한다. 당장의 유희는 당장의 유희로 끝나게 되어 있다. 이것이 또한 축제의 정의이다. 붉은 악마는 축제가 지닌 일회성의 원칙에 따라 바디 페인팅을 했고, 경기를 관전할 장소를 선택했고, 골에 환호했고, 편을 갈라 응원했고, 응원의 경쟁을 부추겨 협력을 이뤄냈다. 뒤풀이는 축제의 절정이다. 이들은 축제의 통사론적 규칙을 배경으로 자유롭게 참여한 것이지 규칙을 위해 축제에 참여한 것이 아니다. 이들이 거리라는 제도의 공간으로 침투한 것은 축제가 지닌 제도에 대한 일회적 위반을 보여준 것이었다. 우리는 프로이트 이래로 금지가 욕구를 발생시키고, 제도가 반항을 유발한다는 사실을 잘 알고 있다. 붉은 악마는 축제를 통해 금지와 제도에 대항해 후자를 실현한 것이다. 이들은 규칙을 잘 알고 있다. 붉은 악마가 청소를 말끔히 한 것은 축제의 통사

141. J.H Dechaux, 1997, ibid., p.315.

적인 규칙을 어기지 않았다는 사실을 보여주려는 하나의 상징적 제스처이지 그들의 사회관계적 본질은 아니다. 이 점은 월드컵 축제에 참여한 여성들도 마찬가지이다. 이들은 축구가 좋아서가 아니라 놀기 위해 축구의 축제에 참여한다. 이들이 알고 있는 것은 축구가 아니라 함께 노는 놀이의 규칙이며 유희적인 것은 축구가 아니라 단지 함께 노는 장이다. 카이유와가 지적한 것처럼 아곤(경쟁)과 일링크스(현기증)의, 미미크리(흉내)와 일링크스(현기증)의 합작이라고나 할 것이다. 이와 같이 유희의 원칙은 욕구와 반항의 정신을 바탕에 깔고 있으며 동시에 규칙을 내재화하는 것이다. 그리고 이런 방식으로 반영적 판단의 순진무구함을 조롱한다. 규칙과 축제적 놀이/유희의 존재론적 패러다임은 다음과 같다.

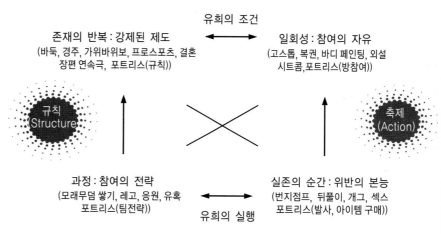

이렇듯 규칙 체계와 개인의 현실적 관계, 즉 개인이 규칙을 사용하는 현실적 존재관계가 축제로서 설명된다면 현대의 축제는 위로부터 부과되는 규칙의 중량감을 털어버려야 한다. 현대사회에서 제시된 놀이의 형태는 "개인경험에 따른 그리고 항상 차별화된 경험을 공개적으로 부각하고자"[141]한다. 즉, 옛날의 놀이처럼 조건이 강조되는 것이 아니라 참여가 강조된다. 멍석을 깔아주길 바란다. 요즘 청소년들이 전보다 훨씬 더 TV 스타들의 이름과 행위를 들먹

거리는 이유는 이들을 추앙해서라기보다 이들을 자신과 가깝게 느끼고 있기 때문이다. 이들은 또한 추종적인 패션 트랜드보다 독자적 브랜드를 구축한 제품을 선호한다. TV 스타만큼 자신도 스타가 될 수 있다고 생각하며, 패션을 자기 스스로 만들어 낼 수 있다고 생각한다. 후기 자본주의적 개인은 기존에 존재한 규칙의 내용을 충분하게 이해하고 있는 듯하다. 규칙을 아는 자가 자유롭듯이 그는 규칙을 지배할 수 있다. 때문에 놀이/유희를 조직하는 디자이너[142]는 주어진 규칙을 조작하는 수준만 가지고는 축제를 이끌어 가기 어렵다. 규칙을 이해하고 이를 내재화한 개인이 또 다시 만들어 내는 전략은 무궁무진하다. 이러한 사실은 왜 현대사회에서 축제를 조직하는 일이 그토록 어렵고 많은 노력이 요구되는지를 설명해준다. 축제는 규칙의 딱딱함을 개인의 상징적 전략 속에서 부드럽게 녹여주어야 하기 때문이다.

앞서 말했듯이 경기에서 패한 뒤 이웃을 두들겨 패든 아니든 그것은 놀이의 표상적 개념과는 상관없고, 노름에서 진 빚은 놀이로서의 놀음과 관계가 없다. 그러나 놀이가 유희의 본능적인 추구에 의해 자신의 실재를 잃어버리고 유희의 놀이 속으로 실재를 넣어 버린다면 어찌할 것인가. 아바타가 실제의 삶으로 밀려올 때 우리의 삶은 어떻게 될 것인가. 기호는 실재와 이중생활을 한다. 마치 드라마에서 유명해진 귀걸이와 목걸이가 실재에 있어서 잘 팔리고 있다면 그것은 가상 속의 기호가 실재화한 것이 된다. 컴퓨터 게임에서 빼앗긴 아이템을 실재 파트너를 찾아가 어떤 방식으로든 요구했다면 그것도 마찬가지이다. 놀이의 경계를 무시한 채 가상적 인간과 사물이 아니라 실재 인간과 사물에 대하여 규칙과 의미를 부여한다면 이는 삶에 혼란을 가지고 올 것이다.

정보가 너무 과다하다 보니 진실과 거짓이 혼재하는 현대사회를 살아가는 대중은 흔히 가상의 유희를 현실의 유희와 맞바꾸는 경우가 많다. "그런 것 같다"와 "그렇다" 사이의 거리는 매우 가깝고, 유희의 욕구가 이성의 공간을 벗어나 버린다. "좋아한다"고 말하면 좋아지는 경우가 점점 많아진다. 이를 우리는 앞에서 정신병적 상황이라고 말한 바 있다. 이를 극복하기 위해서는 규칙에 자아를 가두는 것보다 자아의 논리 속에 규칙을 가두는 것이 한층 올바른 삶의

142 모든 디자이너는 이론적으로 한 배를 탄다. 그러나 우리가 본서에서 이해한 현장에서 일하는 디자이너라면 게임, 디지털 게임, 만화, 애니메이션, 플래시 무비와 같은 인터넷 영상, 이벤트 프로덕션 등을 제작하는 영상 디자이너를 생각할 수 있다.

143. J.-M. Domenach, *Enquête sur les idées contemporaines*, Seuil, Paris, 1981, p.101.

행동일 것이다. 그것이 자아를 잃지 않고 타인과 대화하는 인터랙티브 시대의 사회적 요청이다. 표상공간에서의 욕구가 단지 그 공간 속에서 조작된 행위자들의 관계를 통해 만들어진 것[143]이라는 사실을 알고 있는 자, 그리고 영상 디자이너는 그것을 직업적으로 조직하는 자로서 예술가의 사회적 책임을 고스란히 넘겨받는다. 그는 유희의 무한대성을 인정하고 이를 사회와 조율할 줄 알아야 한다. 이것이 기호 조직자로서 디자이너들에게 부여된 윤리가 될 것이다.

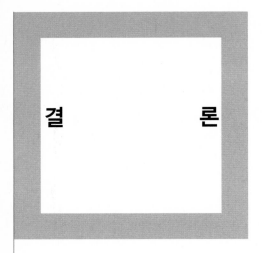

결   론

　　표현의 내용을 거부한다고 내용이 거부되는 것이 아니다. 새로운 내용
이 따라와 붙게 마련이다. 자르면 다시 자라나는 잡초와 같이 삶의 내용은 삶의
형식을 부정하고 극복하고자 한다. 이 모든 움직임은 각기 서로 다른 곳이 아니
라 한 인간의 마음 속에서 동시에 일어난다. 대상은 인간에게 기능의 효용성을
주지 않는다. 인간이 그것을 만들 뿐이다. 그렇다면 중요한 것은 인간이며, 더
욱이 공동체를 살아가는 인간이다. 화가 나서 욕을 퍼부은 친구에 대한 미안한
마음에 밤새 잠을 못 이루는 사람처럼 욕의 표현은 표현보다 더 깊은 내용에 의
해 교정된다. 그 내용은 사물과 상황에 대한 이해와 공감의 감수성이다. 그리고
그 내용은 공동체 문화 속에 있다. 그는 혼자서 가슴 아팠던 것이 아니다. 실은
그 친구도 그랬던 것이다.

　　학문의 과정과 미적 창작도 이와 다르지 않다. 새로운 내용이 의미의 정
당성을 검증 받기 위해서는 기존의 내용과 어떤 방식으로 공동체적인 정체성을
형성하고 있느냐를 제시할 수밖에 없다. 정체성 없는 표현이 만든 내용은 커뮤
니케이션의 정당성(legitimacy)이 없다. 정당성이 없으면 발전도 없고 윤리도
없다. 단지 거짓만이 있을 뿐이다. 왜냐하면 기호는 원래 사물이 아닌 사물을

1. U. Eco, 《기호와 현대예술》, 열린책
들, 1998.

자의적으로 대표하는 거짓의 표현[1]이기 때문에 기호를 사용하는 자가 드러내고
자 하는 의미를 정체성있게 묶어놓지 않으면 그 기호는 말 그대로 새빨간 거짓
말일 수밖에 없기 때문이다. 이처럼 모든 기호적 작업은 표현만의 작업이 아니
며 그렇다고 내용만의 작업은 더욱 아니다. 표현의 체계를 찾으려고 노력해 온
수많은 디자이너의 노력이 헛된 것은 아니다. 노력이 있어야 그것이 헛된 것인
지 긍정적인 것인지 알 수 있기 때문이다. 지난 100여 년의 경험이 보여주듯 객
관적 형태라고 말해왔던 모든 조형은 실은 내용이 객관적일 경우에만 객관적으
로 보였을 뿐이다. 화장실 표시처럼 사람이라는 객관적인 내용이 있어야만 사
람의 도상표현이 객관적이라는 식으로 인정을 받을 수 있었다.

　　　　표현의 체계는 내용의 체계 없이는 독자적으로 존재하지 않는다. 내용
의 체계가 없는 표현의 체계가 강요될 때 이는 인간에게 위험하다. 오늘날 스탠
다드의 형태적 체계에는 언제나 스탠다드화 시키는 권력이 있을 뿐 그것은 우
리가 포괄적으로 객관적이라고 이해하는 것과는 과히 상관이 없다. 내용의 체
계가 확보되어 있지 않기 때문이다. 아울러 내용의 체계는 기본적으로 문화적
공동체를 근거로 한다는 사실을 이해한다면 미래의 디자인이 어떻게 창작, 비
평되어야 할 것인지 판단할 수 있을 것이다.

참 고 문 헌

겐이치 (N.), "근대시민사회에 있어서 미적인 것의 운명과 교육", 《상품미학과 문화이론》, 미술
　　비평연구회, 눈빛, 1995.

고창범, 《쉴러의 예술과 사상》, 일신사, 1975.

권명광·신항식, 《광고커뮤니케이션과 기호학》, 문학과 경계, 2003.

김문겸, 《여가의 사회학》, 한울 아카데미, 1994.

김진섭, 《현대여가론》, 형설출판사, 1989.

조요한, 《예술철학》, 경문사, 1973.

Adam (J.-M.) & Goldstein (J.-P.), *Linguistique et discours littéraire,* Larousse, Paris,
　　1976.

Ansermet (E.), "현대 음악의 위기", in 《현대예술의 상황》, 삼성출판, 1974.

Aristotle, 《니코마코스 윤리학》, 서광사, 1990.

Aristotle, 《시학》, 문예출판사, 1976.

Augé (M.), *Pour une anthropologie des mondes contemporains,* Flammarion, Paris,
　　1994.

Aumont (J.), *L'Image,* Nathan, Paris, 1990.

Bammel (G.) 외, 《여가와 인간행동》, 백산출판, 1993.

Barthes (R.), "De l'oeuvre au texte", in *Revue d'Esthétique,* n° 3, Paris, 1971.

Barthes (R.), *Le degré zéro de l'écriture,* Gonthier, Paris, 1954.

Bastide (R.), "Variations sur le Noir et le Blanc", in *Revue Française de Sociologie,* n°
　　4, Paris, 1963.

Baudelaire (C.), "La peinture de la vie moderne", in *Oeuvres complètes,* Gallimard,
　　Paris 1976.

Baudrillard (J.), 《보드리야르의 문화읽기》, 백의, 1998.

Baudrillard (J.), *De la séduction,* Galilée, Paris, 1979.

Baudrillard (J.), *L'échange symbolique et la mort,* Gallimard, Paris, 1976.

Baudrillard (J.), *Les stratégies fatales,* Grasset, Paris, 1983.

Baudrillard (J.), *Pour une critique de l'économie politique du signe,* Gallimard, Paris, 1972.

Baudrillard (J.), *Simulacre et Simulation,* Galilee, Paris, 1981.

Baudrillard (J.), *Amérique,* Grasset, Paris, 1986.

Baumol (W.) & Bowen (W.), *Performing Arts : The Economic dilemma,* Cambridge-MIT, 1966.

Bell (D.), *The Cultural Contradiction of Capitalism,* Heinemann, London, 1976.

Benjamin (W.), 《벤터 벤야민의 문예이론》, 민음사, 1989.

Benjamin (W.), 《현대사회와 예술》, 문학과 지성사, 1980.

Benveniste (E.), 《언어학의 제문제》, 한불문화출판, 1988.

Bougnoux (D.), *Introduction aux sciences de la communication,* La Découverte, Paris, 1998.

Brecht (B.), 《서사극이론》, 한마당, 1989.

Bromberger (C.), *Le Match de football,* MSH, Paris, 1995.

Buren (D.), *Le sens de l'art,* coll.Université du savoir, Odile Jakob, Paris, 2002.

Burger (P.), 《전위예술의 새로운 이해》, 심설당, 1983.

Burke (E.), *A philosophical enquiry into the origin of our ideas of the sublime and beautiful,* London, 1757.

Caillois (R.), 《놀이와 인간》, 문예출판사, 1994.

Caillois (R.), *Instincts et Société,* Denoël-Gonthier, Paris, 1964.

Castoriadis (C.), 《사회의 상상적 제도》, 문예출판사, 1994.

Cathelat (B.), *Publicité et Société,* Payot, Paris, 1976.

Chateau (D.), *Théorie de l'iconicité,* Harmattan, Paris, 1997.

Cheklovski (V.), *Théorie de la littérature,* Seuil, Paris, 1965.

Collingwood (R. G.), *The Principles of Art,* Oxford Press, 1938.

Dechaux (J. H.), *Souvenir des morts,* PUF, Paris, 1997.

Deladalle (G.), *Théorie et pratique du signe,* Payot, Paris, 1999.

Déribéré (M.), *La couleur dans la publicité de la vente,* PUF, Paris, 1969.

Descamps (M.-A.), *Psychologie de la mode,* PUF, 1979.

Domenach (J.-M.), *Enquête sur les idées contemporaines,* Seuil, Paris, 1981.

Douglas (M.), *De la souillure,* Maspero, Paris, 1971(원제 : *Purity and Danger : An*

Analysis of the Concepts of Pollution and Taboo, 1966).

Eco (U.), 《기호와 현대예술》, 열린책들, 1998.

Eco (U.), *Le signe,* Ed. Labor, Paris, 1988.

Ehrard (J.), *Idée de Nature en France à l'aube des Lumières*, Flammarion, 1970.

Elias (N.), *La société de cour*, PUF, Paris, 1975.

Feldman (E.), 《미술의 구조적 이해》, 열화당, 1987.

Flandrin, (J.-L.), *Les amours paysans, XVIe-XIXe siècles,* Gallimard, Paris, 1975.

Francastel, (P.), *Art et technique aux XIXe-XXe siècles,* Gallimard, 1956.

Fresnault-Deruelle (P.), *L'image placardée*, Nathan, Paris, 1997.

Gage (J.), *Color and Culture,* London, 1993.

Gombrich (E.), 《서양미술사》, 애경, 1995.

Goux (J.-J.), *Economie et symbolique*, Seuil, Paris, 1968.

Greimas (A.-J.) & Courtès (J.), *Dictionnaire raisonné de la théorie du langage,* Hachette, Paris, 1993.

Habermas (J.), *Le discours philosophique de la modernité,* Galllimard, Paris, 1985.

Habermas (J.), *Legitimation Crisis,* Heinemann, London, 1976.

Haug (W.), 《상품미학과 문화이론》, 눈빛, 1995.

Hauser (A.), 《문학과 예술의 사회사. 근세 2》, 창비사, 1981.

Heers (J.), *Le moyen âge, une imposture*, Perrin, Paris, 1992.

Huizinga (J.), 《호모 루덴스》, 까치, 1993.

Huizinga (J.), *Le Déclin du Moyen Age,* Payot, 1967.

Isambert (F.-A.), *Le sens du sacré*. fête et religion populaire, Ed. de Minuit, Paris, 1982.

Jakobson (R.), *Essais de linguistique générale*, Ed. de Minuit, Paris, 1963.

Kandinsky (V.), 《예술에 있어서 정신적인 것에 관하여》, 열화당, 1978.

Kapferer (J. N.), *Les Marques*, Ed d'Organisation, Paris, 1998.

Kuhn (T.), *La structure des révolutions scientifiques*, Flammarion, Paris, 1970.

Langer (S. K.), *Problems of Art,* Scribner's Son's, New York, 1957.

Le Goff (J.), 《서양중세문명》, 문학과 지성사, 1992.

Lefebvre (H.), 《현대사회의 일상성》, 주류일념, 1995.

Lévi-Strauss (C.), *Le cru et le cuit*, Plon, Paris, 1964.

Lévi-Strauss (C.), *Le regard éloigné*, Plon, Paris, 1983.

Lukács (G.), 《소설의 이론》, 심설당, 1988.

Marcuse (H.), 《미학의 차원》, 청하, 1988.

Martinet (J.), *Clef pour la sémiologie*, Seghers, Paris, 1978.

Martuccelli (D.), *Sociologie de la modernité*, Gallimard, Paris, 1999.

Marx (K.) & Engels (F.), 《맑스 / 엥겔스 저작 선집》, 박종철출판사, 1992/2001.

Marx (K.), 《도이체 이데올로기-정치경제학 수고》, 형설출판, 1986.

Mauss (M.), *Essai sur le don,* PUF, Paris, 1966.

McCracken (G.), 《문화와 소비》, 문예출판, 1996.

McLuhan (M.), *Pour comprendre les média*, Seuil, Paris, 1966.

Merleau-Ponty (M.), *L'oeil et 'esprit,* Gallimard, Paris, 1964.

Murphy (J.), *Concept of Leisure : Philosophical Implication,* Englewoodcliffs Prentice Hall, 1981.

Nagy-Zombory, "Les larmes aussi ont une histoire", in *Histoire,* n° 218, Paris, 1998.

Panofsky (E.), *La perspective comme forme symbolique*, Ed. de Minuit, Paris, 1975.

Parett (H.), 《현대기호학의 흐름》, 이론과 실천, 2002.

Pastoureau (M.), *Histoire d'une couleur : Bleu,* Seuil, 2002.

Pastoureau (M.), *L'étoffe du diable*, Seuil, Paris, 1993.

Peirce (C. S.), *Collected Papers*(1931-1935), Havard Univ. Press, Cambridge, 1958.

Pollay (R. W.), 《광고와 사회(1986)》, 나남, 1994.

Prieto (L. J.), "La Sémiologie", in *Le langage,* Gallimard, Paris, 1968.

Ragon (M.), 《예술, 무엇을 하기 위한 것인가》, 미진사, 1993.

Ricoeur (P.), *La Métaphore vive*, Seuil, Paris, 1975.

Riesman (D.), 《고독한 군중》, 정암사, 1990.

Rosenberg (H.), 《현대예술의 상황》, 삼성출판, 1974.

Saussure (F. de), *Cours de linguistique générale,* Payot, Paris, 1969.

Schutz (A.), *The Phenomenology of the Social World,* Northwestern Univ. Press, Evanston, 1967.

Sebeok (T. A.), "Messages in the marketplace", in *Marketing and Semiotics,* Mouton de Gruyter, Berlin-New York-Amsterdam, 1987.

Segala (J.), *La Publicité,* Ed. Milan, Toulouse(France), 1997.

Segalen (M.), *Rites et Rituels contemporains,* Nathan, Paris, 2000.

Simmel (G.), 《돈의 철학》, 한길사. 1983.

Swingewood (A.), 《대중문화의 원점》, 전예원, 1987.

Thévenaz (P.), "Les couleurs de Benetton", in *Esprit,* n° 213, Paris, 1995.

Thévenaz (P.), 《현상학이란 무엇인가》, 문학과 지성사, 1985.

Tierney (B.), 《서양중세사연구》, 탐구당, 1988.

Turner (V.), *Le Phénomène rituel,* PUF, Paris, 1990.

Variot, (J.-F.), *La marque post publicitaire,* Village mondial, Paris, 2001.

Vinci (L. de), *Les Carnets de Léonard de Vinci,* Gallimard, Paris, 1942.

Whitraw (G. J.), 《시간의 문화사》, 영림카디널, 1998.

Williams (R.), *Dream World : Mass Consumption in Late Nineteenth Century France,* Berkerly-UCLA Press, 1982.

Wölfflin (H.), 《미술사의 기초개념》, 시공사, 2000.